GOLDMANN
Lesen erleben

Buch

Annabel Karmel präsentiert Ihnen in diesem Kochbuch-Klassiker über 200 gesunde, einfache und schnell zubereitete Gerichte vom ersten Brei beim Abstillen über köstliche Häppchen für Kleinkinder bis hin zu nahrhaften Gerichten für die ganze Familie. Darüber hinaus gibt Ihnen die Ernährungsexpertin zahlreiche Ratschläge für die gesunde Kleinkindernährung in den unterschiedlichen Entwicklungsstadien, basierend auf dem neuesten Stand der Wissenschaft, und erläutert, wie sich die Anforderungen an die Nahrung mit dem Größerwerden Ihres Kindes verändern. Praktische Wochenpläne machen es Ihnen einfach, den Einkauf und das Essen im Voraus für das Baby zu planen – und Sie sparen dabei auch noch Zeit! Kompetente Tipps für kleine »Problemesser« wie zahnende Babys, heikle Esser und Allergiker bringen Harmonie an Ihren Esstisch.

Mit diesem Buch in der Küche garantieren Sie Ihrem Baby einen guten und gesunden Start ins Leben!

Autorin

Annabel Karmel, englische Expertin für Ernährung von Babys und Kleinkindern, hat sich seit Jahrzehnten international einen Namen gemacht und mehrere Bestseller zu diesen Themen veröffentlicht. Seit 1991 hat sie 15 Bücher geschrieben. Sie tritt regelmäßig im britischen Radio und Fernsehen auf und schreibt für nationale Zeitungen.

Annabel Karmel

Kochen für Babys und Kleinkinder

Über 200 gesunde, schnelle und einfache Rezepte

Aus dem Englischen von Gabriele Zelisko

Mit Illustrationen von Nadine Wickenden

GOLDMANN

Alle Ratschläge und Hinweise in diesem Buch wurden von der Autorin und vom Verlag sorgfältig erwogen und geprüft. Eine Garantie kann dennoch nicht übernommen werden. Eine Haftung der Autorin beziehungsweise des Verlags für Personen-, Sach- und Vermögensschäden ist daher ausgeschlossen.

Verlagsgruppe Random House FSC® N001967
Das für dieses Buch verwendete FSC®-zertifizierte Papier *Classic 95* liefert Stora Enso, Finnland.

6. Auflage
Erweiterte und aktualisierte Ausgabe Juli 2008

Originaltitel: Annabel Karmel's New Complete
Baby and Toddler Meal Planner
Originalverlag: Eddison Sadd Editions
Umschlaggestaltung: Design Team München
Redaktion: Anja Fleischhauer
Satz: Barbara Rabus
Druck und Bindung: GGP Media GmbH, Pößneck
LH · Herstellung: IH
Printed in Germany
ISBN 978-3-442-16945-0

www.goldmann-verlag.de

Inhalt

Dieses Buch ist meinen Kindern
Nicholas, Lara und Scarlett und dem Andenken
meiner ersten Tochter, Natasha, gewidmet.

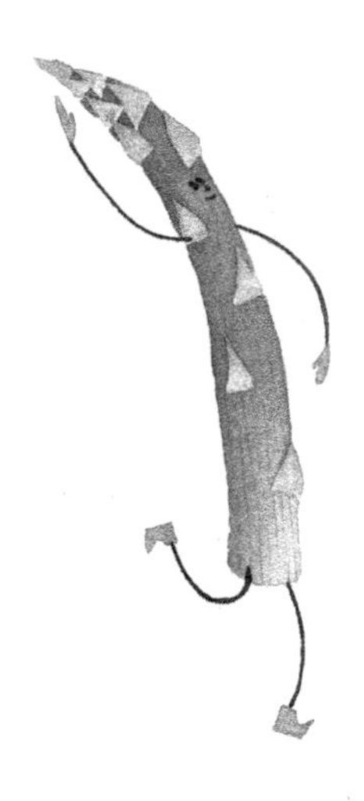

Einleitung

Wie jede junge Mutter wollte ich das Beste für meine Kinder. Da ich selbst gern gut esse und koche, sollten auch sie in den Genuss des wunderbaren Geschmacks frischer Lebensmittel kommen. Ich wusste, dass ich mit gesundem Menschenverstand, intensiver Beschäftigung mit dem Thema Ernährung, zwei aufgeschlossenen Kleinkindern und einem toleranten Ehemann köstliche Rezepte für die ganze Familie erfinden könnte. Ohne großen Aufwand bei der Zubereitung wären diese Speisen für Babys und Kleinkinder weitaus besser als die mit Vitaminen und Eisen angereicherten Pulver und faden Breie mit einer Haltbarkeitsdauer von mehr als zwei Jahren.

Unter den Folgen einer schlechten Ernährung leiden unsere Kinder möglicherweise ihr ganzes Leben lang. Eine erst vor kurzem abgeschlossene Studie wies nach, dass zwei Drittel der Krebserkrankungen mit der Ernährungsweise der betroffenen Personen in Zusammenhang stehen. Der plötzliche Tod meiner ersten Tochter Natasha mit 13 Wochen war für mich der Antrieb, dieses Buch zu schreiben, das inzwischen für Eltern in vielen Ländern ein wertvoller, beliebter und praktischer Begleiter geworden ist.

Machtkämpfe am Esstisch gehören zu den eher zweifelhaften Vergnügen des Elternseins, und glücklich kann sich die

Mutter schätzen, die es niemals mit dem eisernen Willen eines Kindes aufnehmen musste, das sich weigert zu essen.

Ich habe inzwischen drei Kinder und kann voller Freude nun immer wieder beobachten, wie ihnen meine Gerichte schmecken. Die Gewissheit, dass sie keine vielfach behandelten Fertigprodukte zu sich nehmen, sondern gute frische Nahrung, beruhigt mich.

Warum sollten in einer Lebensphase, in der die Ernährung absolut wichtig für die Gesundheit ist, die meisten Mahlzeiten aus Gläsern oder Tüten stammen? Es ist wahrlich keine Kunst, selbst Babynahrung zuzubereiten, und nichts ist besser als selbst gekochte Breie aus frischen, natürlichen Zutaten. Lassen Sie sich von den langen Listen an Inhaltsstoffen auf den Etiketten fertiger Babynahrung nicht verunsichern – Ihre eigenen Speisen weisen die guten Bestandteile ebenfalls auf, verzichten aber auf jegliche Stabilisatoren (wie Maltodextrin, das auch für die Klebebeschichtung an Briefumschlägen und Briefmarken verwendet wird!).

Selbst gekochte Breie schmecken nicht nur wie richtiges Essen und sind billiger, selbst berufstätige Mütter können ihrem Baby von Anfang an die beste Grundlage mitgeben, denn zerdrückte Bananen, Avocados und Papayas ergeben ganz ohne Kochen einen ausgezeichneten, schnellen Babybrei. Außerdem können Sie vorkochen und in ein paar Stunden den Vorrat für einen ganzen Monat herstellen und portionsweise in Eiswürfelbehältern einfrieren. Die Breie lassen sich durch Zugabe von Brühe und Gewürzen zu köstlichen Suppen für die restliche Familie verwandeln. Umgekehrt eignen sich Ge-

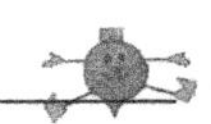

richte für die Familie, wie Hähnchenschmortopf mit Gemüse, auch als Babykost, wenn Sie vor dem Würzen eine Portion für das Baby entnehmen.

In der frühen Kindheit werden Essgewohnheiten und Geschmacksvorlieben (gute oder schlechte) für das Leben geprägt – Sie leisten also Ihren Beitrag zu einem gesunden Essverhalten, wenn Sie Ihr Baby mit einer großer Vielfalt frischer, anregender Geschmacksrichtungen vertraut machen. Karottenbreie aus dem Glas schmecken immer gleich, mit selbst zubereiteten Breien hingegen gewöhnen sich Babys an die natürlichen Schwankungen des Geschmacks selbst gekochter Speisen. Dadurch gewöhnen sie sie auch leichter an die späteren Familienmahlzeiten.

Im ersten Lebensjahr wachsen Babys schneller als in jeder anderen Phase ihres Lebens. Kinder brauchen für ein gesundes Wachstum Kalorien genauso wie genügend Proteine, Vitamine und Mineralstoffe, die sie im Zuge einer ausgewogenen Ernährung automatisch bekommen. Eine für Erwachsene empfohlene Ernährung ist nicht geeignet für kleine Kinder. Lassen Sie im ersten Lebensjahr Salz oder Zucker weg. Salz kann den Nieren Ihres Babys schaden, und durch Zucker gewöhnt es sich an Süßes. Wollte man eine Faustregel aufstellen, müsste sie lauten:

- frische Lebensmittel
- wenig tierische Fette
- wenig Zucker
- im ersten Lebensjahr kein Salz

Ein Baby im Haus ist ein Anlass, die Ernährungsgewohnheiten der ganzen Familie unter die Lupe zu nehmen. Einige Gerichte in diesem Buch sind so köstlich, dass ich sie auch Gästen serviere! Im ersten Lebensjahr hat die Ernährung wahrscheinlich größere Bedeutung als zu jeder anderen Zeit im Leben. Umso wichtiger ist es, früh mit einem ausgewogenen Speiseplan zu beginnen. Wenn Ihr Kind dann rohes Obst und Gemüse (das Kinder nach Meinung der Erwachsenen hassen) zuckrigen Süßigkeiten vorzieht, erkennen Sie, dass Sie Erfolg hatten.

Ich wünsche Ihnen gutes Gelingen und hoffe, dass Sie und Ihr Kind das gemeinsame Essen genießen!

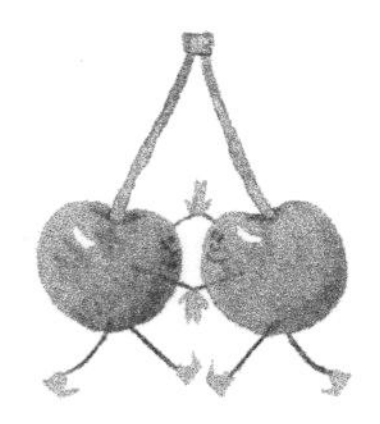

ERSTES KAPITEL

Die besten ersten Nahrungsmittel für Ihr Baby

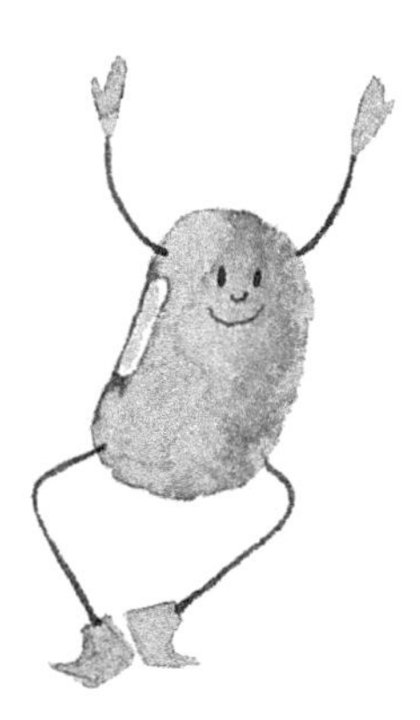

Kinderärzte empfehlen, ein Baby in den ersten sechs Lebensmonaten voll zu stillen, da auf diese Weise seine Bedürfnisse optimal gedeckt werden. Die meisten Babys brauchen bis zum Alter von sechs Monaten keine feste Nahrung. Falls Sie aber den Eindruck haben, Beikost wäre für Ihr Kind schon früher gut, sprechen Sie mit Ihrem Kinderarzt. Anzeichen dafür sind, dass Ihr Kind nach dem Stillen noch Hunger hat, häufiger gestillt werden möchte oder nachts wieder aufwacht, um gestillt zu werden, nachdem es vorher schon durchgeschlafen hat. Es gibt nicht »den« richtigen Zeitpunkt für die Einführung von Beikost, denn jedes Kind ist anders. Wichtig ist jedoch, es nicht zu früh abzustillen (nicht bevor es siebzehn Wochen alt ist), da das Verdauungssystem in den ersten Monaten noch nicht voll entwickelt ist und zu früh gegebene fremde Eiweiße spätere Lebensmittelallergien verursachen können.

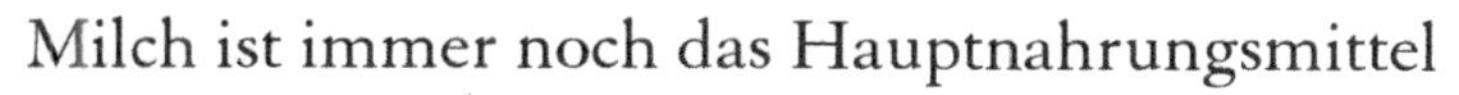

Milch ist immer noch das Hauptnahrungsmittel

Wenn Sie anfangen, Ihrem Baby Beikost zu geben, sollten Sie daran denken, dass Milch immer noch das natürlichste und gesündeste Nahrungsmittel für Babys ist. Ich rate Müttern grundsätzlich zum Stillen. Abgesehen von dem emotionalen Gewinn enthält die Muttermilch Antikörper, die Säuglinge vor Infektionen schützen. Die Antikörper im Kolostrum, der Vormilch, das ist die Muttermilch, die in den ersten Tagen nach der Geburt produziert wird, sind für den Aufbau des kindlichen Immunsystems von großer Bedeutung. Schon allein aus diesem Grund hat es enorme Vorteile, ein Baby zu stillen, selbst wenn es nur für eine Woche ist. Außerdem ist medizinisch erwiesen, dass Babys, die gestillt wurden, auch im späteren Leben weniger anfällig für bestimmte Krankheiten sind.

Säuglingsnahrung sollte, wie die Muttermilch, alle Nährstoffe enthalten, die Ihr Baby zum Wachsen braucht. 100 ml enthält durchschnittlich 52 Kalorien und ist mit Vitaminen und Eisen angereichert. Da Kuhmilch kein »vollwertiges« Nahrungsmittel für Babys darstellt, fängt man frühestens ab einem Jahr damit an – mit kleinen Mengen Kuhmilch werden zuvor nur Milch-Getreide-Breie angerührt.

Beikost soll der Nahrung später Masse geben und Babys neue Geschmacksrichtungen, Konsistenzen und Düfte näherbringen. Darüber hinaus hilft sie dem Baby, den Gebrauch seiner Kaumuskeln zu üben. Wenn man einem Baby zu früh zu viel Beikost füttert, kann das allerdings zu Verstopfung und dadurch zu einer Mangelversorgung an den Nährstoffen füh-

ren, die es eigentlich braucht. Für ein Baby ist es kaum möglich, aus der kleinen Menge an Beikost, die es zu sich nimmt, denselben Gehalt an Nährstoffen zu beziehen wie aus der entsprechenden Menge Milch.

Verwenden Sie für die Zubereitung der Flaschennahrung kein entkalktes oder wiederholt abgekochtes Wasser, weil die Gefahr besteht, dass sich darin Mineralsalze konzentrieren. Die Flasche sollte nicht im Mikrowellenherd erhitzt werden, da die Milch dann zu heiß sein könnte, selbst wenn die Flasche sich außen kühl anfühlt. Erwärmen Sie die Flasche im Wasserbad.

Im Alter von vier bis sechs Monaten sollte ein Baby pro Tag 600 bis 800 ml Muttermilch oder Säuglingsnahrung trinken. 600 ml sind ausreichend, wenn Beikost eingeführt wird, ohne Beikost reicht diese Menge nicht. Wichtig ist, dass das Baby bis zum Alter von acht Monaten mindestens viermal täglich Milch bekommt, auch wenn es, was sehr wahrscheinlich ist, die Flasche nicht jedes Mal leer trinkt. Wenn die Zahl der Mahlzeiten zu schnell verringert wird, kann das Baby nicht so viel trinken, wie es für eine gesunde Entwicklung braucht. Manche Mütter machen den Fehler, ihrem Baby eine Breimahlzeit zu geben, wenn es hungrig ist, obwohl es eigentlich eine zusätzliche Milchmahlzeit bräuchte.

Ein Baby sollte im ganzen ersten Lebensjahr nur Muttermilch oder Säuglingsnahrung bekommen. Normale Kuhmilch, Ziegenmilch oder Schafsmilch eignet sich nicht als Hauptgetränk, weil sie nicht genügend Eisen und andere, für ein gesundes Wachstum erforderliche Nährstoffe enthält. Kuhmilch mit vollem Fettgehalt kann aber in der Abstillphase zum Kochen oder als Ergänzung von Frühstücksflocken verwendet werden. Joghurt, Frischkäse und Käse können Sie einführen, sobald Ihr Kind Obst und Gemüse akzeptiert. Sie sind bei Babys im Allgemeinen sehr beliebt. Wählen Sie immer Produkte mit vollem Fettgehalt und keine Magermilchprodukte, da Babys die Kalorien zum Wachstum brauchen.

Am besten frisch

Frische Lebensmittel schmecken besser, riechen besser und sehen besser aus als Gläschennahrung. Und es ist eindeutig nachgewiesen, dass sie bei richtiger Zubereitung auch besser für Ihr Kind (und Sie) sind, da bei der Herstellung von Gläschenkost unweigerlich Nährstoffe, insbesondere Vitamine, zerstört werden. Selbst gekochtes Essen schmeckt anders als der Inhalt von Gläschen. Ich bin davon überzeugt, dass Ihr Kind weniger heikel beim Essen ist und leichter den Übergang zu den Familienmahlzeiten findet, wenn es schon früh den Geschmack und die Konsistenz von selbst gekochtem Gemüse und frischem Obst kennen lernt.

Biologische Produkte

Biologisches Obst und Gemüse wird ohne den Einsatz von chemischen Substanzen wie Pestiziden und künstlichen Düngestoffen produziert. Dennoch ist derzeit nicht wissenschaft-

lich nachweisbar, dass der Pestizidgehalt in konventionellen Produkten für Babys und Kinder schädlich ist, doch manche Mütter gehen das Risiko lieber nicht ein. Obst und Gemüse belasten die Umwelt weniger, sind dafür aber auch teurer. Ob Sie für Bio-Lebensmittel etwas mehr ausgeben möchten, müssen Sie selbst entscheiden.

Genetisch veränderte Produkte

Unter genetischer Veränderung versteht man die Übertragung von Genen der einen Sorte auf eine andere. So kann zum Beispiel der Schutz gegen Frost oder gegen bestimmte Schädlinge von einer Pflanze an eine andere weitergegeben werden. Ob genetische Veränderung die Qualität und Sicherung von Ernten verbessern kann oder ob die Kosten für Menschen und Umwelt in Relation zum Nutzen zu hoch sind, muss die Forschung erst zeigen. Seit 2004 muss auf den Etiketten von Lebensmitteln vermerkt sein, ob genetisch veränderte Inhaltsstoffe verwendet wurden.

Wichtige Nährstoffe

Eiweiß

Eiweiß aus der Nahrung wird für das Wachstum und für Reparaturmechanismen unseres Körpers benötigt, überschüssige Mengen tragen zur Energieversorgung bei (oder werden als

Fett eingelagert). Protein besteht aus verschiedenen Aminosäuren. Bestimmte Lebensmittel (Fleisch, Fisch, Sojabohnen und Milchprodukte einschließlich Käse) enthalten alle für unseren Körper wichtigen Aminosäuren, andere (Getreide, Hülsenfrüchte, Nüsse und Saaten) sind wertvolle Proteinquellen, liefern aber nicht alle essentiellen Aminosäuren.

Kohlenhydrate

Kohlenhydrate und Fette sind die wichtigsten Energiequellen für unseren Körper. Es gibt zwei Arten von Kohlenhydraten, Zucker und Stärke (die in komplexer Form Faserstoffe bildet). Beide gibt es in natürlicher und raffinierter Form. Die natürliche Form ist in beiden Fällen die gesündere und beste für das Baby.

	NATÜRLICH	RAFFINIERT
Zucker	Obst und Obstsäfte; Gemüse und Gemüsesäfte	Zucker und Honig; Limonaden; Pudding und Desserts; Marmelade und Obstkonserven; zuckerhaltige Kuchen und Kekse
Stärke	Getreideflocken, Mehl, Brot und Nudeln aus Vollkorn; Naturreis; Kartoffeln; getrocknete Bohnen und Linsen; Erbsen, Bananen und viele andere Obst- und Gemüsesorten	Industriell verarbeitete Getreideflocken (z. B. mit Zucker überzogen); weißes Mehl, Brot und Nudeln aus Weißmehl; weißer (geschälter) Reis; Kekse und Kuchen

Fette

Fette sind die konzentrierteste Energiequelle, und Babys haben einen höheren Fettbedarf als Erwachsene. Energiereiche Lebensmittel wie Käse, Fleisch und Eier sind nötig, um das schnelle Wachstum und die rasante Entwicklung zu unterstützen. Fett liefert auch über 50 Prozent des Energiegehalts in der Muttermilch. In Nahrungsmitteln, die Fette liefern, sind auch die fettlöslichen Vitamine A, D, E und K enthalten, die wichtig für die gesunde Entwicklung Ihres Babys sind. Das Problem ist, dass viele Menschen zu viel Fett und die falschen Fette essen.

Es gibt zwei Arten von Fetten. Bei gesättigten Fetten (bei Zimmertemperatur fest) handelt es sich hauptsächlich um tierische Fette oder um künstlich gehärtete Fette, wie sie in Kuchen, Keksen und Margarine Verwendung finden, ungesättigte Fette sind bei Zimmertemperatur flüssig und pflanzlichen Ursprungs. Die gesättigten Fette sind die ungesünderen und können im fortgeschrittenen Alter einen zu hohen Cholesterinspiegel und dadurch Herz-Kreislauf-Erkrankungen verursachen.

Mindestens in den ersten beiden Lebensjahren sollten Sie Ihrem Kind Vollmilch geben. Zum Kochen sollten Sie möglichst wenig Fett verwenden und Butter und Margarine nur in Maßen einsetzen. Reduzieren Sie den Anteil gesättigter Fette in der Ernährung Ihres Kindes, indem Sie fettere Fleischsorten und fettreiches Hackfleisch oder Würste einschränken und durch mageres dunkles Fleisch, Hähnchen oder fetten Fisch ersetzen.

Essentielle Fettsäuren sind für die Entwicklung der Intelligenz und des Sehvermögens wichtig. Zwei der essentiellen Fettsäuren sind Omega-6- aus Ölsaaten wie Sonnenblumenkernen, Färberdistel oder Mais und Omega-3-Fettsäure aus fettem Fisch wie Lachs, Forelle, Sardine oder frischem Thunfisch. In der Regel nehmen wir genügend Omega-6-Fettsäuren zu uns, aber zu wenig vom Typ Omega-3. Besonders in der frühen Kindheit ist aber ein ausgewogenes Verhältnis beider Typen wichtig.

Vitamine und Mineralstoffe

Die meisten Babys, die bis zum Alter von einem Jahr frische Lebensmittel in ausreichender Menge und Säuglingsnahrung bekommen, brauchen keine zusätzlichen Vitamine. Allerdings wird empfohlen, Babys, die gestillt werden (Muttermilch enthält nicht genügend Vitamin D) oder weniger als 500 ml Säuglingsnahrung täglich trinken, im Alter von sechs Monaten bis zu zwei Jahren Vitaminpräparate zu geben. Sprechen Sie darüber mit Ihrem Kinderarzt.

Vegan ernährte Kinder sollten bis zum Alter von zwei Jahren mindestens 600 ml angereicherte Sojamilch täglich trinken, dann brauchen sie keine weiteren Nahrungsergänzungen. Bei Kindern zwischen sechs Monaten und zwei Jahren, die keine 500 ml angereicherte Babymilch oder Sojamilch täglich zu sich nehmen, besteht in erster Linie ein Mangel an Vitamin A und D.

Vitamine sind für die Entwicklung von Gehirn und Nervensystem notwendig. Eine gut ausgewogene Ernährung sollte alle Nährstoffe enthalten, die Ihr Kind braucht. Auch zu

viele Vitamine können schädlich sein, doch Kinder, die heikle Esser sind, profitieren von einem speziell für Kinder zusammengestellten Multi-Vitamin-Präparat.

Man unterscheidet zwei Arten von Vitaminen, nämlich wasserlösliche (C- und B-Komplex) und fettlösliche (A, D, E und K). Wasserlösliche Vitamine können vom Körper nicht gespeichert werden, daher sollte man sie täglich mit der Nahrung aufnehmen. Vor allem wenn man Obst und Gemüse in viel Wasser gart, gehen die wasserlöslichen Vitamine verloren. Daher sollten Sie diese Nahrungsmittel roh essen oder bissfest kochen, z. B. dämpfen.

- **Vitamin A** – *für Wachstum, gesunde Haut, Zahnschmelz und gute Sehkraft:*
  Leber; fetter Fisch; Möhren; dunkelgrünes Gemüse (z. B. Brokkoli); Süßkartoffeln; Kürbis; Tomaten; Aprikosen und Mango.

- **Vitamin-B-Komplex** – *für Wachstum, Umwandlung von Nahrung in Energie, ein gesundes Nervensystem und zur Unterstützung der Verdauung:*
  Fleisch; Sardinen; Milchprodukte und Eier; Vollkorngetreideflocken; dunkelgrünes Gemüse; Hefeflocken; Nüsse; getrocknete Bohnen; Bananen.
  Der Vitamin-B-Komplex umfasst eine große Anzahl an Vitaminen, von denen manche in vielen Nahrungsmitteln vorkommen, doch außer Leber und Hefe enthält kein Lebensmittel sie alle gleichzeitig.

- **Vitamin C** – *für Wachstum, gesundes Gewebe und Wundheilung. Unterstützt die Aufnahme von Eisen im Körper:*
Gemüse wie Brokkoli, Paprikaschoten, Kartoffeln, Spinat, Blumenkohl; Obst wie Zitrusfrüchte, schwarze Johannisbeeren, Melone, Papaya, Erdbeeren, Kiwi.

- **Vitamin D** – *zusammen mit Kalzium wichtig für die Knochenbildung:*
Fetter Fisch; Eier; Margarine; Milchprodukte.
Es ist nur in wenigen Nahrungsmitteln enthalten, entsteht aber unter Einwirkung von Sonnenlicht in der Haut.

- **Vitamin E** – *wichtig für den Aufbau der Zellstruktur. Hilft, die roten Blutkörperchen herzustellen und zu erhalten:*
Pflanzliche Öle; Avocado; Weizenkleie; Nüsse und Saaten.

- **Kalzium** – *wichtig für starke Knochen, gute Zähne und für das Wachstum:*
Milchprodukte; Dosenfisch mit Gräten (z. B. Sardinen); Trockenobst; Weißbrot; grünes Blattgemüse; Hülsenfrüchte.

- **Eisen** – *notwendig für die Blutbildung und gesunde Muskeln. Eisenmangel ist eine häufige Mangelerscheinung und äußert sich darin, dass sich Kinder müde und erschöpft fühlen. Die besten Eisenquellen sind:*
Rotes Fleisch, vor allem Leber; fetter Fisch; Eigelb; Trockenobst (besonders Aprikosen); Vollkornflocken; Linsen und getrocknete Bohnen; grünes Blattgemüse.

Hier ist Vorsicht geboten

Allergische Reaktionen auf Sesamsamen nehmen bei Kindern immer mehr zu, daher sollte man sie bei sehr allergieanfälligen Kindern bis zum Alter von mindestens neun Monaten vermeiden. Beeren und Zitrusfrüchte können eine allergische Reaktion auslösen, verursachen aber nur selten eine echte Allergie. Die häufigsten allergischen Reaktionen auf Lebensmittel äußern sich in Übelkeit, Erbrechen, Durchfall, Asthma, Ekzemen, Heuschnupfen, Hautausschlägen und Anschwellen von Augen, Lippen und Gesicht. Auch aus diesem Grund ist es unklug, zu früh mit fester Nahrung zu beginnen.

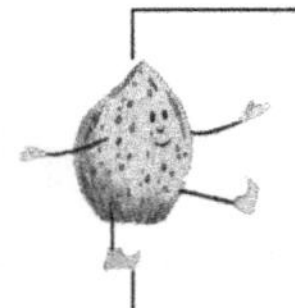

Potenzielle Allergieauslöser

Kuhmilch und Milchprodukte; Nüsse und Saaten; Eier; Weizen; Fisch (vor allem Schalentiere); Schokolade

Wasser

Ohne Nahrung kann ein Mensch eine ganze Weile überleben, ohne Wasser jedoch nur wenige Tage. Babys verlieren über ihre Nieren und die Haut schneller Wasser als Erwachsene, insbesondere bei Erbrechen und Durchfall. Daher müssen Sie unbedingt darauf achten, dass Ihr Baby nicht austrocknet. Sorgen Sie dafür, dass es wirklich genügend Flüssigkeit zu sich nimmt. An heißen Tagen ist kühles, abgekochtes Wasser am besten, weil es den Durst schneller löscht als gezuckerte Getränke. Geben Sie Ihrem Baby kein Mineralwasser, da es

hohe Konzentrationen an Mineralsalzen enthalten kann, die für Babys ungeeignet sind.

Ein Säugling braucht nichts anderes zu trinken als Milch oder, wenn er nur Durst hat, einfach Wasser. Obstsäfte, Limonaden und gesüßte Kräutertees schaden den Zähnen. Lassen Sie sich nicht von dem Aufdruck »Dextrose« irreführen – auch das ist eine Form des Zuckers.

Wenn Ihr Baby kein Wasser trinken will, geben Sie ihm ungesüßten Baby-Saft oder frischen, naturreinen Obstsaft. Verdünnen Sie diesen nach Anweisung oder nehmen Sie auf einen Teil Saft drei Teile Wasser.

Das Problem mit Allergien

Sind in Ihrer Familie bereits Fälle von Lebensmittelallergien oder atopischen Erkrankungen aufgetreten wie Heuschnupfen, Asthma oder Neurodermitis, besteht für Ihr Baby ein erhöhtes Risiko, ebenfalls eine Allergie zu entwickeln, daher sollte Beikost mit großer Sorgfalt eingeführt werden. Falls irgend möglich, sollten Sie in den ersten sechs Monaten ausschließlich stillen. Ist dies nicht möglich, besprechen Sie mit Ihrem Kinderarzt, welche hypoallergene Säuglingsnahrung sich für Ihr Kind eignet. Wenn Sie mit dem Abstillen beginnen, geben Sie als erste Beikost Nahrungsmittel mit geringem Allergierisiko wie Baby-Reisflocken, Wurzelgemüse, Apfel oder Birne. Weitere Nahrungsmittel nehmen Sie am besten einzeln hinzu und versuchen diese an zwei oder drei Tagen in

Folge. Tritt eine Reaktion ein, können Sie den Auslöser eindeutig feststellen. Vermeiden Sie Lebensmittel mit höherem Allergiepotential, bis Ihr Baby neun bis zwölf Monate alt ist.

Man sollte sich wegen Lebensmittelallergien keine unnötigen Sorgen machen, wenn in der Familie bisher keine aufgetreten sind. Normalerweise sind sie bei Babys sehr selten, und dank der Tendenz, Beikost erst zwischen vier und sechs Monaten einzuführen, sind sie sogar noch seltener geworden. Streichen Sie Grundnahrungsmittel wie Milch und Weizen erst nach Rücksprache mit dem Kinderarzt vom Speisezettel. Bei vielen Kindern legen sich Allergien bis zum Alter von zwei Jahren, doch manche – vor allem gegen Eier, Milch, Schalentiere und Nüsse – können das ganze Leben lang bestehen bleiben. Wenn Ihr Kind an einer Allergie leidet, informieren Sie alle Erwachsenen, von denen Ihr Kind gefüttert wird.

Haben Sie keine Scheu, mit Ihrem Kind zum Arzt zu gehen, wenn Sie das Gefühl haben, dass etwas nicht stimmt. Bei Babys ist das Immunsystem noch nicht voll ausgereift, daher können sie sehr schnell krank werden, wenn man etwas falsch gemacht hat, und es können sich schwerwiegende Komplikationen einstellen.

Laktoseintoleranz

Eine Überempfindlichkeit gegen Laktose (Milchzucker) ist keine Allergie, sondern ein Enzymdefekt – Laktose, der in der Milch enthaltene Zucker, kann nicht richtig verdaut werden, weil die milchzuckerspaltenden Enzyme (Laktase) nicht

zur Verfügung stehen. Dieser Enzymdefekt kann sich weiter vererben, ist aber bei Europäern und Nordamerikanern extrem selten. Die Beschwerden treten meist etwa 30 Minuten nach dem Verzehr von Milchprodukten ein und gehen mit Übelkeit, Krämpfen, Blähungen und Durchfall einher. In einem solchen Fall vermeidet man Milchprodukte am besten ganz. Da sowohl Muttermilch als auch Kuhmilch Laktose enthält, gibt man betroffenen Babys am besten Sojamilch. Da diese aber nicht vor sechs Monaten empfohlen wird, nimmt man besser eine spezielle, laktosereduzierte Babymilch.

Laktoseintoleranz kann in Folge einer Magen-Darm-Infektion auftreten. Bei Kindern über einem Jahr kann man einige Tage lang sämtliche Milchprodukte streichen und beobachten, ob eine Änderung eintritt. Babys unter einem Jahr sollten weiter gestillt werden, aber falls zusätzliche Mahlzeiten erforderlich sind, konsultiert man besser einen Arzt, ob es nicht ratsam wäre, einige Wochen lang auf eine laktosereduzierte Kost umzustellen.

Ist ein Laktasemangel die Ursache der Laktoseintoleranz, bleibt diese ein Leben lang bestehen.

Allergie gegen Kuhmilch

Wenn Sie denken, dass Ihr Baby empfindlich auf Kuhmilch reagiert, wenden Sie sich an Ihren Arzt. Die beste Alternative ist Muttermilch, doch dann sollten stillende Mütter den Konsum von Milchprodukten einschränken, da die Inhaltsstoffe über die Muttermilch weitergegeben werden. Bitte sprechen Sie dies mit Ihrem Arzt ab. Wenn Sie Ihr Baby schon abgestillt

haben, empfiehlt der Arzt wahrscheinlich eine hypoallergene Babymilch.

In diesem Fall verträgt das Baby auch keine Milchprodukte. Man kann Butter durch Pflanzen- oder Sojamargarine ohne Milch ersetzen. Es gibt auch viele (nicht milchhaltige) Joghurts und Desserts auf Sojabasis und Carob als Ersatz für Milchschokolade. Oft verschwindet diese Allergie bis zum Alter von zwei Jahren. Bis dahin müssen Sie darauf achten, dass Ihr Kind ausreichend Kalzium bekommt.

Eier

Eier können Sie ab sechs Monaten füttern, aber Dotter und Eiweiß müssen hart gekocht sein. Weich gekochte Eier kann man Kindern ab einem Jahr geben.

Obst

Manche Kinder vertragen keine Zitrusfrüchte, Beeren und Kiwis. Hagebutten und schwarze Johannisbeeren sind gute Vitamin-C-haltige Alternativen zu Orangensaft.

Honig

Honig kann Säuglings-Botulismus auslösen und eignet sich daher nicht für Kinder, die jünger als zwölf Monate sind. Auch wenn solche Fälle selten auftreten, geht man besser kein Risiko ein, weil das Verdauungssystem eines Babys für eine solche Belastung noch zu wenig ausgereift ist.

Nüsse

Allergien gegen Walnüsse oder Haselnüsse treten nur selten auf, Erdnüsse und Erdnussprodukte hingegen können eine schwere allergische Reaktion auslösen, den anaphylaktischen Schock, der lebensbedrohlich sein kann, daher geht man mit ihnen besser vorsichtig um. Sind in der Familie bereits Allergien aufgetreten, einschließlich Heuschnupfen, Neurodermitis und Asthma, ist es ratsam, erdnusshaltige Produkte und auch Erdnussöl ganz aus dem Speiseplan zu streichen, bis Ihr Kind drei Jahre alt ist. Wenn Sie Ihrem Kind dann Erdnüsse geben möchten, fragen Sie vorher Ihren Kinderarzt um Rat. Sind in der Familie keine Allergien bekannt, kann man Erdnussbutter und fein gemahlene Nüsse ab sechs Monaten einführen.

Wichtig ist, nur abgepackte Produkte zu kaufen, die nachweislich keine Erdnüsse enthalten. Hingegen können offene Backwaren, Süßspeisen und Schokolade mit Erdnüssen in Berührung gekommen sein. Wegen der Erstickungsgefahr sollten Kinder unter fünf Jahren keine ganzen Nüsse bekommen.

Gluten

Gluten ist in Weizen, Dinkel, Roggen, Gerste und in Spuren in Hafer enthalten. Glutenhaltige Lebensmittel wie Brot oder Nudeln sollten erst Bestandteil der Ernährung werden, wenn das Baby mindestens sechs Monate alt ist.

Kaufen Sie für Ihr Baby bis zum sechsten Monat glutenfreie Getreideprodukte. Baby-Reisflocken sind zu Anfang am sichersten. In manchen Fällen ist die Unverträglichkeit von

Weizen und ähnlichen Proteinen nur eine vorübergehende Erscheinung und legt sich bis zum Alter von zwei oder drei Jahren. In seltenen Fällen kann eine dauerhafte Empfindlichkeit gegen Gluten, die sogenannte Zöliakie, ein Leben lang anhalten. Sie äußert sich in Appetitlosigkeit, verzögertem Wachstum, geblähtem Bauch und schweren Verdauungsstörungen. Zöliakie kann durch einen Bluttest und Darmspiegelung nachgewiesen werden. Mittlerweile gibt eine Vielzahl von glutenfreien Produkten, wie Nudeln aus Soja-, Mais-, Reis- und Hirsemehl oder Buchweizenspaghetti sowie Stärkemehl aus Kartoffeln zum Andicken und Backen.

Die Zubereitung von Babynahrung

Babynahrung zuzubereiten ist nicht schwer. Als wichtigste Regel gilt sorgfältige Hygiene, wenn Sie für Ihr Baby kochen. Waschen Sie also Obst und Gemüse vor dem Kochen immer gut.

Küchenausstattung

Die am häufigsten benötigten Geräte werden in Ihrer Küche bereits vorhanden sein – Kartoffelstampfer, Reiben, Siebe usw. Die folgenden drei Geräte halte ich für unbedingt notwendig:

- **Passiergerät bzw. flotte Lotte** – Das Gerät mit verschiedenen Einsätzen verarbeitet die Lebensmittel zu Brei und trennt gleichzeitig Kerne und Fasern, die für das Baby schwer verdaulich sind. Es ist ideal für Speisen wie getrocknete Aprikosen, Zuckermais oder grüne Bohnen.

- **Mixer oder Pürierstab** – Zum Pürieren von großen Mengen. Pürees für kleine Babys noch durch ein Sieb streichen, so werden Kerne und Schalen entfernt.

- **Dampftopf** – Es lohnt sich, einen guten, mehrstöckigen Dampftopf zu kaufen, damit man verschiedene Gemüse gleichzeitig kochen kann. (Ein variabler Einsatz für normale Töpfe mit gut schließendem Deckel ist eine billigere Alternative.)

Sterilisieren

Anfangs ist es sehr wichtig, dass Sie die Flaschen und vor allem die Sauger sterilisieren. Warme Milch ist eine ideale Brutstätte für Bakterien, und wenn die Flaschen nicht gründlich abgewaschen und sterilisiert werden, kann Ihr Baby sehr krank werden. Es ist unmöglich, alle Geräte zu sterilisieren, die man bei der Zubereitung von Babynahrung verwendet. Achten Sie aber auf größte Sauberkeit.

Falls Sie eine Geschirrspülmaschine besitzen, kann Ihnen diese beim Sterilisieren helfen, denn das Spülwasser ist viel heißer, als wenn man mit der Hand abwäscht. Einmal aus der Maschine herausgenommene Flaschen bleiben jedoch nicht steril. Man sollte sie daher sofort mit Milch füllen und im Kühlschrank aufbewahren. Trocknen Sie lieber mit Küchenkrepp ab als mit einem nicht sterilen Geschirrtuch.

Milchflaschen sollten Sie sterilisieren, bis Ihr Baby ein Jahr alt ist. Es hat aber wenig Sinn, Löffel und Teller zu sterilisieren, wenn das Kind einmal im Krabbelalter ist und sowieso alles in den Mund steckt. Alle anderen Utensilien, die zum Füttern verwendet werden, müssen Sie nicht sterilisieren, waschen Sie aber die Schalen und Löffel im Geschirrspüler oder per Hand bei etwa 27 °C, dazu sollten Sie Gummihandschuhe tragen. Verwenden Sie eine Küchenmaschine zum Pürieren der Breie, spülen Sie diese mit kochendem Wasser aus, da sich dort gerne Keime bilden.

Dämpfen

Dämpfen Sie Gemüse oder Obst, bis es gar ist. Das ist die beste Methode, um den frischen Geschmack und die Vitamine zu erhalten. Vitamin B und C sind wasserlöslich und werden insbesondere durch langes Kochen in zu viel Wasser zerstört. Brokkoli verliert beim Kochen 60 Prozent seiner Antioxidantien, beim Dämpfen hingegen nur 7 Prozent.

Kochen

Obst oder Gemüse wenn nötig schälen, entkernen und in kleine Stücke schneiden. Nur so viel Wasser hinzufügen, wie unbedingt nötig ist, und nicht zu lange kochen. Um einen weichen Brei zu bekommen, einfach mit etwas Kochflüssigkeit, Muttermilch oder Säuglingsnahrung glatt pürieren.

Garen in der Mikrowelle

Obst oder Gemüse in ein geeignetes Gefäß füllen, ein bisschen Wasser hinzufügen, einen Deckel draufgeben (nicht luftdicht verschließen) und auf hoher Stufe garen lassen. Nach der Hälfte der Garzeit einmal umrühren. Bis zur gewünschten Konsistenz pürieren. Achten Sie darauf, dass der Brei nicht zu heiß ist für Ihr Baby – gründlich umrühren, da die Mikrowelle ungleichmäßig erhitzt.

Backen

Bereiten Sie eine Familienmahlzeit im Backofen zu, können Sie bei dieser Gelegenheit für Ihr Baby eine Kartoffel, eine Süßkartoffel oder einen Butternut-Kürbis mitgaren. Stechen Sie das Gemüse mit einer Gabel ein und legen Sie es in den Backofen, bis es weich ist. Dann schneiden Sie es einfach in zwei Hälften (vom Kürbis die Kerne entfernen), heben Sie es mit einem Löffel aus der Schale und zerdrücken Sie es zusammen mit etwas Wasser oder Milch.

Einfrieren von Babynahrung

Kleine Mengen Brei herzustellen ist nicht immer ganz einfach. Bereiten Sie nach Möglichkeit mehr zu, als Sie für eine Mahlzeit brauchen, und frieren Sie den Rest in Eiswürfelschalen ein. So können Sie gut planen und brauchen nur ein oder zweimal pro Woche zu kochen.

Kochen und pürieren Sie das Essen und lassen Sie es zugedeckt möglichst schnell abkühlen. Um die Qualität zu erhal-

ten, müssen Speisen zum Einfrieren gut verschlossen werden, damit sie nicht austrocknen. Idealerweise ist der Behälter bis oben hin gefüllt, so dass über dem Essen kein großer Luftraum entsteht. Zum Aufbewahren brauchen Sie ein Gefriergerät, das in 24 Stunden auf minus 18 °C tiefkühlt.

Zu Beginn des Abstillens eignen sich biegsame Eiswürfelbehälter am besten zum Einfrieren, sie müssen dann aber in Polyethylen-Gefrierbeutel umgepackt werden. Einfach die gefrorenen Würfel herausklopfen und in Beuteln, auf denen Sie das Verfallsdatum vermerken, weiter frieren. Drücken Sie die Luft so gut wie möglich heraus, dadurch verlängert sich die Lagerzeit. Isst Ihr Baby schon größere Mengen, sind kleine Kunststoffbehälter mit Klappdeckeln besonders praktisch. Sie sind speziell für das Einfrieren von Babynahrung erhältlich.

Um eine Mahlzeit aufzutauen, nehmen Sie die entsprechende Anzahl von Würfeln aus dem Beutel (wenn es die Zeit erlaubt, erst auftauen lassen) und erhitzen Sie diese gut in einem kleinen Topf oder im Mikrowellenherd (dann aber sorgfältig durchrühren). Lassen Sie das Essen dann abkühlen. Prüfen Sie immer die Temperatur, bevor Sie mit dem Füttern beginnen. Ein Babymund ist viel hitzeempfindlicher als der eines Erwachsenen. Obst, das kalt gefüttert werden soll, können Sie über Nacht im Kühlschrank auftauen.

Beachten Sie beim Einfrieren und Auftauen folgende Regeln:

- Einmal aufgetaute Nahrung nie wieder einfrieren. Wenn Sie allerdings einen Babybrei aus gefrorenem Obst oder Gemüse kochen, kann dieser wieder eingefroren werden.

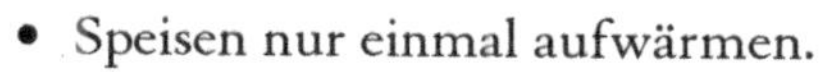
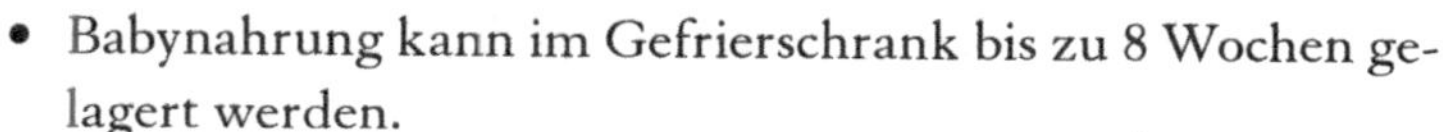

- Speisen nur einmal aufwärmen.
- Babynahrung kann im Gefrierschrank bis zu 8 Wochen gelagert werden.

Wann womit anfangen?

Nachstehend finden Sie Nahrungsmittel, die Babys nicht bekommen sollten, bis sie ein bestimmtes Alter erreicht haben. Die Liste ist jedoch nicht vollständig – weitere Informationen gibt es in den jeweiligen Kapiteln.

WANN BEGINNEN MIT ...	
Gluten (Weizen, Roggen, Gerste und Hafer)	6 Monate
Zitrusfrüchte	6 Monate
hart gekochte Eier	6–9 Monate
weich gekochte Eier, z. B. gut durchgebratenes Rührei	ab 1 Jahr
Salz in kleinen Mengen	ab 12 Monaten
Zucker in kleinen Mengen	ab 12 Monaten
vollfette Kuhmilch als Hauptgetränk	12 Monate
Honig	12 Monate
Weichkäse/Schimmelkäse wie Brie oder Gorgonzola	12 Monate
ganze oder gehackte Nüsse	5 Jahre

Ernährungspläne

Im nächsten Kapitel stelle ich Speisepläne vor, die Ihnen während der kommenden Beikost-Wochen helfen sollen.

Der Ernährungsplan für vier bis fünf Monate (Seite 72–75) gewöhnt Ihr Baby schrittweise an feste Nahrung. Die Breie bestehen meist nur aus einer einzigen Zutat, sind leicht verdauliche Obst- und Gemüsebreie, bei denen kein Allergierisiko besteht. Hat Ihr Baby erste Bekanntschaft mit den neuen Geschmacksrichtungen gemacht, gehen Sie zum Ernährungsplan für fünf bis sechs Monate (Seite 76–79) über. Hier finden Sie Breie aus mehreren Obst- und Gemüsesorten wie Möhren und Erbsen oder Pfirsich, Apfel und Birne. Kaufen Sie das, was die Saison gerade frisch bietet. Diese Ernährungspläne sollen nur als Richtlinie dienen. Dabei sind viele Faktoren zu berücksichtigen, darunter auch das Gewicht des Kindes. Bekommt Ihr Baby beispielsweise seine letzte Mahlzeit kurz vor dem Schlafengehen, sollte sie leicht verdaulich sein. Wenn Sie beide gut schlafen wollen, ist das nicht die ideale Tageszeit, um mit neuen Gerichten zu experimentieren.

Ich habe versucht, Ihnen eine große Auswahl an Rezepten vorzustellen. Allerdings nehme ich an, dass Sie Ihrem Baby Gerichte, die ihm gut schmecken, mehrmals in der Woche geben werden. Sie werden noch dankbar sein für Ihren Gefrierschrank.

In jedem der folgenden Kapitel finden Sie Ernährungspläne für Ihr Kind. Sie können sich genau daran halten oder sie einfach als Anregung sehen. Passen Sie die Pläne der Jah-

reszeit und den Gerichten an, die Sie für die ganze Familie kochen. Wenn das Baby neun Monate alt ist, sollten Sie für Baby und Familie zusammen kochen können. Dabei könnten Sie zum Beispiel die Gerichte, die Sie dem Baby mittags und nachmittags geben, selbst zum Abendbrot essen. Lassen Sie aber immer in der Portion für das Baby das Salz weg.

In diesen späteren Plänen habe ich vier Mahlzeiten pro Tag vorgesehen. Viele Babys sind aber durchaus auch mit drei Mahlzeiten und ein paar gesunden Snacks zufrieden.

Viele der Gemüsebreie in den ersten Kapiteln lassen sich in Gemüsesuppen verwandeln, und einen Teil der Gemüsegerichte können Sie gut als Beilage für die Familie verwenden. Und noch einmal: Wenn Sie dem Baby Gemüse geben, das Sie für eine Familienmahlzeit gekocht haben, darf es nicht gesalzen sein. In den späteren Kapiteln eignen sich viele Rezepte für die ganze Familie.

Nach jedem Rezept finden Sie ein Kästchen mit einem lachenden (☺) und einem weinenden (☹) Gesicht und daneben Platz zum Ankreuzen. Diese Kästchen sollen Ihnen helfen, den Erfolg (oder auch Misserfolg) Ihrer Gerichte festzuhalten! Gerichte, die mit einer Eisblume (❄) gekennzeichnet sind, eignen sich zum Einfrieren.

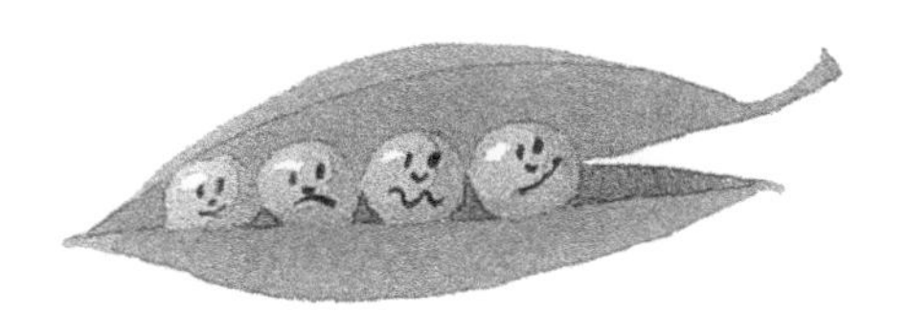

ZWEITES KAPITEL

Die erste Beikost nach vier bis sechs Monaten

In nicht allzu ferner Vergangenheit wurden Eltern von Industrie, Ärzten und ihrem persönlichen Umfeld (»Die Nachbarn machen es auch so!«) dazu gedrängt, ihrem Baby schon viel früher als mit vier Monaten die erste Beikost zu geben. Inzwischen haben sich die Vorstellungen in dieser Hinsicht zum Glück gewandelt, denn viele Lebensmittel können Allergien auslösen. Außerdem kann das Verdauungssystem eines Babys frühestens mit siebzehn Wochen komplexere Nahrung als Milch aufnehmen.

Es wird empfohlen, in den ersten sechs Monaten voll zu stillen, weil damit die Bedürfnisse Ihres Babys optimal gedeckt werden. Wird ein Baby mit Säuglingsnahrung gefüttert, braucht es mit vier bis sechs Monaten 600 bis 800 ml pro Tag und mit sechs bis zwölf Monaten, wenn man mit Beikost beginnt, 500 bis 800 ml täglich.

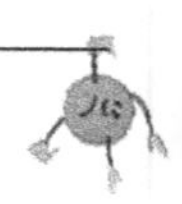

Erstes Obst und Gemüse

Die allerersten Nahrungsmittel sollten leicht verdaulich sein und kein Allergierisiko bergen.

Aufgrund ihres von Natur aus süßen Geschmacks und der weichen Konsistenz nach dem Pürieren kommen Wurzelgemüse wie Möhren, Süßkartoffeln, Pastinaken und Steckrüben meiner Erfahrung nach bei sehr jungen Babys am besten an. Als erstes Obst eignen sich Apfel, Birne, Banane und Papaya. Wichtig ist, dass die Früchte reif sind und gut schmecken, kosten Sie also selbst davon, ehe Sie Ihr Baby damit füttern.

Erstes Obst

Apfel, Birne, Banane, Papaya – Bananen und Papaya müssen nicht gekocht werden, sollten aber reif sein. Man kann sie pur oder mit etwas Muttermilch oder Säuglingsnahrung pürieren oder zerdrücken. Bananen eignen sich nicht zum Einfrieren.

Erstes Gemüse

Möhre, Kartoffel, Steckrübe, Pastinake, Gartenkürbis, Butternut-Kürbis, Süßkartoffel

Bis vor kurzem wurde dazu geraten, jedes neue Nahrungsmittel separat einzuführen und drei Tage abzuwarten, bis man eine weitere neue Sorte versucht. Wenn aber in Ihrer Fa-

milie bisher keine Allergien bekannt sind und Sie sich keine Sorgen machen, Ihr Baby könnte auf ein bestimmtes Produkt reagieren, gibt es keinen Grund, warum man nicht an unmittelbar aufeinander folgenden Tagen Neues probieren sollte – vorausgesetzt Sie halten sich an die Liste aus dem Kasten.

Sorgen Sie dafür, dass sich durch die Einführung von Beikost die *Milchmenge nicht verringert*, die Ihr Baby trinkt, da Milch nach wie vor die wichtigste Voraussetzung für Wachstum und gesunde Entwicklung darstellt.

Wichtig ist, dass Sie Ihr Kind an eine möglichst große Vielfalt an Nahrungsmitteln gewöhnen. Sind die ersten Geschmacksrichtungen akzeptiert, können Sie sämtliche Obst- und Gemüsesorten dazunehmen (Seite 45). Seien Sie aber vorsichtig mit Zitrusfrüchten, Ananas, Beeren und Kiwi, die empfindliche Babys nicht gut vertragen können.

Obst

Zuerst sollten Sie dem Baby Brei aus gekochten Früchten wie Äpfeln oder Birnen geben oder zerdrückte Bananen oder Papayas. Nach ein paar Wochen können Sie allmählich zu weiteren roh pürierten oder zerdrückten Obstsorten übergehen wie Melone, Pfirsiche und Pflaumen – diese sind köstlich, sofern sie reif sind.

Trockenobst kann in kleinen Mengen eingeführt werden. Getrocknete Früchte sind zwar nahrhaft, regen aber auch die Verdauung an. Haben Sie Bedenken wegen Pestiziden, greifen Sie zu biologisch angebautem Obst oder Gemüse.

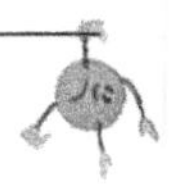

Gemüse

Da die meisten Babys ohnehin gern Obst essen, halten manche Mütter es für wichtig, ihr Kind gleich an herzhafteren Geschmack zu gewöhnen, und beginnen daher lieber mit Gemüse als mit Obst. Zu Anfang, wenn man ein Baby gerade an feste Nahrung gewöhnt, eignet sich Wurzelgemüse am besten, vor allem Möhren, weil sie von Natur aus süß sind. Die Gemüsearten liefern verschiedene Nährstoffe (grünes Gemüse enthält zum Beispiel Vitamin C, gelbes Vitamin A), daher ist später Abwechslung sinnvoll. Viele Gemüse haben einen recht starken Eigengeschmack, beispielsweise Brokkoli. Man kann sie später, wenn sich das Baby an feste Nahrung gewöhnt hat, mit Kartoffeln oder Baby-Reisflocken und Milch mischen, damit sie ihm schmecken. Gerade sehr junge Babys mögen ihr Essen nämlich gern eher mild.

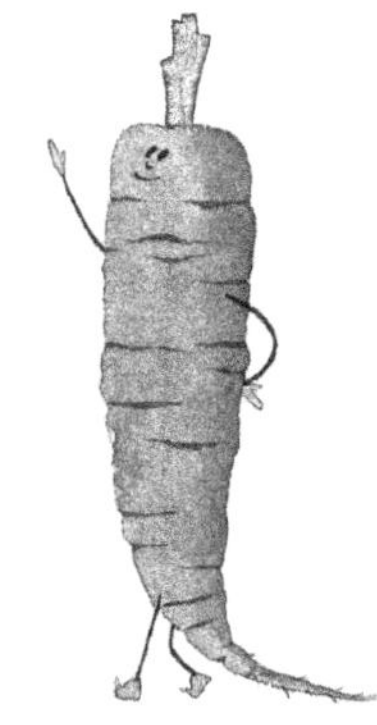

Natürlich können Sie alle Obst- und Gemüsesorten auch in der Mikrowelle kochen (Seite 31).

Reis

Als erste feste Kost eignen sich auch Baby-Reisflocken gut. Mit Wasser, Muttermilch oder Säuglingsnahrung vermischt, sind sie leicht verdaulich, und der milchähnliche Geschmack bildet einen sanften Übergang zur Beikost. Achten Sie darauf, dass die Flocken ungezuckert und mit Vitaminen und Eisen angereichert sind. Baby-Reisflocken sind auch gut mit Obst- und Gemüsebreien zu kombinieren.

Konsistenzen

Für die erste Beikost sollten Getreide- und Obst- oder Gemüsebrei ziemlich flüssig sein. Das heißt, dass die meisten Gemüse weich gekocht werden müssen, damit man sie leichter pürieren kann. Wahrscheinlich werden Sie die Breie verdünnen müssen, da die meisten Babys Nahrung in halbflüssiger Form lieben. Sie können dazu Säuglingsnahrung oder Muttermilch, Obstsaft oder abgekochtes Wasser verwenden.

Wenn sich Ihr Kind an das Gefühl von »fester Nahrung« im Mund gewöhnt hat, können Sie die Flüssigkeitsmenge nach und nach reduzieren und es so allmählich zum Kauen anregen. Das sollte ein natürlicher Prozess sein, denn wenn das Baby zu zahnen beginnt (normalerweise zwischen dem sechsten bis zwölften Lebensmonat), sollte es von sich aus kauen wollen. Sie können die Breie nun, wenn nötig, mit Baby-Reisflocken oder Zwiebackkrümeln andicken. Wenn das Baby älter ist und regelmäßig gefüttert wird (mit etwa sechs Monaten), kann es manches Obst roh bekommen. Gemüse braucht nicht mehr so lange gegart zu werden, so dass mehr Vitamine erhalten bleiben. Man kann das Gemüse auch zerdrücken oder fein hacken, um das Kind zum Kauen anzuregen.

Denken Sie daran, Obst zu schälen und zu entkernen, bevor Sie es kochen und pürieren oder passieren. Gemüse mit Faserstoffen oder Kernen sollte durch ein Sieb gestrichen oder passiert werden. Auch die Schalen von Hülsenfrüchten kann das Baby in diesem Stadium noch nicht verdauen.

Mengen

Erwarten Sie nicht, dass Ihr Baby ganz zu Anfang mehr als ein bis zwei Teelöffel Brei isst. Dafür brauchen Sie eine Portion, also einen oder zwei Würfel aus der Eiswürfelschale.

Ist Ihr Baby schon daran gewöhnt, feste Kost zu sich zu nehmen, müssen Sie vielleicht schon drei oder mehr Würfel auftauen oder dazu übergehen, Mahlzeiten in größeren Behältern einzufrieren.

Getränke

Wasser ist das beste Getränk gegen Durst (Seite 22). Frisch gepresster Orangensaft ist jedoch reich an Vitamin C, das die Aufnahme von Eisen im Körper unterstützt. Reagiert Ihr Baby allergisch gegen Orangen, versuchen Sie es mit Schwarzem Johannisbeer- oder Hagebuttensaft. Verdünnen Sie die Säfte, indem Sie auf einen Teil Saft mindestens fünf Teile abgekühltes abgekochtes Wasser nehmen. Verdünnte Säfte sind uns Erwachsenen oft zu wässrig, aber Babys kennen es nicht anders. Greifen Sie nicht zu süßen Getränken, da sich Ihr Kind sonst schnell daran gewöhnt und kein Wasser mehr akzeptiert.

Gekaufte Obstsäfte dürfen nicht gesüßt sein. Aber selbst Säfte, auf deren Etikett »ungesüßt« oder »ohne Beigabe von Zucker« steht, enthalten Fruchtzucker und Säure, die Karies verursachen können. Daher ist es wichtig, das Baby nicht dauernd an Flüssigkeiten – ausgenommen Wasser – nuckeln zu lassen.

Wenn man ein Baby im Haus hat, ist ein Entsafter nützlich. Aus vielen Obst- *und* Gemüsearten lassen sich nahrhafte Getränke gewinnen.

Tipps fürs erste Füttern

1 Bereiten Sie den Brei zum Einstieg ziemlich flüssig zu. Verwenden Sie dazu Muttermilch oder Säuglingsnahrung, ungesüßten Saft oder Kochwasser. Ein Tipp: Mischen Sie den Brei in dem abnehmbaren Plastikdeckel eines Fläschchens (das Sie sterilisiert haben).

2 Setzen Sie das Baby bequem auf Ihren Schoß oder in den Kinderstuhl. Am besten ist es, wenn Sie *beide* gegen Kleckern geschützt sind.

3 Wählen Sie einen Zeitpunkt, zu dem Ihr Baby keinen Heißhunger hat, und geben Sie ihm zuerst etwas Milch, um den ersten Hunger zu stillen – es wird sich dann leichter mit dem Neuen anfreunden.

4 Säuglinge können mit ihren Zungen Löffel nicht ablecken, wählen Sie daher einen kleinen, *flachen* Plastiklöffel, von dem es den Brei mit den Lippen abziehen kann. Es gibt spezielle Babylöffel zu kaufen.

5 Geben Sie Ihrem Baby zu Anfang nur eine Breimahlzeit am Tag, zuerst etwa einen bis zwei Teelöffel voll. Ich füttere diese Mahlzeit am liebsten mittags.

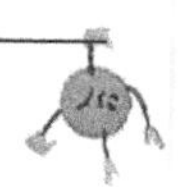

OBST UND GEMÜSE
Vier bis fünf Monate

Apfel
Ergibt 5 Portionen

Wählen Sie eine süße Apfelsorte. Zwei mittelgroße Äpfel schälen, halbieren, Kerngehäuse entfernen und die Äpfel in Stücke schneiden. In einem schweren Topf mit 4–5 Esslöffel Wasser bei niedriger Hitze in etwa 7–8 Minuten weich kochen oder über Wasser dämpfen. Pürieren. Bei der Dämpfmethode etwas Wasser aus dem Untersatz des Dämpfers entnehmen und den Brei damit verdünnen.

Apfel und Zimt
Ergibt 5 Portionen

2 Äpfel mit einer Zimtstange in Apfelsaft oder Wasser dünsten. Zubereitung wie oben, Zimtstange vor dem Pürieren entfernen.

Birne
Ergibt 5 Portionen

Zwei Birnen schälen, halbieren, Kerngehäuse entfernen, in kleine Stücke schneiden. Mit etwas Wasser bedecken und bei

schwacher Hitze in etwa 4 Minuten weich kochen oder dämpfen. Pürieren. Nach einigen Wochen des Zufütterns brauchen Sie reife Birnen vor dem Pürieren nicht mehr zu kochen. Gut schmeckt auch eine Mischung aus Apfel und Birne.

Banane

Ergibt 1 Portion

Zerdrückte Banane ist eine ideale Babykost, weil sie leicht verdaulich ist und nur äußerst selten allergische Reaktionen auslöst. Eine reife Banane mit einer Gabel zu einem glatten Brei zerdrücken. Wenn der Brei so dick und klebrig ist, dass das Baby ihn nicht hinunterschlucken kann, etwas abgekochtes Wasser oder Säuglingsnahrung unterrühren.

Hat Ihr Baby Durchfall oder einen gereizten Magen, empfiehlt sich über mehrere Tage eine Diät aus zerdrückter Banane, gekochtem Apfelbrei und Baby-Reisflocken.

Papaya

Ergibt 4 Portionen

Papayas eignen sich ausgezeichnet für ganz kleine Babys. Der angenehm süße Geschmack ist nicht zu intensiv, und sie lassen sich sekundenschnell zu einer idealen Konsistenz verarbeiten.

Eine mittelgroße Frucht durchschneiden, die schwarzen Kerne entfernen und das Fruchtfleisch mit einem Löffel her-

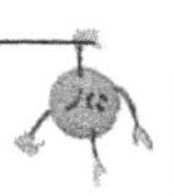

ausheben. Nach Belieben mit etwas Säuglingsnahrung oder Muttermilch pürieren.

Obstbrei mit Milch

Ergibt 12 Portionen

Wenn man in den Obstbrei Säuglingsnahrung und Baby-Reisflocken oder Zwiebackkrümel mischt, schmeckt er dem Baby möglicherweise besser. Außerdem nimmt man damit später exotischen Früchten wie Mango und Kiwi die Säure.

Das Obst wie beschrieben schälen, entkernen, dämpfen oder dünsten und pürieren. Unter jeweils vier Portionen einen Esslöffel Baby-Reisflocken oder einen halben zerkrümelten zuckerfreien Zwieback und zwei Esslöffel Säuglingsnahrung mischen.

Dreifruchtbrei

Ergibt 4 Portionen

Eine köstliche Kombination von drei der ersten Obstsorten, die Ihr Baby essen kann.

Je einen Teelöffel Birnen- und Apfelbrei (Seite 45) mit einer halben zerdrückten Banane mischen. Später können Sie eine halbe reife Birne, geschält und ohne Kerngehäuse, klein schneiden und mit einer halben Banane zu einem glatten Brei pürieren, unter den Sie dann den Teelöffel Apfelbrei rühren.

Möhre oder Pastinake

Ergibt 4 Portionen

Zwei mittelgroße Möhren oder Pastinaken schälen und in Scheiben schneiden. Entweder in leicht kochendes Wasser geben und zugedeckt 25 Minuten garen, bis sie ganz weich sind, oder dämpfen. Abgießen, die Kochflüssigkeit auffangen und pürieren. Dabei so viel wie nötig von der Flüssigkeit zugeben, sodass ein glatter Brei entsteht.

Gemüse für kleine Babys muss länger kochen. Verkürzen Sie die Kochzeit, sobald Ihr Kind kauen kann, damit die Vitamine erhalten bleiben und das Gemüse schön knackig ist.

Süßkartoffel, Steckrübe und Pastinake

Ergibt 4 Portionen

Eine große Süßkartoffel, eine kleine Steckrübe oder zwei große Pastinaken bürsten, schälen und in kleine Würfel schneiden. Kochendes Wasser darübergießen und zugedeckt weich dünsten (15–20 Minuten). Alternativ kann das Gemüse auch gedämpft werden. Abtropfen lassen und das Kochwasser aufheben. Wenn nötig, etwas davon beim Pürieren dazugeben.

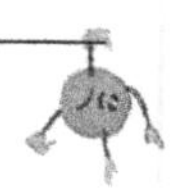

Kartoffeln

Ergibt 10 Portionen

400 g Kartoffeln waschen, schälen und klein schneiden, knapp mit kochendem Wasser bedecken und bei mittlerer Hitze etwa 15 Minuten weich dünsten. So viel Kochflüssigkeit oder Säuglingsmilch zugeben, dass die gewünschte Konsistenz entsteht. Alternativ können die Kartoffeln gedämpft und mit etwas Wasser aus dem Dämpfer oder der Milch, die Ihr Baby bekommt, verdünnt werden.

Pürieren Sie Kartoffeln nicht im Mixer, da bei dieser Methode die Stärke aufgebrochen wird und eine zähe Masse entsteht. Verwenden Sie dafür ein Passiergerät oder einen Kartoffelstampfer.

Alternativ können Sie Kartoffeln oder Süßkartoffeln im Backofen bei 200 Grad backen, bis sie weich sind (etwa 1 bis 1½ Stunden). Mit einem Löffel das Innere herausschaben und mit etwas Säuglingsnahrung und einem Klecks Butter zerdrücken oder passieren.

Cremiger Möhrenbrei

Ergibt 2 Portionen

Einen cremigen Brei kann man aus vielen verschiedenen Gemüsesorten zubereiten, indem man Milch und Baby-Reisflocken in den Brei rührt. Bereiten Sie aus einer großen Möhre (ca. 85 g) einen Brei (Seite 48). Vermischen Sie einen Esslöffel

Baby-Reisflocken mit zwei Esslöffeln der Milch, die Ihr Baby bekommt. Rühren Sie die Mischung in den Gemüsebrei. Ein halber ungezuckerter Zwieback mit Milch erfüllt den gleichen Zweck. Lassen Sie den Zwieback in der Babymilch aufweichen, bevor Sie ihn zum Gemüsebrei geben.

Butternut-Kürbis

Ergibt 6 Portionen

Butternut-Kürbis ist aufgrund seiner natürlichen Süße bei Babys ausgesprochen beliebt.

Einen kleinen Butternut-Kürbis (ca. 350 g) schälen, Kerne entfernen und das Fruchtfleisch in 2 cm große Würfel schneiden. Dämpfen oder in kochendes Wasser geben und in etwa 15 Minuten weich garen. In den Mixer geben und unter Zugabe von etwas Kochflüssigkeit pürieren, bis die gewünschte Konsistenz erreicht ist.

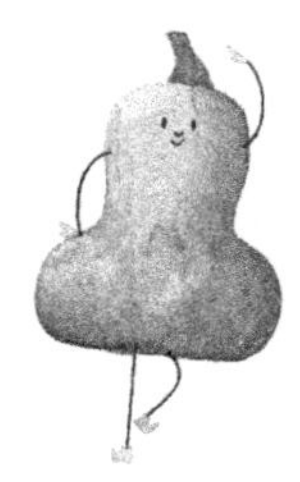

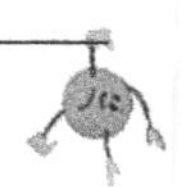

OBST UND GEMÜSE
Fünf bis sechs Monate

Zucchini
Ergibt 8 Portionen

Zwei mittelgroße Zucchini gut waschen, die Enden abschneiden und die Zucchini in Scheiben schneiden. (Die Schale ist weich, braucht also nicht entfernt zu werden.) Dämpfen (etwa 10 Minuten), bis sie weich sind, dann pürieren oder mit einer Gabel zerkleinern (Zugabe von Flüssigkeit nicht nötig). Gut in Kombination mit Süßkartoffel, Möhre oder Baby-Reisflocken.

Brokkoli und Blumenkohl
Ergibt 4 Portionen

Je 100 g Brokkoli und Blumenkohl gut waschen, in kleine Röschen zerteilen, mit 150 ml kochendem Wasser übergießen und zugedeckt weich dünsten (etwa 10 Minuten). Abtropfen lassen und das Kochwasser aufheben. Pürieren und etwas von dem Kochwasser (oder Säuglingsnahrung) hinzufügen, damit der Brei die gewünschte Konsistenz erhält.

Alternativ kann man die Röschen 10 Minuten dämpfen, dabei bleiben Geschmack und Nährstoffe besser erhalten. Wasser aus

dem Dämpfer oder Säuglingsnahrung hinzufügen und zu einem glatten Brei pürieren. Brokkoli und Blumenkohl schmeckt gut mit Käsesauce oder in Kombination mit einem Brei aus Wurzelgemüse wie Möhre oder Süßkartoffel.

Grüne Bohnen

Verwenden Sie am besten eine Sorte, die nicht zu grobfaserig ist. Die Bohnen waschen, die Enden abschneiden und Fäden abziehen. Weich dämpfen (etwa 12 Minuten), dann im Mixer zerkleinern. Etwas abgekochtes Wasser oder Säuglingsnahrung hinzufügen, sodass ein glatter Brei entsteht. Grüne Gemüsesorten wie Bohnen können gut mit Wurzelgemüse wie Möhre oder mit Süßkartoffel kombiniert werden.

Kartoffeln, Zucchini und Brokkoli

Ergibt 4 Portionen

Für Babys sind Kartoffeln geschmacklich eine gute Ergänzung zu grünem Gemüse. Zwei mittelgroße Kartoffeln (200 g) im Untersatz eines Dämpfers etwa 10 Minuten weich kochen. Dann 25 g Brokkoliröschen und 50 g in Scheiben geschnittene Zucchini in den Dämpfeinsatz geben, zudecken und 5 Minuten weiter garen, bis alles Gemüse weich ist. Die Kartoffeln abgießen und alles zusammen passieren. So viel Säuglingsmilch zugeben, bis ein glatter Brei entsteht.

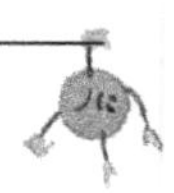

Brokkoli-Trio

Ergibt 4 Portionen

Eine mittelgroße Süßkartoffel (etwa 200 g) schälen und klein schneiden, dann 5 Minuten kochen. Je 50 g Brokkoli- und Blumenkohlröschen in einen Dampfeinsatz über der Süßkartoffel legen, zudecken und weitere 5 Minuten kochen. Wenn alles Gemüse weich ist, mit einem Klecks Butter und so viel Kochflüssigkeit pürieren, bis die gewünschte Konsistenz erreicht ist.

Pfirsich

Ergibt 4 Portionen

Wasser in einem kleinen Topf zum Kochen bringen. Die Schale von zwei Pfirsichen kreuzweise einschneiden, die Früchte 1 Minute in das Wasser tauchen, dann in kaltem Wasser abschrecken. Die Haut abziehen und das Fruchtfleisch klein schneiden, dabei die Steine entfernen. Pfirsiche entweder roh pürieren oder vorher ein paar Minuten weich dämpfen.

Zu Pfirsich passt auch gut Banane.

Möhren- und Blumenkohlpüree

Ergibt 4 Portionen

Kombinationen aus verschiedenen Gemüsesorten schmecken Babys besonders gut. Wenn sie sich an Möhren und Blumenkohl gewöhnt haben, bietet die Kombination der beiden eine schöne Abwechslung für Babys Gaumen. 50 g geschälte, in Scheiben geschnittene Möhren in kochendem Wasser 20 Minuten weich garen. Nach 10 Minuten 175 g Blumenkohlröschen hinzufügen. Das Gemüse abtropfen lassen und pürieren. Zwei Esslöffel Säuglingsnahrung darunter rühren.

Cantaloupe-Melone (Netzmelone)

Ergibt 6 Portionen

Cantaloupe-Melone sind kleine, blassgrüne Melonen mit orangefarbenem Fruchtfleisch. Sie sind reich an Vitamin A und C. Verwenden Sie nur reife Melonen. Halbieren, Kerne entfernen, das Fruchtfleisch ausschaben und pürieren.

Sie können auch andere süße Melonen wie Galia oder Honigmelone verwenden. Ist Ihr Baby schon etwas älter, kann es gut reife Melonen roh essen.

Pflaumen

Ergibt 4 Portionen

Die Haut von zwei großen reifen Pflaumen abziehen (wie bei Pfirsichen), Fruchtfleisch klein schneiden, die Pflaumen roh pürieren, wenn sie weich und saftig sind, oder einige Minuten lang weich dämpfen. Pflaumen kann man gut mit Baby-Reisflocken, Banane oder Joghurt mischen.

Getrocknete Aprikosen, Pfirsiche oder Pflaumen

Ergibt 4 Portionen

Viele Supermärkte führen eine Auswahl essfertiger Trockenfrüchte. Besonders nahrhaft sind getrocknete Aprikosen, sie enthalten viel Beta-Carotin und Eisen. 100 g Trockenobst mit frischem kaltem Wasser bedecken, zum Kochen bringen und weich garen (etwa 5 Minuten). Abtropfen lassen, ggf. die Kerne herausnehmen und das Obst passieren, um die harten Schalen zu entfernen. Dabei etwas Kochflüssigkeit hinzugeben und verrühren.

Gut ist eine Mischung mit Baby-Reisflocken und Milch, Banane oder reifer Birne.

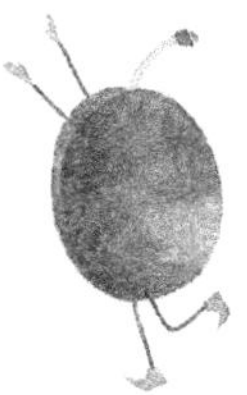

Aprikosen und Birnen

Ergibt 8 Portionen

50 g essfertige Trockenaprikosen grob hacken. Zwei reife Birnen (350 g) schälen, die Kerngehäuse entfernen. Das Fruchtfleisch in Scheiben schneiden und mit den Aprikosen in einem kleinen Topf zugedeckt bei mäßiger Hitze 3–4 Minuten sieden. Pürieren. Als Variation können Sie 4 frische, süße, reife Aprikosen verwenden, die Sie vor dem Kochen häuten, entkernen und in Stücke schneiden.

Apfel-Rosinen-Kompott

Ergibt 8 Portionen

Drei Esslöffel frischen Orangensaft in einem Topf erhitzen. Zwei Äpfel, geschält, ohne Kerngehäuse, in Scheiben geschnitten, und 15 g gewaschene Rosinen hinzugeben. Etwa 5 Minuten sieden lassen, nach Bedarf etwas Wasser hinzufügen.

Trockenobst wie Aprikosen oder Rosinen sollten für kleine Babys passiert werden, um die schwer verdauliche äußere Haut zu entfernen.

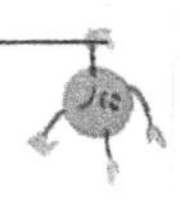

Erbsen

Ergibt 4 Portionen

Ich verwende gerne gefrorene Erbsen, die genauso nährstoffreich sind wie frische. 100 g Erbsen mit Wasser bedecken, zum Kochen bringen und zugedeckt etwa 4 Minuten sieden, bis sie weich sind. Abtropfen lassen und dabei etwas Kochflüssigkeit auffangen. Durch ein Sieb streichen oder passieren. Ein wenig von der Kochflüssigkeit hinzugeben und zur gewünschten Konsistenz verrühren. Dazu passen auch Kartoffeln, Süßkartoffeln, Pastinaken oder Karotten. Frische Erbsen müssen 12–15 Minuten gegart werden.

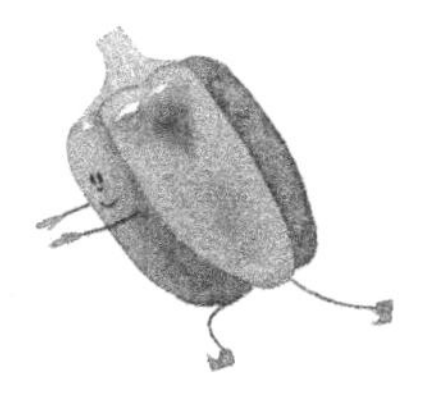

Rote Paprika

Ergibt 2–3 Portionen

Eine mittelgroße rote Paprikaschote waschen, halbieren, Rippen und Kerne entfernen. Die Schote vierteln und unter den vorgeheizten Grill legen, bis die Haut Blasen wirft. In eine Plastiktüte geben, verschließen und abkühlen lassen. Die Haut abziehen und die Paprika pürieren. Schmeckt prima zusammen mit Blumenkohl oder Kartoffeln.

Avocado

Ergibt 1 Portion

Eine reife Avocado halbieren, den Kern entfernen und das Fruchtfleisch mit einem Löffel aus der Schale heben. ⅓–½ der Frucht mit einer Gabel zerdrücken, dabei eventuell etwas Milch zugeben. Sofort füttern, sonst färbt sich der Brei braun. Dazu passt auch gut eine zerdrückte Banane. Avocados sollte man nicht einfrieren!

Maiskolben

Ergibt 2 Portionen

Von den Maiskolben die Blätter und Fäden abziehen und gut abwaschen. In kochendes Wasser legen und bei mittlerer Hitze 10 Minuten garen. Abgießen und die Körner mit einem scharfen Messer ablösen. Mit einem Passiergerät oder einer flotten Lotte passieren. Alternativ können Sie auch gefrorenen Mais verwenden.

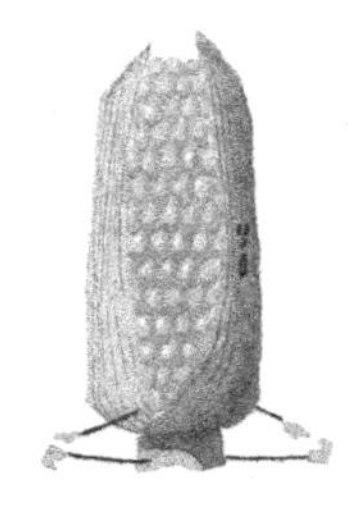

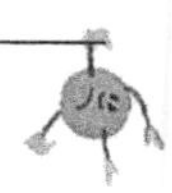

Spinat

Ergibt 2 Portionen

100 g Blattspinat gründlich waschen und die groben Stiele entfernen. Den Spinat dämpfen oder in einem Topf mit einigen Spritzern Wasser kochen, bis die Blätter zusammenfallen (3–4 Minuten). Anschließend pürieren. Dazu passen Kartoffeln, Süßkartoffeln oder Butternut-Kürbis.

Tomaten

Ergibt 2–3 Portionen

Zwei mittelgroße Tomaten 30 Sekunden in kochendes Wasser tauchen, dann kalt abschrecken. Die Haut abziehen, die Kerne entfernen, und die Tomaten in große Stücke schneiden. Ein Stück Butter in einem Topf mit einem dicken Boden schmelzen und die Tomaten darin dünsten, bis sie breiig sind, anschließend pürieren. Schmeckt prima mit Kartoffeln, Blumenkohl oder Zucchini.

Pfirsich und Banane

Ergibt 1 Portion

Dieser Brei ist köstlich, wenn gerade Pfirsichsaison ist. Pfirsiche liefern viel Vitamin C und sind leicht verdaulich. Zu Banane passt auch Papaya gut.

1 reifer Pfirsich, gehäutet und in Stücke geschnitten •
1 kleine Banane, geschält und in Scheiben geschnitten •
½ Esslöffel reiner Apfelsaft •
Baby-Reisflocken (nach Belieben)

Pfirsich, Banane und Apfelsaft in einem kleinen Topf zugedeckt 2–3 Minuten sieden und dann pürieren. Ist der Brei zu flüssig, wenig Baby-Reisflocken unterrühren.

☺		☹	

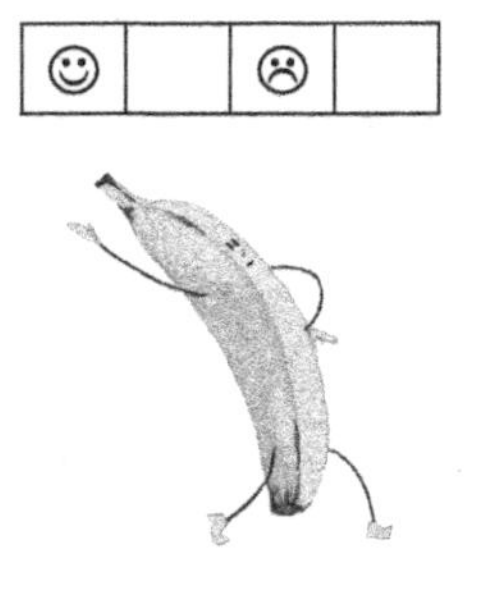

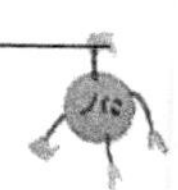

Apfel und Banane mit Orangensaft

Ergibt 1 Portion

Dieser Brei ist eine schöne Abwechslung zu einfachem Bananenbrei oder Apfelmus. Wenn das Baby älter als sechs Monate ist, können Sie ihn mit rohem, geriebenem Apfel und zerdrückter Banane zubereiten.

¼ Apfel, geschält, ohne Kerngehäuse und klein geschnitten •
¼ Banane, geschält und klein geschnitten •
1 Teelöffel Orangensaft

Den Apfel weich dämpfen (etwa 7 Minuten), dann pürieren oder mit der Banane und dem Orangensaft zerdrücken. Möglichst sofort füttern.

☺		☹	

Pfirsiche, Äpfel und Birnen

Ergibt 8 Portionen

Außerhalb der Pfirsichsaison können Sie den Brei auch nur mit Äpfeln und Birnen zubereiten. Ist er zu dünn, dicken Sie ihn einfach mit Baby-Reisflocken an.

2 Äpfel, geschält, ohne Kerngehäuse, klein geschnitten • 1 Vanilleschote • 2 Esslöffel Apfelsaft oder Wasser • 2 reife Pfirsiche, abgezogen, klein geschnitten • 2 reife Birnen, geschält, ohne Kerngehäuse, klein geschnitten

Die Apfelstückchen in einen Topf geben. Die Vanilleschote mit einem scharfen Messer längs halbieren, das Mark herauskratzen und in den Topf geben, die Schote und zwei Esslöffel Apfelsaft oder Wasser hinzufügen. Alles zugedeckt etwa 5 Minuten dünsten. Pfirsiche und Birnen hinzufügen und weitere 3–4 Minuten kochen. Vanilleschote entfernen und das Obst pürieren.

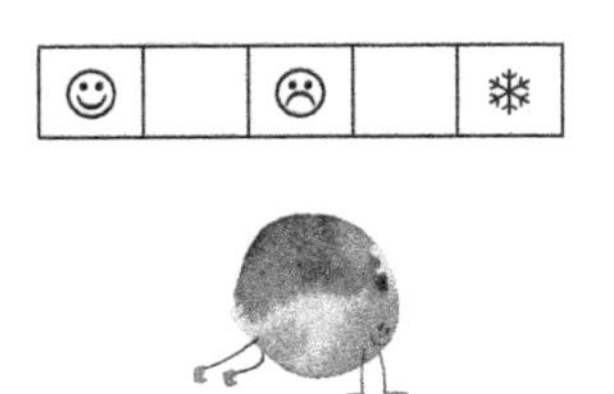

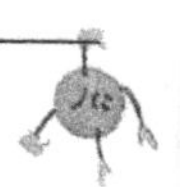

Gemischtes Kompott aus Trockenobst

Ergibt 6 Portionen

Trockenobst und frisches Obst schmecken köstlich zusammen. In den meisten Supermärkten werden essfertige Mischungen angeboten.

je 50 g getrocknete Aprikosen, Pfirsiche und Pflaumen • 1 Apfel und 1 Birne, geschält, ohne Kerngehäuse, klein geschnitten • oder 1 Apfel und 3 frische Aprikosen, abgezogen, entsteint und klein geschnitten

Trockenobst, Apfel und Birne (oder Aprikosen) in einen Topf geben, knapp mit kochendem Wasser bedecken und etwa 8 Minuten sieden, bis alles weich ist. Abgießen und pürieren, bei Bedarf noch etwas von der Kochflüssigkeit hinzufügen.

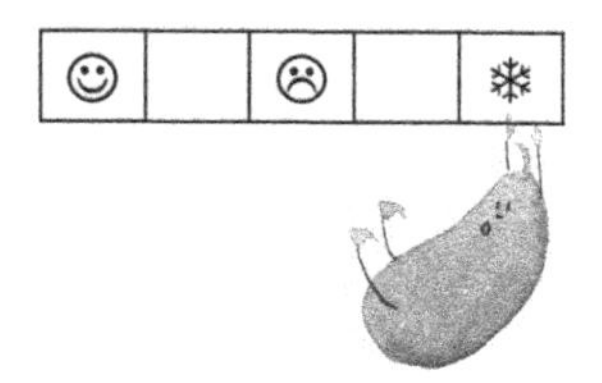

Gemüsebrühe

Ergibt etwa 900 ml

Gemüsebrühe bildet die Grundlage vieler Gemüserezepte. Es lohnt sich, einen Vorrat zu kochen, frei von Zusätzen und Salz.

1 große Zwiebel, geschält • 125 g Möhren, geputzt • 1 Stange Bleichsellerie • 175 g gemischtes Wurzelgemüse (Süßkartoffeln, Steckrüben, Pastinaken), geschält • ½ Stange Lauch • 25 g Butter • 1 Kräutersträußchen aus verschiedenen Kräutern • 1 Stängel frische Petersilie • 1 Lorbeerblatt • 6 schwarze Pfefferkörner • 900 ml Wasser

Das Gemüse klein schneiden. Die Butter in einem großen Topf zerlaufen lassen und die Zwiebel darin 5 Minuten andünsten. Die weiteren Zutaten hinzufügen, mit dem Wasser bedecken. Zum Kochen bringen und etwa 1 Stunde leise sieden lassen. Abseihen, dabei sämtliche Restflüssigkeit aus dem Gemüse durch ein Sieb ausdrücken.

☺		☹		❄

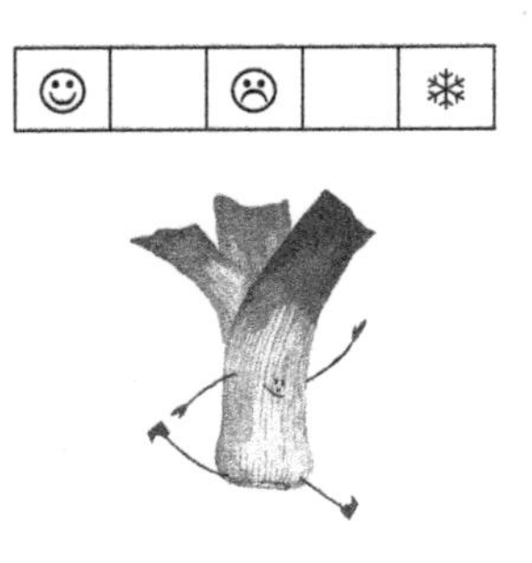

Möhren- und Erbsenbrei

Ergibt 2 Portionen

Sowohl Möhren als auch Erbsen sind von Natur aus süß, was Babys in der Regel sehr mögen.

200 g Möhren, geputzt und in Scheiben geschnitten •
40 g Tiefkühl-Erbsen

Die Möhrenscheiben in einen Topf mit kochendem Wasser geben. Zugedeckt etwa 15 Minuten kochen. Die Erbsen dazugeben und weitere 5 Minuten kochen. Mit ausreichend Kochflüssigkeit zu einem sämigen Brei pürieren.

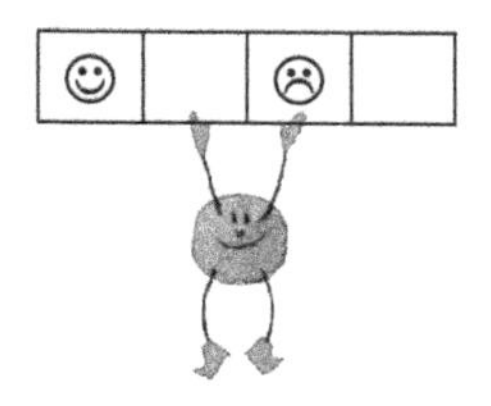

Getreideflocken und Gemüse

Ergibt 6 Portionen

Gemüsebreie können manchmal sehr flüssig sein – vor allem, wenn sie aus stark wasserhaltigem Gemüse wie Zucchini bestehen. In diesem Rezept habe ich Baby-Reisflocken verwendet, die sich ausgezeichnet zum Andicken eignen.

25 g Zwiebel, geschält und gehackt • 1 Teelöffel Olivenöl • 1 mittelgroße Zucchini, geputzt und in Scheiben geschnitten • 50 g Brokkoliröschen • 2 mittelgroße Möhren, geschält und in Scheiben geschnitten • Gemüsebrühe (nach Belieben) • 50 g Tiefkühl-Erbsen • 3 EL Baby-Reisflocken

Die Zwiebel im Olivenöl 2 Minuten andünsten, dann das gesamte Gemüse außer die Tiefkühl-Erbsen dazugeben. Knapp mit kochendem Wasser oder Gemüsebrühe bedecken. Zum Kochen bringen und 20 Minuten sieden lassen. Die Erbsen dazugeben und weitere 5 Minuten sieden. Das Gemüse pürieren, dabei so viel Kochflüssigkeit zugeben, bis die gewünschte Konsistenz erreicht ist, und die Reisflocken unterrühren.

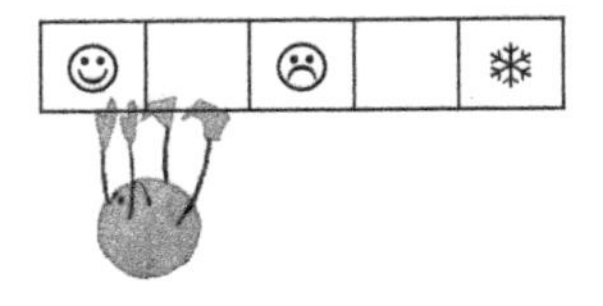

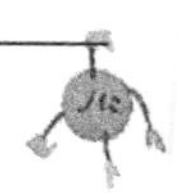

Süßes Gemüse-Potpourri

Ergibt 5 Portionen

Wurzelgemüse wie Steckrüben, Möhren und Pastinaken ergeben nahrhafte Breie für kleine Babys. Butternut-Kürbis und Gartenkürbis können für diesen Brei ebenfalls verwendet werden, da auch sie bei Babys sehr beliebt sind.

100 g Möhren, geschält und klein geschnitten • 100 g Steckrübe, geschält und klein geschnitten • 100 g Kartoffeln, Butternut-Kürbis oder Gartenkürbis, geschält und klein geschnitten • 50 g Pastinake, geschält und klein geschnitten • 300 ml Wasser oder Milch (ab sechs Monaten kann zum Kochen Kuhmilch verwendet werden)

Das Gemüse mit Wasser oder Milch in einen Topf geben. Zum Kochen bringen und 25–30 Minuten auf dem Herd lassen, bis es weich ist. Mit einem Schaumlöffel herausheben und im Mixer pürieren. Dabei so viel Kochflüssigkeit hinzufügen, bis die passende Konsistenz erreicht ist.

☺		☹		❄

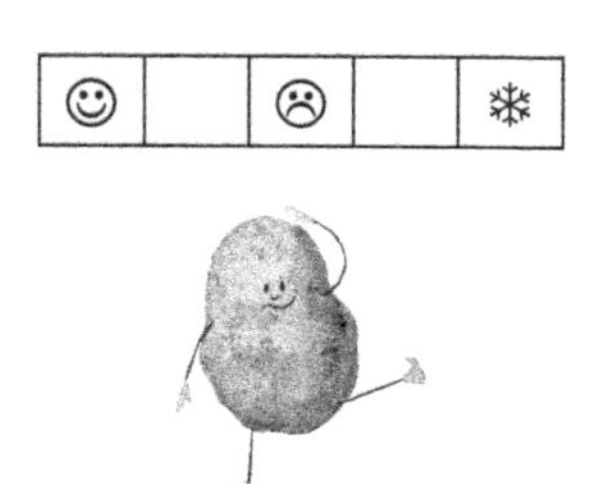

Brunnenkresse-Kartoffel-Zucchinibrei

Ergibt 6 Portionen

Brunnenkresse hat einen hohen Kalzium- und Eisengehalt. Zusammen mit den anderen Gemüsesorten ergibt sie einen schmackhaften, leuchtend grünen Brei. Sie können etwas Milch hinzufügen, wenn Ihr Baby das lieber mag.

1 große Kartoffel (etwa 300 g), geschält und klein geschnitten • 30 ml Gemüsebrühe (Seite 64) • 1 mittelgroße Zucchini (etwa 100 g), geputzt und in Scheiben geschnitten • 1 Hand voll Brunnenkresse • etwas Milch (nach Belieben)

Die Kartoffel in einem Topf mit Gemüsebrühe bedecken und 5 Minuten kochen. Die Zucchinischeiben hinzufügen und weitere 5 Minuten kochen. Die Kresseblätter von den Stielen pflücken, dazugeben und 2–3 Minuten mitkochen. Die Mischung passieren und für die richtige Konsistenz eventuell etwas Milch unterrühren.

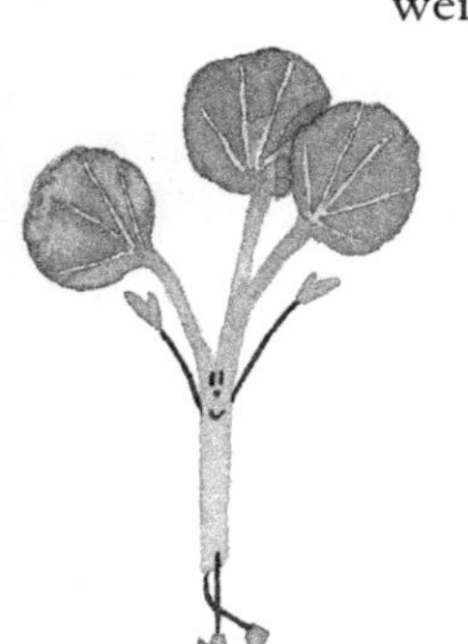

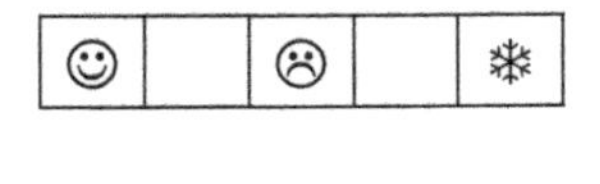

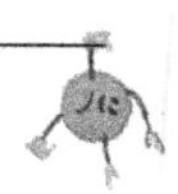

Avocado und Banane oder Papaya

Ergibt 1 Portion

Das Gericht ist leicht herzustellen.

½ kleine Avocado • ½ kleine Banane oder ¼ Papaya

Das Fruchtfleisch der Avocado mit der Banane oder Papaya zu einem glatten Brei zerdrücken. Er sollte bald nach der Zubereitung gegessen werden, da die Avocado sonst braun wird.

Süßkartoffel mit Zimt

Ergibt 4 Portionen

Zimt verleiht der Süßkartoffel zusätzliche Süße.

1 Süßkartoffel (etwa 175 g), geschält und in Stücke geschnitten •
1 Prise gemahlener Zimt • einige Teelöffel Milch

Die Süßkartoffelstückchen mit Wasser bedecken, zum Kochen bringen und etwa 30 Minuten dünsten. Abtropfen lassen und mit so viel Milch zerdrücken, bis der Brei die gewünschte Konsistenz erhält.

Butternut-Kürbis und Birne

Ergibt 4 Portionen

Butternut-Kürbis ist ein eher ausgefallenes Gemüse, inzwischen aber auf dem Wochenmarkt oder im Bioladen erhältlich. Er ist leicht verdaulich, ruft selten allergische Reaktionen hervor und liefert viel Vitamin A. Babys mögen seine natürliche Süße, die gut zu Obst passt. Obst und Gemüse wie in diesem Rezept im Dämpfer zuzubereiten, ist die beste Methode zum Erhalt der Nährstoffe. Butternut-Kürbis schmeckt auch hervorragend, wenn man ihn halbiert, die Kerne herauskratzt, jede Hälfte mit zerlassener Butter bestreicht und 1 Esslöffel frisch gepressten Orangensaft in die Aushöhlung träufelt. Dann in Folie packen und im Backofen bei 180 Grad etwa 1½ Stunden backen, bis er weich ist.

1 mittelgroßer Butternut-Kürbis oder Gartenkürbis (etwa 450 g) • 1 reife, saftige Birne

Den Butternut-Kürbis schälen, halbieren, die Kerne entfernen und in Stücke schneiden. Etwa 12 Minuten dämpfen. Die Birne schälen, das Kerngehäuse entfernen und das Fruchtfleisch klein schneiden, in den Dämpfer geben und alles weitere 5 Minuten garen, bis der Kürbis weich ist. Mit einem Pürierstab pürieren.

Lauch-Süßkartoffel-Erbsenbrei

Ergibt 5 Portionen

Süßkartoffeln eignen sich hervorragend als Babykost. Sie enthalten viele Nährstoffe, schmecken von Natur aus süß und ergeben ein feines Püree. Nehmen Sie am besten Süßkartoffeln mit orangefarbenem Fruchtfleisch, da sie besonders viel Beta-Carotin enthalten. Tiefkühlgemüse ist für Babykost ideal, weil es bereits wenige Stunden nach der Ernte eingefroren wird und daher genauso nährstoffreich wie frisches Gemüse ist. Nach dem Kochen kann es erneut eingefroren werden.

50 g Lauch, gewaschen und in Scheiben geschnitten •
400 g Süßkartoffeln, geschält und klein geschnitten •
300 ml Gemüsebrühe (Seite 64) • 50 g tiefgefrorene Erbsen

Den Lauch und die Süßkartoffelstücke in einen Topf geben, die Gemüsebrühe darübergießen und zum Kochen bringen. Zugedeckt 15 Minuten sieden. Dann die Erbsen dazugeben und weitere 5 Minuten sieden. Im Mixer pürieren.

☺		☹		❄

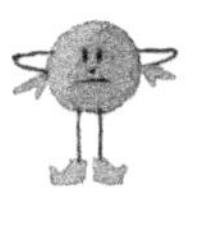

ERNÄHRUNGSPLAN
Vier bis fünf Monate

1. WOCHE	FRÜHSTÜCK	ZWISCHENMAHLZEIT
1.–2. Tag	Brust/Flasche	Brust/Flasche
3.–4. Tag	Brust/Flasche	Brust/Flasche
5. Tag	Brust/Flasche	Brust/Flasche
6. Tag	Brust/Flasche	Brust/Flasche
7. Tag	Brust/Flasche	Brust/Flasche
2. WOCHE	**FRÜHSTÜCK**	**ZWISCHENMAHLZEIT**
1.–2. Tag	Brust/Flasche Apfel oder Birne mit Baby-Reisflocken	Brust/Flasche
3.–4. Tag	Brust/Flasche Banane oder Papaya	Brust/Flasche
5.–6. Tag	Brust/Flasche Apfel oder Birne	Brust/Flasche
7. Tag	Brust/Flasche Pfirsich und Banane oder zerdrückte Banane	Brust/Flasche

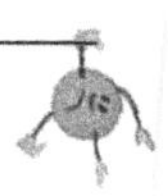

Diese Pläne sind nur als Richtlinie gedacht und hängen von vielen Faktoren ab, darunter auch dem Gewicht des Babys. Manche Babys mögen vielleicht nur einmal am Tag feste Kost, manche eine zweite feste Mahlzeit am Nachmittag.
Für **fett gedruckte** Speisen finden Sie die Rezepte in diesem Buch.
Obstsaft sollte im Verhältnis 1 : 3 mit abgekühltem, abgekochtem Wasser verdünnt werden. Oder man gibt Babys nur abgekühltes, abgekochtes Wasser zu trinken.

MITTAGESSEN	ZWISCHENMAHLZEIT	SCHLAFENSZEIT
Brust/Flasche Baby-Reisflocken	Brust/Flasche	Brust/Flasche
Brust/Flasche Wurzelgemüse wie Möhre oder Süßkartoffel	Brust/Flasche	Brust/Flasche
Brust/Flasche Birne mit Baby-Reisflocken	Brust/Flasche	Brust/Flasche
Brust/Flasche Apfel	Brust/Flasche	Brust/Flasche
Brust/Flasche Gemüse wie Butternut-Kürbis oder Süßkartoffel	Brust/Flasche	Brust/Flasche

MITTAGESSEN	ZWISCHENMAHLZEIT	SCHLAFENSZEIT
Brust/Flasche Wurzelgemüse wie Kartoffel, Pastinake oder Möhren	Brust/Flasche	Brust/Flasche
Brust/Flasche **Süßes Gemüse-Potpourri**	Brust/Flasche	Brust/Flasche
Brust/Flasche Süßkartoffel, Butternut-Kürbis oder Steckrübe	Brust/Flasche	Brust/Flasche
Brust/Flasche Möhre oder Möhre und Pastinake	Brust/Flasche	Brust/Flasche

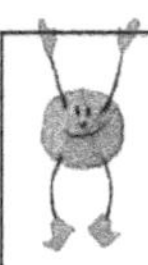

ERNÄHRUNGSPLAN
Vier bis fünf Monate

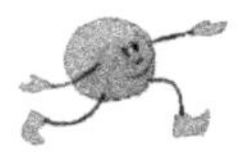

3. WOCHE	FRÜHSTÜCK	ZWISCHENMAHLZEIT
1. Tag	Brust/Flasche	Brust/Flasche Banane
2. Tag	Brust/Flasche	Brust/Flasche Apfel
3. Tag	Brust/Flasche	Brust/Flasche **Pfirsich, Apfel und Birne**
4. Tag	Brust/Flasche	Brust/Flasche **Obstbrei mit Milch**
5. Tag	Brust/Flasche	Brust/Flasche **Obstbrei mit Milch**
6. Tag	Brust/Flasche	Brust/Flasche Banane oder Papaya
7. Tag	Brust/Flasche	Brust/Flasche Birne oder Baby-Reisflo-cken

Diese Pläne sind nur als Richtlinie gedacht und hängen von vielen Faktoren ab, darunter auch dem Gewicht des Babys. Manche Babys mögen vielleicht nur einmal am Tag feste Kost, manche eine zweite feste Mahlzeit am Nachmittag.
Für **fett gedruckte** Speisen finden Sie die Rezepte in diesem Buch.
Obstsaft sollte im Verhältnis 1:3 mit abgekühltem, abgekochtem Wasser verdünnt werden. Oder man gibt Babys nur abgekühltes, abgekochtes Wasser zu trinken.

MITTAGESSEN	ZWISCHENMAHLZEIT	SCHLAFENSZEIT
Verdünnter Saft oder Wasser **Süßes Gemüse-Potpourri**	Brust/Flasche	Brust/Flasche
Verdünnter Saft oder Wasser **Süßes Gemüse-Potpourri**	Brust/Flasche	Brust/Flasche
Verdünnter Saft oder Wasser **Broccoli-Trio**	Brust/Flasche	Brust/Flasche
Verdünnter Saft oder Wasser **Butternut-Kürbis und Birne**	Brust/Flasche	Brust/Flasche
Verdünnter Saft oder Wasser **Butternut-Kürbis und Birne**	Brust/Flasche	Brust/Flasche
Verdünnter Saft oder Wasser **Kartoffel, Zucchini und Broccoli**	Brust/Flasche	Brust/Flasche
Verdünnter Saft oder Wasser **Möhren- und Erbsenbrei**	Brust/Flasche	Brust/Flasche

ERNÄHRUNGSPLAN

Fünf bis sechs Monate

4. WOCHE	FRÜHSTÜCK	ZWISCHENMAHLZEIT
1. Tag	Brust/Flasche	Brust/Flasche **Dreifruchtbrei**
2. Tag	Brust/Flasche	Brust/Flasche **Dreifruchtbrei**
3. Tag	Brust/Flasche	Brust/Flasche Birne und Baby-Getreide-flocken
4. Tag	Brust/Flasche	Brust/Flasche **Apfel mit Zimt**
5. Tag	Brust/Flasche	Brust/Flasche **Apfel mit Zimt** und Baby-Getreideflocken
6. Tag	Brust/Flasche	Brust/Flasche Banane
7. Tag	Brust/Flasche	Brust/Flasche **Apfel und Banane mit Orangensaft**

Diese Pläne sind nur als Richtlinie gedacht und hängen von vielen Faktoren ab, darunter auch dem Gewicht des Babys. Manche Babys mögen vielleicht nach dem Mittagessen oder der Zwischenmahlzeit am Nachmittag noch etwas Obst.
Für **fett gedruckte** Speisen finden Sie die Rezepte in diesem Buch.
Obstsaft sollte im Verhältnis 1 : 3 mit abgekühltem, abgekochtem Wasser verdünnt werden. Oder man gibt Babys nur abgekühltes, abgekochtes Wasser zu trinken.

MITTAGESSEN	ZWISCHENMAHLZEIT	SCHLAFENSZEIT
Lauch-Süßkartoffel-Erbsenbrei Brust/Flasche	**Möhre und Blumenkohl** Wasser oder verdünnter Saft	Brust/Flasche
Lauch-Süßkartoffel-Erbsenbrei Brust/Flasche	**Süßes Gemüse-Potpourri** Wasser oder verdünnter Saft	Brust/Flasche
Broccoli-Trio Brust/Flasche	Süßkartoffel Wasser oder verdünnter Saft	Brust/Flasche
Baby-Getreideflocken und Gemüse Brust/Flasche	Süßkartoffel Wasser oder verdünnter Saft	Brust/Flasche
Avocado und Banane Brust/Flasche	**Möhren- und Erbsenbrei** Wasser oder verdünnter Saft	Brust/Flasche
Brunnenkresse-Kartoffel-Zucchinibrei Brust/Flasche	**Broccoli-Trio** Wasser oder verdünnter Saft	Brust/Flasche
Brunnenkresse-Kartoffel-Zucchinibrei Brust/Flasche	**Broccoli-Trio** Wasser oder verdünnter Saft	Brust/Flasche

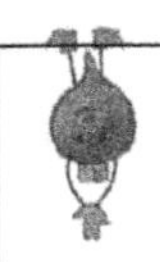

ERNÄHRUNGSPLAN

Fünf bis sechs Monate

	FRÜHSTÜCK	ZWISCHEN-MAHLZEIT	MITTAGESSEN
1. Tag	Brust/Flasche Baby-Getreideflocken zerdrückte Banane	Brust/Flasche	**Lauch-Süßkartoffel-Erbsenbrei** Wasser oder verdünnter Saft
2. Tag	Brust/Flasche Baby-Getreideflocken **Apfel-Rosinen-Kompott**	Brust/Flasche	**Avocado und Banane** Wasser oder verdünnter Saft
3. Tag	Brust/Flasche Baby-Getreideflocken **Apfel und Banane mit Orangensaft**	Brust/Flasche	**Süßkartoffel mit Zimt** Wasser oder verdünnter Saft
4. Tag	Brust/Flasche Baby-Getreideflocken Frischkäse	Brust/Flasche	**Broccoli-Trio** Wasser oder verdünnter Saft
5. Tag	Brust/Flasche Baby-Getreideflocken **Pfirsich, Apfel und Birne**	Brust/Flasche	**Broccoli-Trio** Wasser oder verdünnter Saft
6. Tag	Brust/Flasche Baby-Getreideflocken **Pfirsich, Apfel und Birne**	Brust/Flasche	**Brunnenkresse-Kartoffel-Zucchinibrei** Wasser oder verdünnter Saft
7. Tag	Brust/Flasche Baby-Getreideflocken **Aprikose und Birne**	Brust/Flasche	**Möhren- und Erbsenbrei** Wasser oder verdünnter Saft

Diese Pläne sind nur als Richtlinie gedacht und hängen von vielen Faktoren ab, darunter auch dem Gewicht des Babys. Manche Babys mögen vielleicht nach dem Mittagessen oder der Zwischenmahlzeit am Nachmittag noch etwas Obst.
Für **fett gedruckte** Speisen finden Sie die Rezepte in diesem Buch.
Obstsaft sollte im Verhältnis 1 : 3 mit abgekühltem, abgekochtem Wasser verdünnt werden. Oder man gibt Babys nur abgekühltes, abgekochtes Wasser zu trinken.

ZWISCHEN-MAHLZEIT	ABENDESSEN	SCHLAFENSZEIT
Brust/Flasche	Möhre, Birne oder Pfirsich Zwieback Wasser oder verdünnter Saft	Brust/Flasche
Brust/Flasche	**Möhren- und Erbsenbrei** sehr klein geschnittene Melone oder Pflaume Wasser oder verdünnter Saft	Brust/Flasche
Brust/Flasche	**Kartoffel, Zucchini und Broccoli** **Gemischtes Kompott aus Trockenobst** Wasser oder verdünnter Saft	Brust/Flasche
Brust/Flasche	**Süßes Gemüse-Potpourri** Mango oder Papaya Wasser oder verdünnter Saft	Brust/Flasche
Brust/Flasche	**Süßes Gemüse-Potpourri** Toaststreifen Joghurt Wasser oder verdünnter Saft	Brust/Flasche
Brust/Flasche	**Lauch-Süßkartoffel-Erbsenbrei** Banane Wasser oder verdünnter Saft	Brust/Flasche
Brust/Flasche	**Brunnenkresse-Kartoffel-Zucchinibrei** Pfirsich und Banane Wasser oder verdünnter Saft	Brust/Flasche

DRITTES KAPITEL

Sechs bis neun Monate

Im Alter von sechs bis neun Monaten entwickelt sich Ihr Baby sehr schnell. Ein sieben Monate altes Baby muss man beim Füttern noch halten, und meistens hat es noch keine Zähne. Mit neun Monaten ist es jedoch normalerweise kräftig genug, um beim Füttern im Hochstuhl zu sitzen, und die ersten Zähne sind durchgebrochen. Acht Monate alte Babys können meist schon recht gut selbst Essen in der Hand halten und knabbern gerne an Streifen von rohem oder gekochtem Gemüse, an Nudeln oder Obst. *(Auf den Seiten 139ff. finden Sie Vorschläge dazu.)* *Babys kommen mit einem Eisenvorrat auf die Welt, der etwa sechs Monate ausreicht. Danach müssen sie das benötigte Eisen aus der Nahrung beziehen. Bekommt ein Baby nicht mindestens 500 ml Muttermilch oder Säuglingsnahrung täglich, besteht die Gefahr, dass die tägliche Eisenration unter dem empfohlenen Wert liegt und dadurch die geistige und körperliche Entwicklung beeinträchtigt wird. Wichtig ist, Babys unter einem Jahr keine normale Kuhmilch als Hauptgetränk zu geben, da diese nicht so viel Eisen oder Vitamine enthält wie Muttermilch oder Säuglingsnahrung.*

Weniger Milch, mehr Appetit

Wenn Ihr Baby sieben bis acht Monate alt ist, können Sie allmählich die Milchmahlzeiten reduzieren, damit es mehr Hunger auf feste Nahrung bekommt. Es sollte aber zwischen sechs Monaten und einem Jahr immer noch etwa 500–800 ml Muttermilch oder Säuglingsnahrung pro Tag zu sich nehmen. Zwischendurch können Sie ihm andere Milchprodukte geben und verdünnten Obstsaft oder Kräutertees zu den Mahlzeiten anbieten, wenn es durstig ist.

Am besten füllen Sie die Babyflasche ausschließlich mit Säuglingsnahrung, Muttermilch oder Wasser. Dauernuckeln an gesüßten Getränken ist die Hauptursache von Karies bei Kleinkindern, und Babys sind viel anfälliger dafür als größere Kinder oder Erwachsene. Ist Ihr Baby sechs Monate alt, sollten Sie es an einen speziellen Trinklernbecher gewöhnen, der ihm den Übergang vom weichen Sauger zum offenen Trinkgefäß erleichtert.

Lassen Sie immer Ihr Baby entscheiden, wie viel es essen möchte, und zwingen Sie es niemals, etwas zu essen, was es nicht mag. Versuchen Sie es lieber ein paar Wochen später noch einmal. Möglicherweise schmeckt es ihm zu einem späteren Zeitpunkt sehr gut.

Übrigens: Es ist normal, dass Babys in diesem Alter oft ziemlich dick sind. Sobald das Kind krabbelt und läuft, verliert es das überschüssige Gewicht automatisch.

Auswahl der Nahrungsmittel

Ihr Baby kann jetzt eiweißreiche Nahrung wie Eier, Käse, Hülsenfrüchte, Geflügel und Fisch essen. Beschränken Sie schwerverdauliche Nahrungsmittel wie Spinat, Linsen, Käse, Beeren und Zitrusfrüchte und machen Sie sich keine Sorgen, wenn Sie zum Beispiel Erbsen oder Rosinen unverdaut in der Windel finden. Babys können die Schalen von Gemüse und Obst erst mit etwa zwei Jahren vollständig verdauen. Schälen, Zerdrücken und Pürieren von Obst und Gemüse unterstützt auf natürliche Weise die Verdauung. Wählen Sie bei Brot, Mehl, Nudeln und Reis möglichst die nährstoffreicheren Vollkornprodukte.

Wenn Ihr Baby die Sechsmonatsmarke überschritten hat und es problemlos Brot und andere glutenhaltige Nahrungsmittel isst, brauchen Sie ihm keine speziellen Baby-Getreideflocken mehr zu geben, sondern können auf ganz normale Getreideflocken für Erwachsene zurückgreifen. Diese sind ebenso nahrhaft und vor allem wesentlich preisgünstiger. Achten Sie aber darauf, dass sie weder Zucker noch Salz enthalten. Häufig kaufen Eltern fertige Babynahrung, weil sie mit Vitaminen und Mineralstoffen angereichert ist. Doch bei einer ausgewogenen Ernährung mit frischen Lebensmitteln bekommen Babys eine völlig ausreichende Menge an Vitaminen und Mineralstoffen. Fertignahrung ist in der Regel stark bearbeitet, und die feinere Konsistenz und der fade Geschmack verhindern, dass Babys einen ausgeprägten Geschmack entwickeln.

Und nicht alle Zwiebacksorten sind, wie auf der Packung angepriesen, »ideal für Ihr Baby«. Manche enthalten sehr viel Zucker. Geben Sie Ihrem Baby lieber ein Stück Brot, auf dem es herumkauen kann, oder backen Sie den Zwieback selbst nach dem einfachen Rezept auf Seite 142f.

Kuhmilch ist als Hauptgetränk im ersten Lebensjahr nicht geeignet, weil sie nicht genügend Eisen und andere für das Wachstum nötige Nährstoffe enthält. Doch zum Kochen oder zum Anrühren für Getreideflocken kann sie durchaus verwendet werden.

Obst

Ihr Baby darf jetzt alle Obstsorten essen. Frisches und auch getrocknetes Obst bieten sich als ideale Zwischenmahlzeit an. Da unterschiedliche Obstsorten auch unterschiedliche Vitamine enthalten, sollten Sie Ihrem Baby auch verschiedene Früchte anbieten. Trockenobst ist auch eine gute Wahl, da es viele Nährstoffe liefert und mehr Kalorien enthält. Entfernen Sie immer sorgfältig alle Kerne aus dem Obst und geben Sie kleinen Babys nie ganze Trauben, da die Früchte schnell in Babys Luftröhre geraten können.

Vitamin C fördert die Aufnahme von Eisen, daher sind Vitamin-C-reiche Obstsorten wie Zitrusfrüchte oder Beeren für die Ernährung von Kindern sehr wichtig. Auch können Sie die Getreideflocken am Morgen gut mit verdünntem Orangensaft vermischen. Dieser passt auch prima zu Pikantem wie Möhren, Fisch und Leber.

Füttern Sie anfangs Beeren und Zitrusfrüchte nur in kleinen Mengen, da sie schwer verdaulich sein können und manche Babys allergisch darauf reagieren. Kombinieren Sie sie mit anderen Obstsorten wie Apfel, Banane, Birne oder Pfirsich. Auch Kiwi können bei kleinen Kindern allergische Reaktionen auslösen. Das kommt zwar selten vor, doch sollten Sie Ihr Baby beobachten, insbesondere dann, wenn in der Familie schon Allergien oder Ekzeme und Asthma aufgetreten sind.

Gemüse

Ihr Baby kann nun alle Gemüsesorten essen. Bestimmte Sorten wie Spinat oder Brokkoli schmecken sehr intensiv und werden am besten mit Käsesauce oder Wurzelgemüse wie Süßkartoffel, Möhre oder Kartoffel kombiniert. Gemüse zusammen mit Obst schmeckt kleinen Kindern auch gut – versuchen Sie es einmal mit Butternut-Kürbis und Apfel oder Spinat und Birne. Gedämpftes Gemüse, zum Beispiel Möhrensticks oder kleine Blumenkohlröschen können Babys gut aus der Hand essen.

Übrigens: Tiefkühlgemüse landet innerhalb weniger Stunden nach der Ernte im Eisfach und enthält daher oft genauso viele Nährstoffe wie frisches. Es eignet sich hervorragend für Babykost und kann nach dem Kochen wieder eingefroren werden.

Eier

Eier sind eine ausgezeichnete Eiweißquelle und enthalten außerdem Eisen und Zink. Man kann Babys ab sechs Monaten Eier anbieten, aber wegen des Risikos einer Salmonelleninfektion auf keinen Fall roh oder weich gekocht. Eiweiß und Eigelb sollten durch und durch fest sein. Hart gekochte Eier, Omelettes und gut durchgebratenes Rührei sind schnell zubereitet und nahrhaft.

Fisch

Oft mögen Kinder keinen Fisch, weil sie ihn fad und langweilig finden. Kombinieren Sie Fisch aber mit Herzhaftem wie Tomaten und Käse, essen ihn Babys mit Begeisterung, und Sie dürfen stolz auf sich sein.

Fetter Fisch wie Lachs, Makrele, frischer Thunfisch und Sardinen sind besonders wichtig für die geistige Entwicklung und die Ausbildung des Sehvermögens. Idealerweise sollten sie zweimal pro Woche auf dem Speiseplan stehen.

Fisch sollte man nicht zu lange kochen, weil er dann zäh wird und seinen Geschmack verliert. Er ist gar, wenn er sich gut mit der Gabel von den Gräten lösen lässt, aber noch fest ist. Achten Sie immer sehr sorgfältig darauf, dass er keine Gräten mehr enthält, bevor Sie ihn auf den Tisch bringen.

Fleisch

Prima eignet sich Hähnchen als erstes Fleisch. Es passt gut zu Wurzelgemüse wie Möhren und Süßkartoffel, die püriertem Hähnchen eine sämige Konsistenz verleihen. Auch Äpfel oder

Trauben lassen sich gut mit Hähnchen kombinieren. Selbst gemachte Hühnerbrühe (Rezept Seite 114) bildet die Grundlage vieler Rezepte, daher ist es am besten, gleich größere Mengen zuzubereiten. Sie hält im Kühlschrank 3 bis 4 Tage.

Eisen ist wichtig für die geistige Entwicklung, und der Bedarf ist zwischen dem sechsten Lebensmonat und dem zweiten Lebensjahr am größten. Eisenmangel ist das häufigste Ernährungsproblem in der frühen Kindheit, und die Symptome sind schwer zu erkennen. Vielleicht ist Ihr Baby ständig müde, blass und anfällig für Infektionen, oder Wachstum und Entwicklung scheinen sich zu verlangsamen. Die beste Eisenquelle ist rotes Fleisch, insbesondere Leber, die wegen der weichen Konsistenz und der leichten Verdaulichkeit ideal für Babys ist. Leber sollte nur einmal im Monat auf Babys Speiseplan stehen, und dann am besten Kalbsleber vom Bio-Metzger. Oft mögen kleine Kinder rotes Fleisch nicht so gerne, weil man es länger kauen muss. Wenn man es jedoch mit Wurzelgemüse oder Nudeln mischt, wird der Brei schön sämig und ist leichter zu schlucken.

Nudeln

Nudeln gehören zu den Lieblingsgerichten von Babys und Kleinkindern. Sie liefern viele Kohlenhydrate, und wenn Sie Suppennudeln wie beispielsweise Buchstaben oder Sternchen unter den Brei mischen, werden Kinder ab etwa acht Monaten zum Kauen animiert. Viele Gemüsebreie eignen sich hervorragend als Nudelsauce, und Sie können immer etwas geriebenen Käse darüberstreuen. Kaufen Sie Suppennudeln oder

schneiden Sie Spaghetti klein. Verwenden Sie auch einmal Couscous, der ebenfalls wunderbar weich ist. Gerade Instant-Couscous ist schnell gar und passt ausgezeichnet zu gewürfeltem Hähnchenfleisch oder Gemüse.

Konsistenzen

Geben Sie Ihrem Baby nicht zu lange ganz feine Breie, denn es ist wichtig, dass es kauen lernt. Sobald die ersten Zähne durchbrechen, sollten Sie Ihrem Baby Brei mit Stückchen und geraspelten, zerdrückten oder fein gehackten Speisen geben. Anfangs weigern sich Babys oft, etwas zu essen, das feste Stückchen enthält. Wenn dies der Fall ist, mischen Sie Nudeln unter den Brei (oben) oder bieten Sie weich gedämpftes Gemüse oder Obst an, das Ihr Kind aus der Hand essen kann.

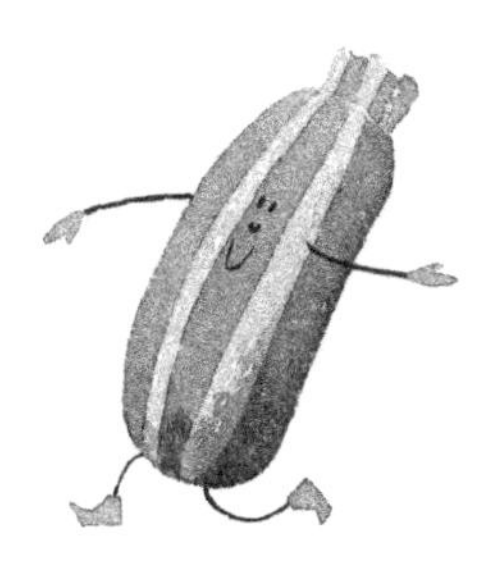

OBST

Bananentraum

Ergibt 1 Portion

Babys lieben Bananen, und nach diesem Rezept zubereitet schmecken sie wirklich toll, besonders wenn es dazu noch Vanilleeis gibt.

etwas Butter • 1 kleine Banane, geschält und in Scheiben geschnitten • eine Prise gemahlener Zimt • 2 EL frisch gepresster Orangensaft

Die Butter in einer kleinen Pfanne zerlaufen lassen, die Bananenscheiben dazugeben, mit etwas Zimt bestreuen und 2 Minuten braten. Den Orangensaft darübergießen und noch einmal zwei Minuten braten. Mit einer Gabel zerdrücken.

Banane und Heidelbeeren

Ergibt 1 Portion

Bananen passen zu vielen verschiedenen Obstsorten. Versuchen Sie es auch einmal mit Pfirsich, Mango, getrockneten Aprikosen und Pflaumen. Oder verrühren Sie eine Bananen-Obst-Mischung mit etwas Naturjoghurt (3,5 Prozent Fett). Servieren Sie den Brei sofort, sonst wird die Banane braun.

25 g Heidelbeeren • 1 EL Wasser •
1 kleine reife Banane, geschält und in Scheiben geschnitten.

Die Heidelbeeren mit dem Wasser in einem Topf etwa 2 Minuten kochen oder bis die Beeren aufplatzen. Ganz kurz zusammen mit den Bananenscheiben glatt pürieren.

☺		☹	

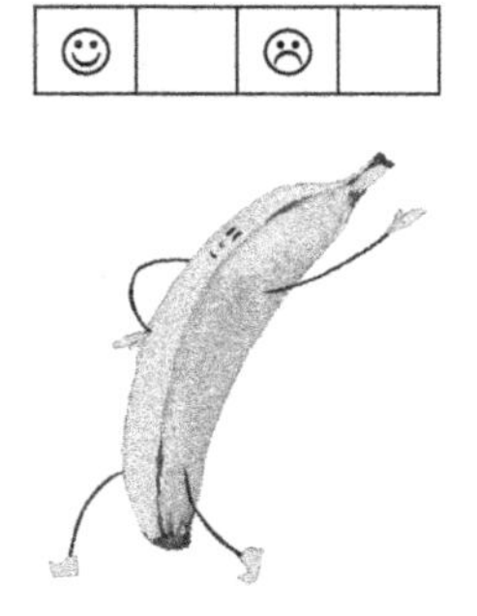

Pfirsich-Apfel-Erdbeerbrei

Ergibt 2 Portionen

Den Pfirsich können Sie auch durch 25 g Heidelbeeren ersetzen.

1 großer Apfel, geschält, ohne Kerngehäuse, klein geschnitten • 1 großer, reifer Pfirsich, gehäutet, entkernt und klein geschnitten • 75 g Erdbeeren, halbiert • 1 EL Baby-Reisflocken

Den Apfel etwa 4 Minuten dämpfen, Pfirsich und Erdbeeren dazugeben und weitere 3 Minuten dämpfen. Das Obst zu einem glatten Brei pürieren und die Reisflocken unterrühren.

Pfirsich und Reis

Ergibt 2 Portionen

Sie können dazu auch anderes Obst verwenden wie getrocknete Aprikosen (klein schneiden und mit dem Reis kochen) oder Pflaumen, die mit etwas Zucker gekocht werden.

1 EL Baby-Reisflocken • 150 ml Milch •
1 reifer Pfirsich, gehäutet, entkernt und klein geschnitten

Reis und Milch in einen kleinen Topf geben, bei schwacher Hitze unter Rühren zu einem Brei eindicken lassen, weitere 5 Minuten köcheln, dann den klein geschnittenen Pfirsich unterrühren. Für kleine Babys pürieren.

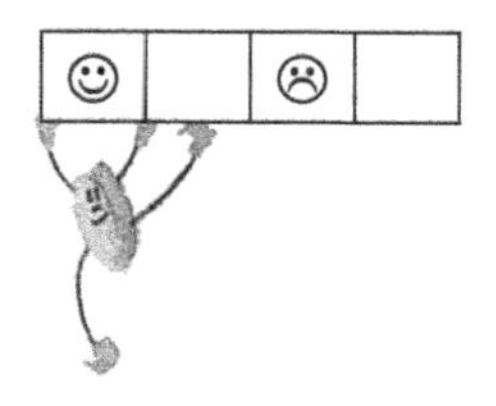

Aprikosen-Apfel-Pfirsichbrei

Ergibt 5 Portionen

Getrocknete Aprikosen sind ein konzentrierter Nährstofflieferant, sie enthalten viel Eisen, Kalium und Beta-Carotin. Ihr süßer Geschmack kommt bei Babys meist gut an.

75 g essfertige Trockenaprikosen •
2 Äpfel, geschält, ohne Kerngehäuse und klein geschnitten •
1 großer, reifer Pfirsich, gehäutet, entsteint und klein geschnitten
oder 1 reife Birne, geschält, entkernt und klein geschnitten

Die Aprikosen in einem kleinen Topf mit Wasser bedecken. Bei schwacher Hitze 5 Minuten kochen. Die Apfelstücke dazugeben und weitere 5 Minuten kochen. Mit dem Pfirsich oder der Birne pürieren.

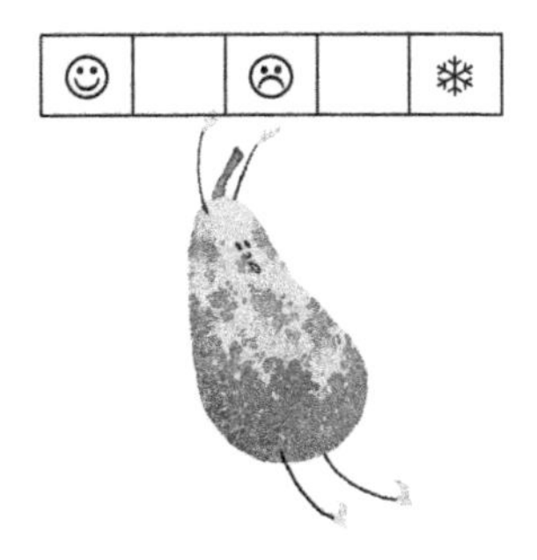

Joghurt mit Obst

Ergibt 1 Portion

Neben viel Obst und Gemüse braucht Ihr Baby auch reichlich Fett. Rezepte wie Gemüse in Käsesauce und Obstmischungen mit griechischem Joghurt bieten sich dafür an.

frisches Obst, z. B. 1 reifer Pfirsich, 1 kleine Mango oder Kombinationen aus Mango und Banane • 2 EL Naturjoghurt (3,5 Prozent Fett) • etwas Ahornsirup (nach Belieben)

Das Obst schälen, Steine entfernen, das Fruchtfleisch zerdrücken und mit dem Joghurt verrühren. Falls nötig mit etwas Ahornsirup süßen.

☺		☹	

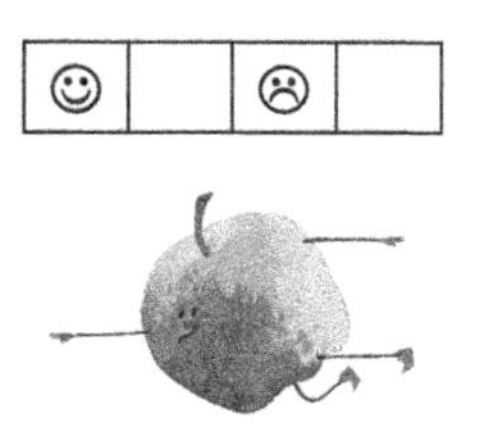

Selbst gemachte Götterspeise

Ergibt 4 Portionen

Götterspeise lässt sich einfach aus köstlichen Obstsäften und frischem Obst zubereiten. Ich nehme anstatt gemahlener Gelatine (wie hier beschrieben) allerdings lieber 4 Stück Blattgelatine. Mit Gelatinepulver geht es ein bisschen schneller, daher empfehle ich Ihnen folgende Zubereitung:

600 ml frischer roter Fruchtsaft (100 Prozent Frucht) wie zum Beispiel Kirschsaft, Trauben- oder Himbeersaft • 1 Päckchen gemahlene Gelatine • 2 EL Zucker • 125 g frische Himbeeren

Die Hälfte des Saftes in einem kleinen Topf bis kurz vor den Siedepunkt erhitzen. Vom Herd nehmen, die Gelatine und den Zucker einrühren, bis sich beides auflöst. Falls sich nicht alles auflöst, bei geringer Hitze wieder erwärmen, aber nicht kochen lassen. Die warme Flüssigkeit in den restlichen kalten Saft einrühren und in eine Schüssel füllen, die Himbeeren untermischen. Im Kühlschrank fest werden lassen.

☺		☹	

Blutorangen-Götterspeise

Ergibt 4 Portionen

Blattgelatine löst sich ganz einfach auf und eignet sich hervorragend für Götterspeise.

4 Blatt Gelatine • 600 ml frisch gepresster Blutorangensaft • 3 EL Zucker

Die Blattgelatine in Stücke brechen, mit sechs Esslöffeln Saft beträufeln und einweichen lassen. Den restlichen Saft erhitzen, aber nicht kochen, dann den Zucker unterrühren, bis er sich aufgelöst hat. Vom Herd nehmen und nach und nach die aufgeweichte Gelatine in den heißen Saft rühren. Dabei löst sich die Gelatine auf. Restlichen Saft aus dem Gefäß dazugeben und abkühlen lassen. Den Saft in eine Schüssel, einzelne Gläser oder eine Puddingform füllen. Im Kühlschrank fest werden lassen.

☺		☹	

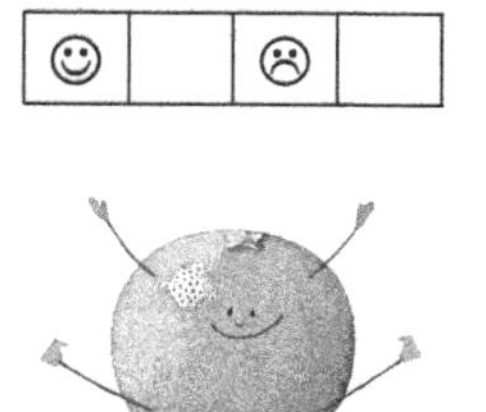

GEMÜSE

Linsenbrei

Ergibt 8 Portionen

Linsen sind eine gute, preiswerte Proteinquelle und liefern auch Eisen, das besonders im Alter von sechs Monaten bis zwei Jahren für die geistige Entwicklung wichtig ist. Da Linsen für kleinere Babys unter Umständen schwer verdaulich sind, sollte man sie, wie hier beschrieben, mit viel frischem Gemüse kombinieren. Dieser herrliche Brei kann auch zu einer köstlichen Suppe für die ganze Familie abgewandelt werden, wenn sie mehr Brühe zugeben und etwas pikanter würzen.

½ kleine Zwiebel, fein gehackt • 100 g Möhren, gehackt • 15 g Sellerie, gehackt • 1 EL Pflanzenöl • 50 g halbierte rote Linsen • 200 g Süßkartoffel, geschält und klein geschnitten • 400 ml Gemüse- oder Hühnerbrühe (Seite 64 oder 114) oder Wasser

Zwiebel, Möhre und Sellerie etwa 5 Minuten im Pflanzenöl dünsten, bis alles weich ist. Linsen und Süßkartoffel dazugeben und Gemüsebrühe oder Wasser angießen. Zum Kochen bringen, dann die Hitze reduzieren und zugedeckt 20 Minuten sieden. Im Mixer pürieren.

Tomaten und Möhren mit Basilikum

Ergibt 4 Portionen

Babys, denen man schon früh feine Geschmackserlebnisse ermöglicht, sind meist auch später keine heiklen Esser.

125 g Möhren, geschält und in Scheiben geschnitten • 100 g Blumenkohlröschen • 25 g Butter • 200 g reife Tomaten, gehäutet, entkernt und grob gehackt • 2–3 frische Basilikumblättchen • 50 g geriebener milder Käse

Die Möhren in einen kleinen Topf geben, mit kochendem Wasser bedecken und zugedeckt etwa 10 Minuten köcheln. Den Blumenkohl hinzufügen und ebenfalls zugedeckt weitere 7–8 Minuten garen. Falls nötig, etwas Wasser dazugeben. In der Zwischenzeit die Butter zerlassen und die Tomaten darin dünsten, bis sie zerfallen. Basilikum und Käse darüberstreuen. Den Käse schmelzen lassen. Möhren und Blumenkohl mit etwa drei Esslöffeln der Kochflüssigkeit und der Tomatensauce pürieren.

☺		☹		❄

Gebackene Süßkartoffel mit Orange

Ergibt 8 Portionen

Süßkartoffeln schmecken köstlich, wenn man sie wie Backofenkartoffeln zubereitet und mit Obst wie Apfel- oder Pfirsichbrei kombiniert. In ihnen stecken viele Kohlenhydrate, Vitamine und Mineralstoffe.

1 mittelgroße Süßkartoffel, gebürstet •
2 EL frisch gepresster Orangensaft • 2 EL Milch

Die Süßkartoffel auf einem Blech im vorgeheizten Backofen bei 200 Grad etwa 1 Stunde garen, bis sie weich ist. Etwas abkühlen lassen, dann das Innere mit einem Löffel aus der Schale kratzen. Mit dem Orangensaft und der Milch zerdrücken oder pürieren.

☺		☹		❄

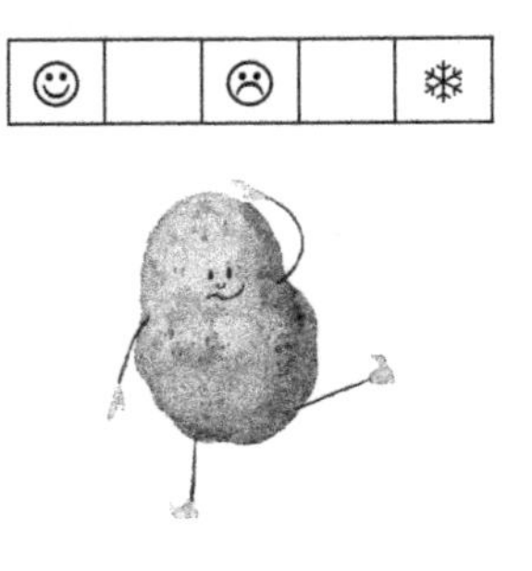

Süßkartoffel mit Spinat und Erbsen

Ergibt 5 Portionen

Dieses leckere Püree eignet sich gut zur Einführung von Spinat bei Babys.

20 g Butter • 50 g Lauch, in dünne Ringe geschnitten • 1 Süßkartoffel, geschält und in Stücke geschnitten • 200 ml Wasser • 50 g Tiefkühlerbsen • 75 g frischer, junger Spinat, gewaschen, grobe Stiele entfernt

Die Butter in einem kleinen Topf zerlaufen lassen und den Lauch etwa 2–3 Minuten darin weich dünsten. Die Süßkartoffel dazugeben. Das Wasser darübergießen, zum Kochen bringen, dann zugedeckt 7–8 Minuten köcheln lassen. Erbsen und Spinat in den Topf geben und alle Zutaten weitere 3 Minuten garen. Das Gemüse im Mixer zu einem glatten Brei pürieren.

☺		☹		❄

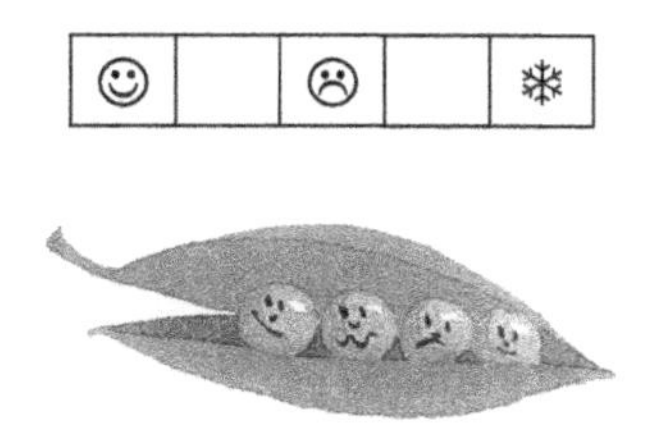

Süßer Gemüsebrei

Ergibt 3 Portionen

Gemüsesorten wie Erbsen und Mais schmecken von Natur aus süß und sind deshalb bei Babys beliebt. Da sie unverdauliche Fasern enthalten, ist es besser, sie zu passieren als zu pürieren – so bleiben die Schalen draußen.

25 g gehackte Zwiebel • 75 g Möhre, geschält und gehackt • 1 EL Olivenöl • 150 g Kartoffel, geschält und in Stücke geschnitten • 200 ml Wasser • 2 EL Tiefkühlmais • 1 EL Tiefkühlerbsen

Zwiebel und Möhren 5 Minuten vorsichtig in Öl andünsten, Kartoffelstücke und Wasser dazugeben, zum Kochen bringen und dann zugedeckt 10 Minuten garen. Mais und Erbsen hinzufügen und weitere 5 Minuten kochen und anschließend passieren.

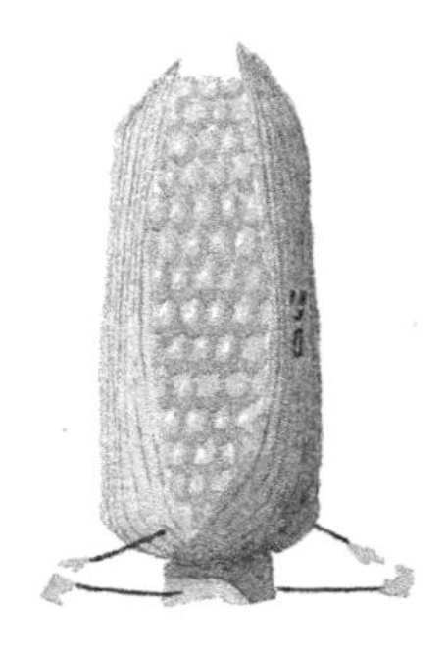

Trio aus Blumenkohl, rotem Paprika und Mais

Ergibt 4 Portionen

Babys lieben an diesen Gemüsesorten die intensiven Farben und die natürliche Süße. Passieren Sie Mais für kleine Babys immer, um die unverdaulichen Schalen zu entfernen.

100 g Blumenkohlröschen • 120 ml Milch •
50 g geriebener milder Käse • 25 g rote Paprika, gewürfelt •
75 g Tiefkühlmais

Den Blumenkohl mit der Milch in einen Topf geben und bei schwacher Hitze etwa 8 Minuten kochen, bis er weich ist. Den Käse einrühren und schmelzen lassen. In der Zwischenzeit Paprika und Mais dämpfen oder in einem kleinen Topf mit etwas Wasser etwa 6 Minuten kochen, bis beides gar ist. Paprika und Mais abtropfen lassen. Mit dem Blumenkohl und der Milch passieren.

Blumenkohl mit Käsesauce

Ergibt 5 Portionen

Dieses Gericht essen Babys sehr gerne. Probieren Sie es mit verschiedenen Käsesorten oder Käsemischungen, bis Sie herausgefunden haben, was Ihrem Kind am besten schmeckt. Die Käsesauce passt auch gut zu buntem Gemüse.

175 g Blumenkohlröschen
KÄSESAUCE:
15 g Butter • 1 EL Speisestärke • 150 ml Milch •
50 g geriebener milder Käse

Die Blumenkohlröschen vorsichtig waschen und dämpfen, bis sie weich sind (etwa 10 Minuten). Inzwischen für die Sauce die Butter bei schwacher Hitze in einem Topf zerlassen und die Stärke hineinrühren, sodass ein glatter Brei entsteht. Unter Rühren die Milch hinzufügen und weiterrühren, bis die Sauce eindickt. Den Topf vom Herd nehmen und den geriebenen Käse hineinrühren. So lange rühren, bis der Käse ganz geschmolzen und die Sauce glatt ist.

Den Blumenkohl in die Sauce geben. Für kleinere Babys im Mixer pürieren, für größere mit der Gabel zerdrücken oder in kleine Stückchen schneiden.

Zucchini-Gratin

Ergibt 6 Portionen

Dieser cremige Brei schmeckt auch gut, wenn man ihn mit Brokkoli zubereitet.

1 mittelgroße Kartoffel, geschält und in Stücke geschnitten • 175 g Zucchini in Scheiben • etwas Butter • 40 g milder Käse • 4 EL Milch

Kartoffel weich kochen, Zucchini 8 Minuten dämpfen. Die Kartoffel abgießen, Butter und Käse unterrühren und schmelzen lassen. Die Kartoffelmischung mit Zucchini und Milch mit einem Pürierstab pürieren.

Lauch- und Kartoffelbrei

Ergibt 4 Portionen

Das war immer der Lieblingsbrei meiner Tochter Lara. Wenn Sie ihn etwas kräftiger würzen, eignet er sich auch hervorragend als Gemüsesuppe für Erwachsene.

25 g Butter • 125 g Lauch, in feine Ringe geschnitten •
250 g Kartoffeln, geschält und gewürfelt •
300 ml Hühner- oder Gemüsebrühe (Seite 114 oder 64) •
2 EL griechischer Joghurt

Butter in einer Pfanne erhitzen, Lauch hinzufügen und bei schwacher Hitze 5 Minuten dünsten. Kartoffeln und Brühe hinzugeben und zugedeckt etwa 12 Minuten köcheln lassen, bis alles weich ist. Das Gemüse abtropfen lassen und passieren, dabei so viel Kochflüssigkeit zugeben, dass ein glatter Brei entsteht. Zuletzt den Joghurt unterrühren.

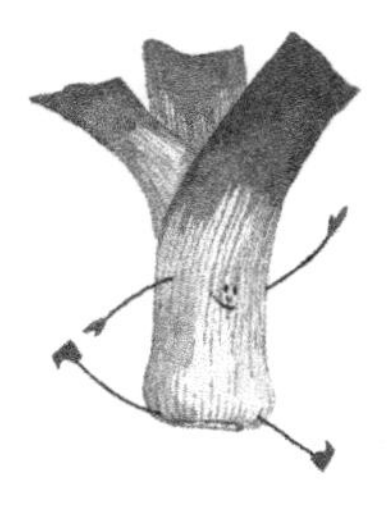

Zucchini-Erbsenbrei

Ergibt 4 Portionen

Als ich diese Kombination ausprobierte, wurde der Babybrei so gut, dass ich eine köstliche Suppe für die ganze Familie daraus machte. Vervielfachen Sie dafür einfach die Zutaten und verwenden Sie extra Brühe und Gewürze.

½ kleine Zwiebel, geschält und fein gehackt •
15 g Butter oder Margarine • 50 g Zucchini, gewaschen,
geputzt und in dünne Scheiben geschnitten •
1 mittelgroße Kartoffel, geschält und gewürfelt •
120 ml Hühner- oder Gemüsebrühe (Seite 114 oder 64) •
25 g Tiefkühlerbsen

Die Zwiebel im Fett bei schwacher Hitze dünsten, bis sie weich ist. Zucchini, Kartoffel und Brühe hinzufügen. Zum Kochen bringen und zugedeckt 12 Minuten garen. Die Erbsen unterrühren, wieder zum Kochen bringen, dann die Hitze reduzieren und weitere 5 Minuten garen. Im Mixer pürieren.

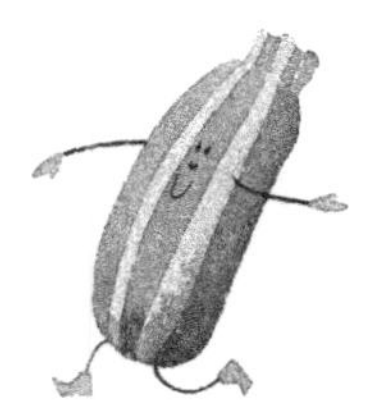

Minestrone

Ergibt 4 Erwachsenen- oder 12 Babyportionen

Das Gemüse macht die Minestrone gehaltvoller und kann von Babys gut gekaut werden. Für kleinere Babys ist es besser, die Suppe zu pürieren. Würzen Sie etwas kräftiger und verwenden Sie mehr Brühe, wird sie im Nu zu einer schmackhaften Suppe für den Rest der Familie.

1 EL Pflanzenöl • ½ kleine Zwiebel, fein gehackt • ½ Stange Lauch, nur der weiße Teil, gewaschen und fein gehackt • 1 mittelgroße Möhre, geschält und gewürfelt • ½ Stange Bleichsellerie, gewürfelt • 100 g grüne Bohnen, in 1 cm lange Stücke geschnitten • 1 Kartoffel, geschält und gewürfelt • 1 EL frische, gehackte Petersilie • 2 TL Tomatenmark • 1,2 l Hühner- oder Gemüsebrühe (Seite 114 oder 64) • 3 EL Tiefkühlerbsen • 50 g Suppennudeln

Öl in einem Topf erhitzen, Zwiebel und Lauch 2 Minuten anbraten, dann Möhre, Sellerie, Bohnen, Kartoffel und Petersilie hinzufügen, weitere 4 Minuten andünsten. Tomatenmark einrühren und 1 Minute weiter dünsten. Mit Brühe aufgießen und 20 Minuten zugedeckt köcheln lassen. Die gefrorenen Erbsen und die Nudeln dazugeben, noch einmal 5 Minuten kochen – beachten Sie die Kochzeit der Nudeln (Packungsanweisung).

FISCH

Scholle mit Tomaten und Kartoffeln

Ergibt 4 Portionen

Ein leckerer, cremiger Fischbrei.

1 Schollenfilet, gehäutet • 2 mittelgroße Tomaten, gehäutet, entkernt und klein geschnitten • etwas Butter oder Margarine • 1 Lorbeerblatt • 150 ml Milch • 1 kleine Kartoffel, geschält

Das Schollenfilet in eine feuerfeste Schüssel legen, mit den Tomatenstückchen bedecken, Butterflöckchen daraufsetzen, das Lorbeerblatt dazulegen und den größten Teil der Milch darübergießen. Mit Alufolie abdecken und im vorgeheizten Backofen bei 180 Grad (Gas Stufe 4) 20 Minuten backen. (Oder samt Deckel etwa 3 Minuten bei 600 Watt in der Mikrowelle garen.)

Währenddessen die Kartoffel kochen und mit der übrigen Milch und Margarine oder Butter zerdrücken. Wenn der Fisch gar ist, das Lorbeerblatt herausnehmen und den Fisch mit der Kochflüssigkeit zerdrücken oder pürieren. Entweder mit dem Kartoffelbrei vermischen oder diesen als Beilage reichen.

Fischfilet mit Käsesauce

Ergibt 6 Portionen

Fisch und Käsesauce passen gut zusammen. Petersilie oder Schnittlauch verleiht dem Rezept einen frischen Akzent.

125 g Kabeljau, Scholle oder Seehecht, filetiert und gehäutet • 3 EL Milch • 1 Lorbeerblatt • etwas Butter
KÄSESAUCE:
20 g Butter • 2 EL Mehl • 175 ml Milch • 65 g milder Käse, gerieben • 1 TL frische Petersilie oder Schnittlauch, gehackt

Die Filets in eine feuerfeste Form legen, die Milch darübergießen, das Lorbeerblatt dazugeben und Butterflöckchen auf dem Fisch verteilen. Zudecken und in der Mikrowelle bei 600 Watt garen. Alternativ können Sie den Fisch mit der Milch in einer Pfanne pochieren.

Für die Sauce eine Mehlschwitze herstellen: Die Butter in einem kleinen Topf zerlassen und das Mehl hineinrühren. Nach und nach die Milch dazugeben, dabei kräftig rühren und bei schwacher Hitze kochen, bis eine glatte weiße Sauce entsteht. 1 Minute unter ständigem Rühren kochen. Den Topf vom Herd nehmen und den Käse hineinrühren. Wenn der Käse geschmolzen ist, Petersilie oder Schnittlauch hinzugeben.

Den Fisch mit der Gabel zerteilen, die Gräten sorgfältig entfernen! In die Käsesauce geben und zerdrücken oder pürieren.

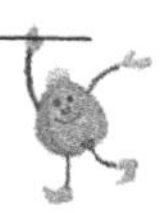

Scholle mit Spinat und Käse

Ergibt 8 Portionen

Tiefkühlgemüse ist ein guter Ersatz für frisches und oft sogar nährstoffreicher als Gemüse, das schon einige Tage in der Küche lagert. Sie können dieses Gericht durchaus mit tiefgekühltem Spinat zubereiten, wenn es gerade keinen frischen Spinat gibt.

225 g Schollenfilet, gehäutet • 1 EL Milch • 1 Lorbeerblatt •
einige Pfefferkörner • etwas Butter •
175 g frischen oder 75 g tiefgekühlten Spinat
KÄSESAUCE:
25 g Butter • 2 EL Mehl • 175 ml Milch • 50 g milder Käse

Den Fisch mit der Milch, dem Lorbeerblatt, den Pfefferkörnern und der Butter in eine feuerfeste Form legen. In der Mikrowelle bei 600 Watt 3 Minuten garen oder in einer Pfanne 5 Minuten pochieren. In der Zwischenzeit den tropfnassen Spinat in einem Topf etwa 3 Minuten kochen oder den gefrorenen Spinat laut Packungsanweisung zubereiten. Das überschüssige Wasser ausdrücken.

Die Käsesauce wie auf Seite 110 beschrieben zubereiten. Den gegarten Fisch aus der Mikrowelle nehmen, Lorbeerblatt und die Pfefferkörner entfernen. Die Scholle mit dem Spinat und der Käsesauce bis zur gewünschten Konsistenz pürieren.

Kabeljaufilet mit Süßkartoffel

Ergibt 8 Portionen

In der orangefarbenen Süßkartoffel steckt reichlich Beta-Carotin, das vorbeugend gegen bestimmte Krebsarten wirkt. Da die meisten Babys gerne Süßkartoffel mögen, ist dieses Rezept ideal zur Einführung von Fisch.

225 g Süßkartoffel, geschält •
75 g Kabeljau, gehäutet und filetiert • 2 EL Milch •
etwas Butter • Saft einer Orange (etwa 120 ml)

Die Süßkartoffel in einen Topf geben, knapp mit Wasser bedecken, zum Kochen bringen, dann zudecken und etwa 20 Minuten garen, bis sie weich ist. Den Fisch in eine mikrowellengeeignete Form legen, die Milch darübergießen, Butterflöckchen darauf verteilen und zugedeckt in der Mikrowelle bei 600 Watt 2 Minuten garen, bis der Fisch durch ist. Alternativ können Sie den Fisch in einer Pfanne mit der Milch und der Butter 6–7 Minuten pochieren. Die gekochte Süßkartoffel mit dem abgetropften Fisch und dem Orangensaft im Mixer zu einem Brei pürieren.

Fischfilet in Orangensauce

Ergibt 5 Portionen

Das ist eines der Lieblings-Fischgerichte meiner Familie. Lassen Sie sich von der ungewohnten Kombination nicht abschrecken, es schmeckt köstlich.

250 g Fischfilet, gehäutet (z. B. Kabeljau, Schellfisch oder Seehecht) • Saft von 1 Orange (etwa 120 ml) • 40 g milder Käse, gerieben • 1 TL fein gehackte, frische Petersilie • 25 g zerkleinerte Cornflakes • 7 g Margarine

Den Fisch in eine gefettete Form geben, mit Orangensaft, Käse, Petersilie und Cornflakes bedecken und die Butterflöckchen darauf verteilen. Mit Alufolie bedecken und bei 180 Grad (Gas Stufe 4) etwa 20 Minuten garen. Oder zugedeckt in der Mikrowelle bei 600 Watt 4 Minuten garen.

Den Fisch mit der Gabel zerteilen und sorgfältig alle Gräten entfernen und alle Zutaten zusammen mit der Kochflüssigkeit zerdrücken.

☺		☹	

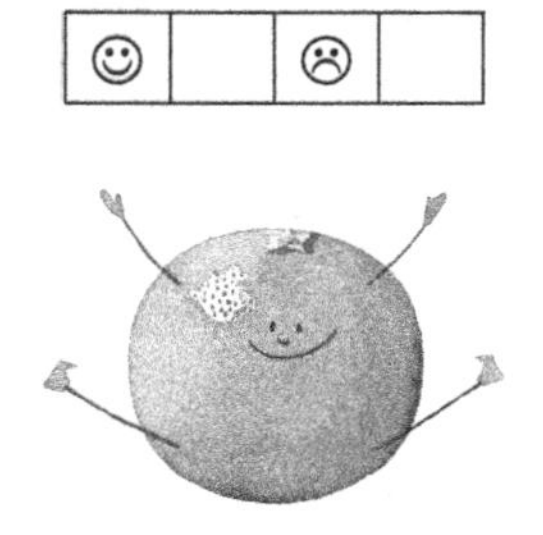

HÄHNCHEN

Hühnerbrühe und »Mein erster Hähnchenbrei«

Ergibt gut 2 Liter

Brühwürfel sind für Kinder unter einem Jahr nicht geeignet, da sie sehr viel Salz enthalten, daher bereite ich Hühnerbrühe selbst zu und verwende sie als Grundlage für Hähnchen- und Gemüsebreie. Im Kühlschrank ist sie 3 Tage haltbar. Für Kinder über einem Jahr können Sie 3 Brühwürfel dazugeben, wenn Sie möchten, dass die Brühe intensiver schmeckt. Anstatt eines Suppenhuhns können Sie auch die Knochen eines ausgelösten Grillhähnchens auskochen.

1 großes Suppenhuhn mit Innereien •
2250 ml Wasser • 2 Pastinaken •
3 große Möhren • 2 große Zwiebeln •
1 Stange Bleichsellerie • 2 Stängel frische Petersilie •
1 Kräutersträußchen mit verschiedenen Kräutern

Das Huhn in acht Stücke schneiden, sehr fette Haut entfernen. Gemüse waschen, putzen und falls nötig klein schneiden. Die Hühnerteile mit den Innereien in einen großen Topf geben. Gut mit Wasser bedecken, zum Kochen bringen und den Schaum abschöpfen. Restliche Zutaten hinzufügen und etwa 3 Stunden sieden lassen. (Wenn Sie die Hühnerbrust essen

wollen, sollten Sie die Bruststücke nach etwa 90 Minuten herausnehmen, sonst werden sie zu trocken.)

Die Suppe über Nacht im Kühlschrank stehen lassen und morgens das fest gewordene Fett abschöpfen. Die Suppe durch ein Sieb gießen und die Brühe nach Geschmack würzen.

Sie können einen Teil der Hühnerbrust zusammen mit Gemüse Ihrer Wahl und etwas Brühe zu Hähnchen-Gemüsebrei für Ihr Baby pürieren. Durch Zugabe von Brühwürfeln und Gewürzen bekommen Sie auch eine wunderbare klare Brühe für größere Babys. Gehaltvoller wird diese, wenn Sie noch Suppennudeln dazugeben.

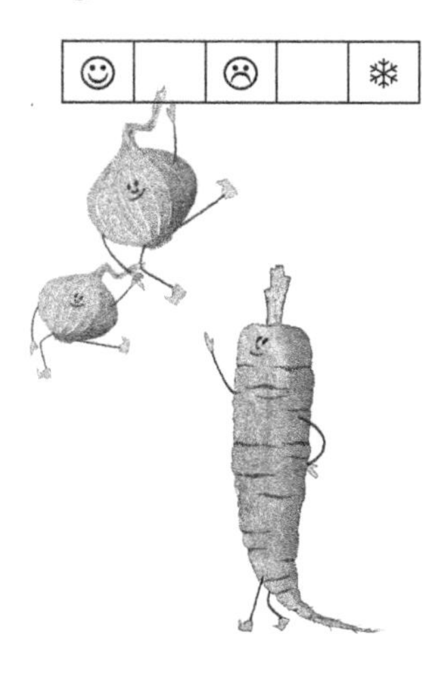

Hähnchen mit Hüttenkäse

Ergibt 2 Portionen

In diesem Alter sind Babys noch zu klein, um Hähnchenstücke aus der Hand zu essen. Dies und die folgenden beiden Rezepte zeigen Ihnen, wie man kaltes Huhn ganz einfach in leckere babygerechte Kost verwandeln kann.

50 g gekochtes Hühnerfleisch, klein geschnitten •
1 EL Naturjoghurt (3,5 Prozent Fett) •
1½ EL Hüttenkäse mit Ananas

Hähnchen, Joghurt und Hüttenkäse vermischen und mit dem Pürierstab zu einem glatten Brei verarbeiten.

☺		☹	

Hähnchen mit Pastinaken und Bohnen

Ergibt 5 Portionen

Wenn Sie dieses Gericht einfrieren möchten, pürieren Sie das Hähnchen mit dem Gemüse erst, wenn das Gemüse kalt ist, das Huhn sollte nicht wieder erwärmt werden.

50 g Pastinake, geschält und in Scheiben geschnitten •
100 g Süßkartoffel, geschält und gewürfelt •
25 g grüne Bohnen, die Enden abgeschnitten und Fasern entfernt •
40 g gekochtes Hühnerfleisch •
4 EL Hühnerbrühe (Seite 114) oder Milch

Das Gemüse in einen Topf geben, mit Wasser bedecken und zum Kochen bringen. Dann Deckel auflegen und köcheln, bis es weich ist. Abgießen und mit dem Hühnerfleisch und der Brühe oder Milch pürieren.

☺		☹		❄

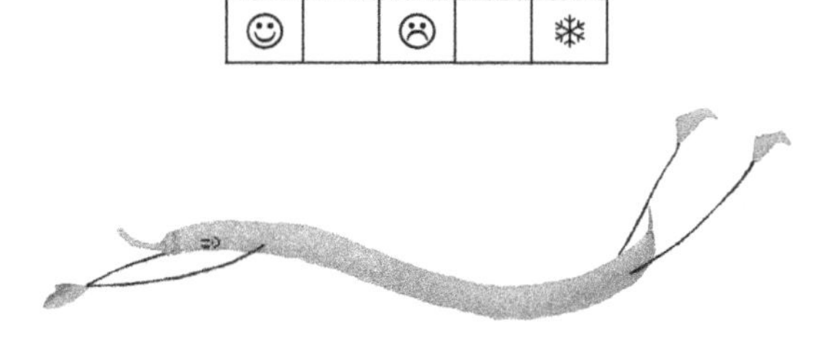

Hähnchen mit Süßkartoffel und Apfel

Ergibt 4 Portionen

Die Kombination aus Hähnchenfleisch und Süßkartoffel wird besonders sämig und schmeckt schön süß, so wie Babys es lieben.

15 g Butter • 40 g Zwiebel, gehackt •
100 g Hühnerbrustfilet, gewürfelt •
½ süßer Apfel, geschält und gewürfelt •
300 g Süßkartoffel, geschält und gewürfelt •
2 EL Milch • 200 ml Hühnerbrühe (Seite 114)

Die Butter in einer Pfanne schmelzen lassen und die Zwiebel 2–3 Minuten darin anschwitzen. Das Fleisch dazugeben und anbraten, bis sich die Poren schließen. Den Apfel, die Süßkartoffel und die Brühe hinzufügen. 15 Minuten köcheln lassen und anschließend pürieren.

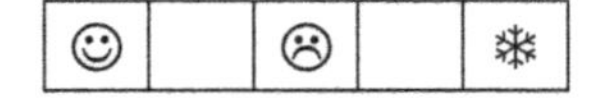

Püree aus Hühnersalat

Ergibt 1 Portion

Nichts einfacher als das: Für etwas größere Kinder können Sie die Zutaten hacken, den Joghurt weglassen und dafür alles mit Mayonnaise oder fertigem Dressing vermischen.

25 g gekochtes Hühnerfleisch, klein geschnitten •
1 Stück Gurke, geschält und gehackt •
1 kleine Tomate, gehäutet, entkernt und klein geschnitten •
50 g Avocado, geschält und klein geschnitten •
1 EL milder Naturjoghurt (3,5 Prozent Fett)

Alle Zutaten im Mixer pürieren, bis die gewünschte Konsistenz erreicht ist. Sofort füttern.

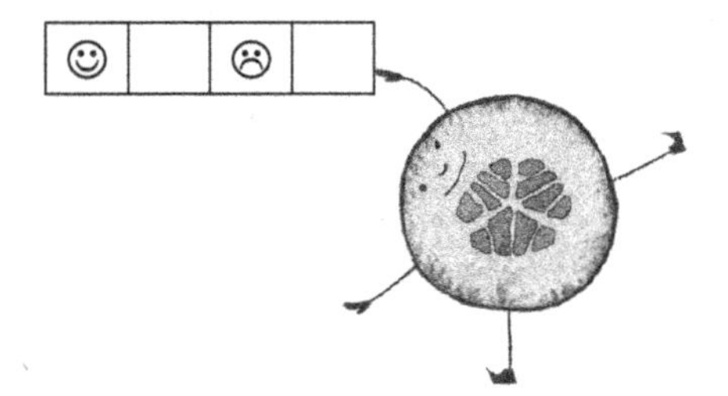

Hähnchen in Tomatensauce

Ergibt 12 Portionen

25 g gehackte Zwiebel •
100 g Möhre, in dünne Scheiben geschnitten •
1½ EL Pflanzenöl •
1 kleines Hühnerbrustfilet, in Stücke geschnitten •
100 g Kartoffel, geschält und gewürfelt •
200 g Tomatenstücke aus der Dose •
150 ml Hühnerbrühe (Seite 114)

Zwiebel und Möhre im Öl andünsten, bis sie weich sind, das Fleisch und die Kartoffelstücke dazugeben und 3 weitere Minuten dünsten. Die Tomatenstücke und die Hühnerbrühe darübergeben. Zum Kochen bringen und bei schwacher Hitze etwa 30 Minuten garen, bis die Kartoffel sehr weich ist. Die Mischung passieren oder für Babys, die schon neun Monate oder älter sind, im Mixer grob hacken. Mit etwas Milch wird der Brei glatter.

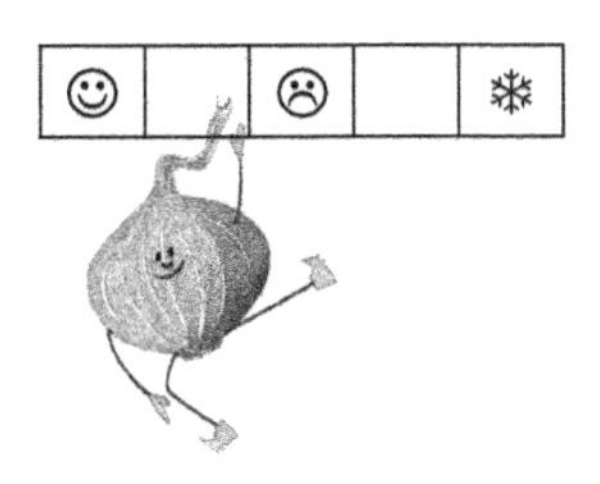

Einfacher Hühnereintopf

Ergibt 12 Portionen

Dieser Brei empfiehlt sich als erstes Hähnchengericht für Ihr Baby.

½ kleine Zwiebel, gehackt • 15 g Butter •
100 g Hähnchenbrust, in Stücke geschnitten •
1 mittelgroße Möhre, geschält und in Scheiben geschnitten •
275 g Süßkartoffel, geschält und klein geschnitten •
300 ml Hühnerbrühe (Seite 114)

Die Zwiebel in der Butter weich dünsten. Die Hähnchenbrust dazugeben und 3–4 Minuten mitdünsten. Fügen Sie dann das Gemüse hinzu, gießen Sie die Brühe darüber und bringen Sie alles zum Kochen. Zugedeckt etwa 30 Minuten sieden, bis das Hühnerfleisch gut durch und das Gemüse weich ist. Im Mixer zur gewünschten Konsistenz pürieren.

☺		☹		❄

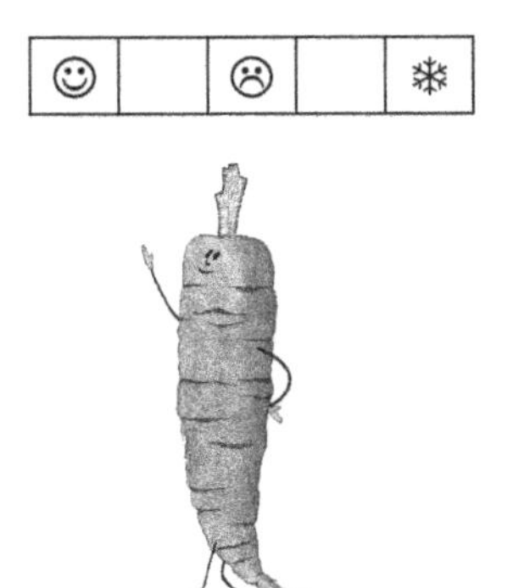

Hähnchen mit Weintrauben und Zucchini

Ergibt 4 Portionen

Durch die Weintrauben erhält das Gericht eine leichte Süße, die Babys mögen. Es ist simpel zuzubereiten und meist auch ziemlich schnell verspeist.

1 Hähnchenbrustfilet oder 2 Hähnchenschenkel, gehäutet und ohne Knochen • 150 ml Hühnerbrühe (Seite 114) • 8 weiße Weintrauben, gehäutet und entkernt • 1 Zucchini, geputzt und in Scheiben geschnitten • 1 EL Baby-Reisflocken

Das Hähnchenfleisch in kleine Stücke schneiden. Alle Zutaten außer die Reisflocken in einen kleinen Topf geben, zum Kochen bringen und 10 Minuten garen. Zur gewünschten Konsistenz pürieren und mit Reisflocken andicken.

ROTES FLEISCH

Schmorfleisch mit Süßkartoffel

Ergibt 6 Portionen

Sowohl dieses als auch das folgende Gericht eignen sich gut zur Einführung von rotem Fleisch.

1 Stange Lauch, gewaschen und in Ringe geschnitten •
20 g Butter • 100 g Rindersteak oder Lammfleisch zum Schmoren, in Würfel geschnitten • 2 EL Mehl •
275 g Süßkartoffel, geschält und klein geschnitten •
300 ml Hühnerbrühe (Seite 114) •
Saft von 1 Orange (etwa 120 ml)

In einem Schmortopf den Lauch in der Butter andünsten. Das Fleisch im Mehl wenden, zum Lauch geben und bräunen. Die Süßkartoffel, die Brühe und den Orangensaft dazugeben. Zum Kochen bringen, Deckel auflegen und im vorgeheizten Backofen bei 180 Grad (Gas Stufe 4) 1¼ Stunden schmoren, bis das Fleisch weich ist. Zur gewünschten Konsistenz pürieren.

Leber »spezial«

Ergibt 6 Portionen

75 g Kalbsleber oder 2 Hühnerlebern • 25 g Lauch, nur vom weißen Teil, klein geschnitten • 25 g Pilze, klein geschnitten • 50 g Möhre, gehackt • 120 ml Hühnerbrühe (Seite 114) • 1 Kartoffel, geschält und klein geschnitten • etwas Butter • ½ EL Milch

Die Leber klein schneiden. Zusammen mit dem Lauch, den Pilzen und der Möhre etwa 8 Minuten bei schwacher Hitze in der Brühe garen. Die Kartoffel weich kochen und mit Butter und Milch zerdrücken. Die Leber und das Gemüse pürieren und mit der Kartoffel vermischen.

NUDELGERICHTE

Sternchennudeln mit Tomaten und Zucchini

Ergibt 3 Portionen

Diese köstliche Nudelsauce ist in nur 10 Minuten fertig.

25 g Sternchennudeln, ungekocht • 75 g Zucchini, geputzt und gewürfelt • 25 g Butter • 3 mittelgroße Tomaten (etwa 200 g), gehäutet, entkernt und klein geschnitten • 25 g milder Käse, gerieben

Die Nudeln laut Packungsanweisung kochen, für kleinere Babys etwas länger als angegeben. Die Zucchini in der Butter etwa 5 Minuten andünsten. Die Tomaten dazugeben und bei schwacher Hitze 5 Minuten kochen. Topf vom Herd nehmen, den Käse einrühren und schmelzen lassen. Im Mixer pürieren, dann die Nudeln untermischen.

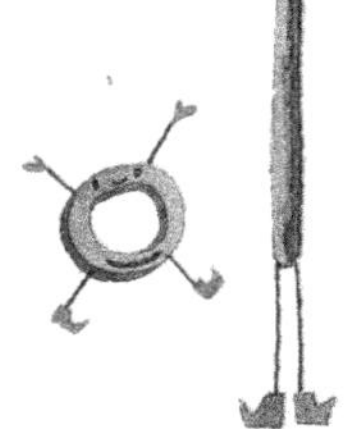

Gemüse-Käse-Nudelsauce

Ergibt 3 Portionen

65 g Möhre, geschält und in Scheiben geschnitten • 40 g Brokkoliröschen • 25 g Butter • 2 EL Mehl • 175 ml Milch • 40 g milder Käse, gerieben

Die Möhren etwa 10 Minuten dämpfen, die Brokkoliröschen dazugeben und weitere 7 Minuten garen. In der Zwischenzeit die Butter in einem kleinen Topf erhitzen und das Mehl einrühren, dabei kräftig rühren. Nach und nach Milch dazugießen, zum Kochen bringen und ständig rühren, bis die Sauce eindickt. 1 Minute kochen. Vom Herd nehmen und den geriebenen Käse untermischen. Das gekochte Gemüse in die Käsesauce geben und zu einem Brei pürieren. Mit kleinen Nudeln servieren.

Meine erste Sauce Bolognese

Ergibt 3 Portionen

Ein Rezept, das Ihr Baby auf den richtigen Geschmack für rotes Fleisch bringt.

1 kleine Zwiebel, gehäutet und gehackt • 1 Knoblauchzehe, durchgepresst • 1 mittelgroße Möhre, geschält und geraspelt • ½ Stange Bleichsellerie, fein gehackt • 1 EL Olivenöl • 100 g mageres Rinderhackfleisch • 3 mittelgroße Tomaten, gehäutet und klein gewürfelt • ½ TL Tomatenmark • 150 ml ungesalzene Hühnerbrühe • 3 EL kleine Nudeln

Zwiebel, Knoblauch, Möhre und Sellerie im heißen Öl 5 Minuten anschwitzen. Das Hackfleisch dazugeben und unter gelegentlichem Rühren anbräunen lassen. Dann die Tomaten, das Tomatenmark und die Hühnerbrühe dazugeben. Alles zum Kochen bringen und 15 Minuten sieden lassen. Währenddessen die Nudeln nach Packungsanweisung kochen. Die Sauce glatt pürieren. Die Nudeln abgießen und mit der Sauce vermischen.

☺		☹		❄

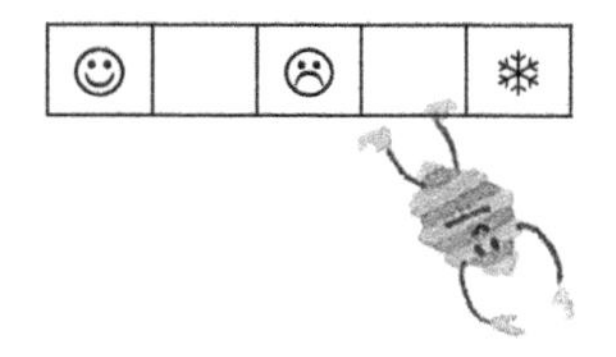

Nudeln mit Tomaten-Basilikumsauce

Ergibt 2 Portionen Sauce

Babys essen Farfalle-Nudeln gern mit den Fingern.

15 g Butter • 2 EL gehackte Zwiebel •
150 g reife Tomaten, gehäutet, entkernt und gewürfelt •
2 frische Basilikumblätter, zerpflückt • 2 TL Frischkäse

Die Butter in einer Pfanne erhitzen und die Zwiebel darin weich dünsten. Die Tomaten hinzufügen und weitere 3 Minuten dünsten, bis sie zerfallen. Dann Basilikum und Frischkäse dazugeben und heiß werden lassen. Im Mixer pürieren.

☺		☹		❄

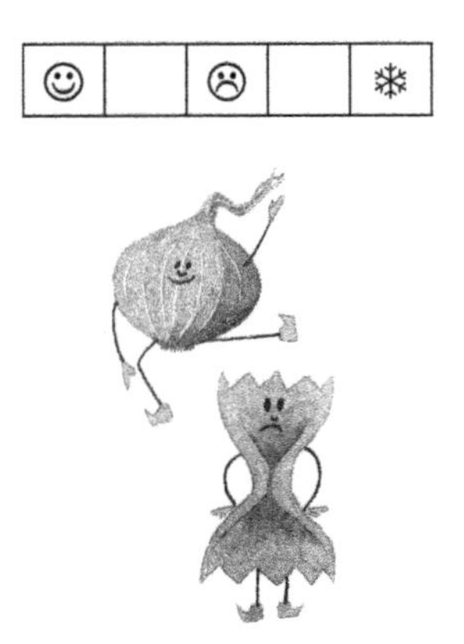

Sauce Neapolitana

Ergibt 4 Portionen Sauce

Probieren Sie diese köstliche Tomatensauce, die zu wirklich allen Nudelsorten passt – meine Kinder lieben dazu mit Ricotta und Spinat gefüllte Ravioli.

1 EL Olivenöl • ½ kleine Zwiebel, geschält und gehackt • ½ Knoblauchzehe, geschält und durchgepresst • 50 g Möhre, geschält und gehackt • 200 ml passierte Tomaten • 3 EL Wasser • 2 frische Basilikumblätter, zerpflückt • 1 TL geriebener Parmesan • 1 TL Frischkäse

Zwiebel, Knoblauch und Möhre etwa 6 Minuten im heißen Olivenöl andünsten. Passierte Tomaten, Wasser, Basilikum und Parmesan hinzufügen. Zugedeckt 15 Minuten kochen lassen. Die Sauce pürieren, dann den Frischkäse unterrühren. Mit den Nudeln vermischen und servieren.

☺		☹		❄

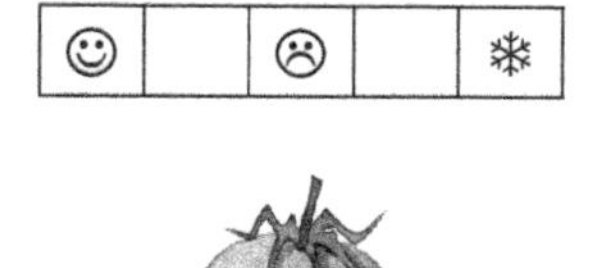

Popeye-Pasta

Ergibt 4 Portionen

100 g tiefgekühlter oder 225 g frischer Spinat • 50 g kleine Nudeln (zum Beispiel Suppennudeln), ungekocht • 15 g Butter • 2 EL Milch • 2 TL Frischkäse • 40 g milder Käse, gerieben

Den Spinat nach Packungsanweisung zubereiten oder frischen Spinat tropfnass in der Mikrowelle oder in einem Topf bei schwacher Hitze garen, bis er weich ist. Das überschüssige Wasser ausdrücken. Die Nudeln nach Packungsanweisung kochen. Inzwischen in einer Pfanne die Butter zerlaufen lassen und den gekochten Spinat darin schwenken. Spinat mit Milch, Frischkäse und Käse in der Küchenmaschine fein hacken. Über die gekochten Nudeln geben.

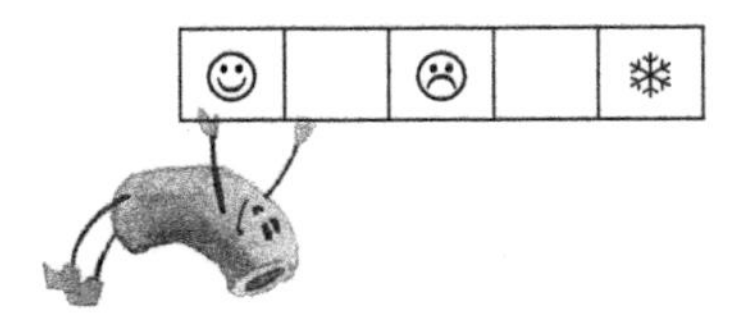

ERNÄHRUNGSPLAN
Sechs bis neun Monate

	FRÜHSTÜCK	MITTAGESSEN	ABENDBROT	SCHLAFENSZEIT
1. Tag	Baby-Getreideflocken mit Milch Zerdrückte Banane	**Mein erstes Hähnchenpüree** Geriebener Apfel Saft	**Lauch-Kartoffelpüree** Birnenbrei Wasser oder Saft	Milch
2. Tag	Haferbrei mit Milch Obstbrei Milch	**Scholle mit Tomaten und Kartoffeln** Zerdrückte Banane Saft	**Zucchini-Erbsenbrei** Joghurt Wasser oder Saft	Milch
3. Tag	Apfelbrei und Baby-Getreideflocken Toast Milch	**Blumenkohl mit Käsesauce** Geriebene Birne Saft	**Schmorfleisch mit Süßkartoffel** Zwieback Wasser oder Saft	Milch
4. Tag	Baby-Getreideflocken mit Milch und getrockneten Aprikosen Frischkäse	**Linsenbrei** **Pfirsiche und Reis** Saft	**Minestrone** Toast Wasser oder Saft	Milch
5. Tag	Baby-Getreideflocken mit Milch **Pfirsich-Apfel-Erdbeerbrei**	**Nudeln mit Gemüse- und Käsesauce** **Bananentraum** Saft	**Meine erste Sauce Bolognese** Pfirsichbrei Wasser oder Saft	Milch
6. Tag	Baby-Getreideflocken mit Milch **Pfirsich-Apfel-Erdbeerbrei**	**Tomaten und Möhren mit Basilikum** **Selbstgemachte Götterspeise** Saft	**Fischfilet in Orangensauce** Apfel Wasser	Milch
7. Tag	Haferbrei mit Milch **Joghurt und Obst**	**Süßkartoffel mit Spinat und Erbsen** **Aprikosen-Apfel-Pfirsichbrei** Saft	**Einfacher Hähncheneintopf** Papayabrei Wasser oder Saft	Milch

Für **fett gedruckte** Speisen finden Sie die Rezepte in diesem Buch.

VIERTES KAPITEL

Neun bis zwölf Monate

Gegen Ende des ersten Lebensjahres nimmt ein Baby normalerweise deutlich langsamer an Gewicht zu. Oft sind Babys, die bis dahin gute Esser waren, nun viel schwerer zu füttern. Viele weigern sich, vom Löffel zu essen, und wollen ihre gerade entdeckte Selbstständigkeit beweisen, indem sie selbst mit den Händen essen. Meine Tochter hatte mit zehn Monaten eine Phase, in der sie überhaupt nichts mehr vom Löffel nahm. Da ich ihr aber unbedingt meine selbst gemachten Breie geben wollte, bereitete ich Streifen aus gedämpften Möhren oder Weißbrot zu, die ich darin eintauchte und ihr in die Hand gab. Auf diese Weise brachte ich sie dazu, die Breie gerne zu essen, und beide Seiten waren zufrieden.

Geduld bei den Mahlzeiten

Geben Sie Ihrem Baby einen Löffel, um es damit experimentieren zu lassen. Der größte Teil des Essens wird wahrscheinlich auf Ihnen oder auf dem Fußboden landen, aber umso schneller lernt Ihr Baby selbst zu essen! Legen Sie vorsichtshalber eine Wachstuchdecke unter den Hochstuhl, damit das Essen aufgefangen wird. Am besten verwenden Sie zwei Teller und zwei Löffel. Aus dem einen füttern Sie das Baby, mit dem anderen (am besten ein Schüsselchen, das sich am Tisch festsaugt) kann es spielen. Sie werden bei den Mahlzeiten Geduld brauchen, denn viele Babys lassen sich in diesem Stadium leicht ablenken und spielen lieber mit ihrem Essen, als es zu verzehren. Wenn man das Kind mit einem kleinen Spielzeug beschäftigt, das man ihm in die Hand gibt, kann man ihm häufig wie nebenbei den Löffel in den Mund schieben. Es isst, ohne richtig zu merken, was es tut, und das ohne Widerstand.

Geben Sie Ihrem Baby weiterhin Säuglingsnahrung oder Muttermilch. Kuhmilch eignet sich als Getränk nicht so gut, da sie nur wenige der wichtigen Vitamine und Mineralstoffe wie etwa Eisen enthält. Wenn Ihr Kind jetzt mehr Beikost bekommt, hat Milch auf dem Ernährungsplan nicht mehr eine so große Bedeutung. Trotzdem sollte das Baby aber immer noch mindestens 500 ml Milch (oder das Entsprechende an Milchprodukten) pro Tag zu sich nehmen. Milch enthält Eiweiß und Kalzium. Viele Mütter nehmen an, dass, wenn ihr Baby weint, es mehr Milch möchte, doch oft bekommen Babys

in diesem Alter zu viel Milch und nicht genug Beikost. Wenn Sie dem Baby Milch geben, obwohl es eigentlich feste Nahrung bräuchte, wird es nicht richtig satt.

Wenn Sie einen Entsafter besitzen, können Sie damit leckere Obst- und Gemüsesäfte für Ihr Baby herstellen. Versuchen Sie es mit Mixsäften aus Apfel, Erdbeeren und Banane. Ihr Baby sollte jetzt schon aus dem Becher trinken, das Fläschchen braucht es nur noch für die warme Milch zur Schlafenszeit.

Zwischen dem neunten und zwölften Monat zahnt Ihr Kind, und schmerzendes Zahnfleisch kann es für eine Weile vom Essen abhalten. Machen Sie sich keine Sorgen, später oder am nächsten Tag wird es das Versäumte nachholen. (Ein Gel zum Einreiben oder etwas ganz Kaltes, auf dem das Baby herumkauen kann, lindert die Schmerzen.)

Essen Sie am besten zusammen mit Ihrem Baby. Manche Mütter sitzen bei den Mahlzeiten ihrem Baby gegenüber und versuchen, ihm den Löffel in den Mund zu schieben, während sie selbst nichts essen. Kleine Kinder sind große Nachahmungskünstler und essen lieber, wenn sie sehen, dass es der Mutter auch schmeckt.

Die Nahrungsmittel

Sie können nun im Hinblick auf die Gerichte, die Sie für Ihr Baby zubereiten, etwas mehr wagen. Jetzt ist der richtige Zeitpunkt, es für Knoblauch und Kräuter zu begeistern. Beides ist sehr gesund. Kinder, die man schon früh an möglichst viele

Geschmackserlebnisse gewöhnt, sind meist auch später keine heiklen Esser. Noch einmal: Zwingen Sie Ihr Baby nie, Gerichte zu essen, die es nicht mag! Probieren Sie es lieber in ein paar Tagen noch einmal damit. Versuchen Sie auch, den Speiseplan so abwechslungsreich wie möglich zu gestalten, denn das führt zu einer ausgewogenen Ernährung. Wenn Sie Ihrem Kind sein Lieblingsessen zu oft kochen, schmeckt es ihm möglicherweise bald nicht mehr.

Ihr Kind kann jetzt Beeren essen (sie sollten aber immer noch passiert werden – wegen der unverdaulichen Kerne). Götterspeise ist höchst spannend für das Baby – zum Anschauen, Anfassen und Essen. Wahrscheinlich isst es gern geraspeltes Obst und Gemüse.

Fetter Fisch wie Lachs, Sardinen und frischer Thunfisch enthält essentielle Fettsäuren und Eisen und ist daher besonders gut für Ihr Kind. Selbstverständlich muss Fisch immer ganz frisch sein. Hähnchen kann in dieser Phase vom Geschmack und von der Konsistenz her interessanter werden, und die Nudeln können so groß sein, dass das Baby sie mit den Fingern essen kann (Schleifchen-, Spiralen- und Muschelnudeln eignen sich gut). Erhöhen Sie die Menge auf etwa 40 g gekochte bzw. 15–20 g trockene Nudeln pro Mahlzeit.

Richten Sie das Essen auf dem Teller möglichst verlockend an. Wählen Sie kontrastreiche Farben und hübsche Formen. Mit etwas Phantasie können Sie das Essen in Form von Tieren oder kleinen Gesichtern servieren. Den Teller nie zu voll packen, lieber ein zweites Mal auflegen – Ihr Kind wird Ihnen deutlich zu verstehen geben, wenn es noch mehr möchte.

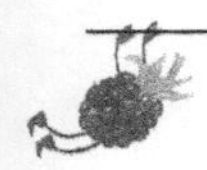

Fleisch

Der beste Eisenlieferant ist rotes Fleisch. Wenn Sie frisches Hackfleisch verwenden, achten Sie auf eine gute Qualität und kaufen Sie es frisch hergestellt beim Metzger anstatt fertig abgepackt. Für kleine Babys zerkleinern Sie es besser nach dem Kochen. Ich habe festgestellt, dass es weicher und besser zu kauen ist, wenn ich es gekocht etwa 30 Sekunden in der Küchenmaschine fein hacke. Am besten geben Sie Ihrem Kind noch keine verarbeiteten Fleischprodukte wie beispielsweise Würstchen oder Pasteten.

Konsistenzen und Mengen

Es kann leicht zur Gewohnheit werden, dem Baby nur weiche Nahrung zu geben, Sie sollten jedoch versuchen, die Konsistenz der Nahrung zu variieren. Man muss nicht alle Speisen pürieren. Nicht zu harte Nahrung kann das Baby prima ohne Zähne, nämlich einfach mit den Kauleisten zerkleinern. Geben Sie ihm das Essen zerdrückt (Fisch), gerieben (Käse), gestiftelt (Möhren) oder in ganzen Stücken (Huhn, Weißbrot und rohes Obst). Was die Mengen angeht, so sollten Sie sich nach dem Appetit Ihres Babys richten. Sie können das Essen jetzt auch in größeren Behältern einfrieren und in einzelnen Portionen, zum Beispiel Hirtenauflauf in kleinen Auflaufförmchen. Viele Gerichte in diesem Kapitel kann auch die ganze Familie genießen – in diesem Fall sind Erwachsenenportionen bei den Rezepten mit angegeben.

Finger-Food

Mit etwa neun Monaten wird Ihr Baby vermutlich selbst essen wollen. Geben Sie ihm etwas, das es aus der Hand essen kann. So ist es wunderbar beschäftigt, während Sie die eigentliche Mahlzeit vorbereiten. Sie können aber auch die ganze Mahlzeit so zubereiten, dass sie mit den Fingern gegessen werden kann.

Lassen Sie Ihr Kind beim Essen *niemals* unbeaufsichtigt, denn es kann sich auch an kleinen Stückchen Gemüse oder Fleisch sehr leicht verschlucken. Geben Sie ihm möglichst keine ganzen Nüsse, Obst mit Kernen, Weintrauben, Eiswürfel, Oliven oder andere Lebensmittel, die ihm im Hals stecken bleiben können.

Was tun bei Verschlucken?

Hat sich Ihr Baby verschluckt, legen Sie es mit dem Gesicht zum Boden auf Ihren Unterarm oder Schoß, so dass der Kopf tiefer liegt als die Brust. Stützen Sie den Kopf ab und geben Sie ihm mit der flachen Hand fünf leichte Klapse zwischen die Schultern.

Rohes Obst

Wenn Sie Ihrem Kind Obst geben möchten, sollten Sie stets Kerne oder Stein entfernen. Wenn Ihr Baby Schwierigkeiten beim Kauen hat, geben Sie ihm Obst, das im Mund zergeht: Banane, Pfirsich oder geriebenes Obst. Beeren und Zitrusfrüchte sollte das Kind nur in ganz kleinen Mengen bekommen. Entfernen Sie die weißen Häutchen, so gut es geht.

Viele Babys beißen gern auf Obst herum, wenn sie Zähne bekommen. Eine Banane, die einige Stunden lang tiefgefroren wurde, ist eine ausgezeichnete Zahnhilfe. Wenn das Baby das Essen selbst festhalten kann, können Sie ihm größere Stücke Obst geben und es ermuntern, Stückchen davon abzubeißen. (Aber passen Sie auf, dass es die Stückchen nicht in den Backen hamstert, anstatt sie zu kauen und zu schlucken!) Wenn das Baby erst wenige Zähne hat, ist es gut, ihm geriebenes oder geraspeltes Obst zu geben.

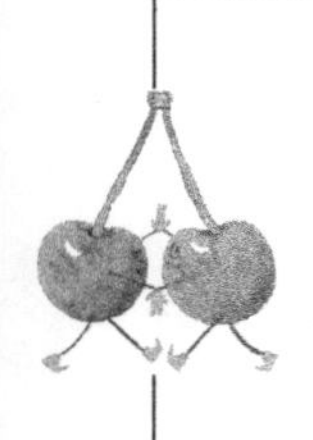

Fruchtige Ideen

Äpfel, Aprikosen, Avocados, Bananen, Birnen, Clementinen, Erdbeeren, Heidelbeeren, Himbeeren, Kirschen, Kiwis, Mangos, Melonen, Nektarinen, Orangen, Papayas, Pfirsiche, Pflaumen, Weintrauben.

Trockenobst

In Trockenobst stecken jede Menge Ballaststoffe, Eisen und Energie. Kaufen Sie essfertiges Obst, das weich ist. Getrocknete Aprikosen sind manchmal mit Schwefeldioxid behandelt, damit die hellorange Färbung erhalten bleibt. Da sie bei anfälligen Babys einen Asthmaanfall auslösen können, sollten Sie solchen Produkten aus dem Weg gehen. Geben Sie Ihrem Kind nur wenig Trockenobst, denn es ist schwer verdaulich und wirkt abführend.

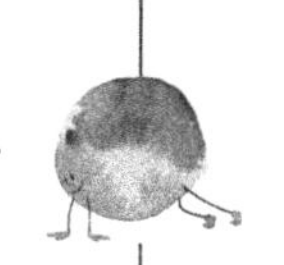

Noch mehr fruchtige Ideen

Apfelringe, Aprikosen, Backpflaumen, Bananenchips, Birnen, Datteln, Pfirsiche, Pflaumen, Rosinen, Sultaninen.

Gemüse

Geben Sie Ihrem Baby zu Anfang weich gekochte Gemüsesticks, die es gut festhalten und in kleinen Stückchen abbeißen kann. (Gemüse am besten immer dämpfen, um Vitamin C zu erhalten.) Kochen Sie dann das Gemüse immer kürzer, damit das Baby sich daran gewöhnt, fester beißen zu müssen. Und zum Greifenüben macht Kindern Spaß, Erbsen und Maiskörner mit den Fingern aufzulesen.

Beherrscht Ihr Baby einmal die Kunst, gekochtes Gemüse selbst zu essen, können Sie beginnen, ihm gut gewaschenes, roh geraspeltes Gemüse und rohe Gemüsesticks zu geben. Rohe Gemüsestücke, zum Beispiel von Möhren und Gurken, kühlen schmerzendes Zahnfleisch sehr wirksam – das Gemüse einfach einige Minuten im Gefrierfach oder in geeistem Wasser kühlen. Dazu muss das Baby noch nicht abbeißen können. Größere Stücke sind immer besser als kleine, denn das Baby kann daran herumknabbern, während es ein kleines Stück ganz in den Mund stecken und sich gefährlich daran verschlucken könnte.

Versuchen Sie es auch einmal mit Maiskolben, wenn Ihr Kind gut kauen kann. Schneiden Sie den Kolben in zwei oder drei Stücke oder halten Sie nach kleinen Minimaiskolben Ausschau, die es in manchen Supermärkten gibt. Mais zu es-

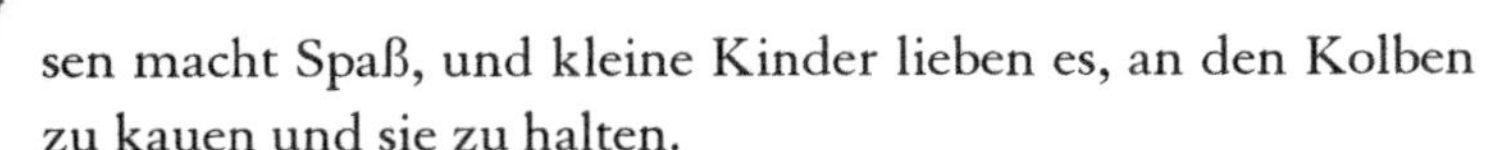

sen macht Spaß, und kleine Kinder lieben es, an den Kolben zu kauen und sie zu halten.

Gemüse schmeckt auch gut, wenn man es in Saucen oder Breie taucht. Probieren Sie, die Gemüsebreie als Dips zu verwenden.

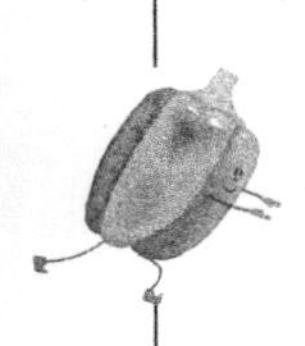

Gemüseauswahl

Auberginen, Avocados, Bataten, Blumenkohl, grüne Bohnen, Brokkoli, Butternut-Kürbis, Erbsen, Kartoffeln, Mais, Möhren, Paprikaschoten, Pilze, Stangensellerie, Steckrüben, Süßkartoffeln, Zucchini, Zuckererbsen.

Brot und Zwieback

Auch Toast-, Zwieback- und feste Brotstücke, wie von Pitabrot, kann man in Breie und Saucen eintunken. Ein Baby, das sich nicht mit dem Löffel füttern lassen will, isst oftmals gut, indem es seinen Brei von einem Zwieback oder einem Stück Brot ablutscht.

Viele Zwiebacksorten für Babys enthalten so viel Zucker wie ein süßer Keks, und selbst Zwieback, der als zuckerreduziert deklariert ist, kann bis zu 15 Prozent Zucker enthalten. Im Drogeriemarkt ist aber auch zuckerfreier (Vollkorn-) Zwieback erhältlich.

Sie können die zuckerfreie Alternative jedoch ganz leicht selbst aus Vollkornbrot herstellen: Für selbst gemachten, herzhaften Zwieback eine gut 1 cm dicke Scheibe Vollkornbrot in drei Streifen schneiden. Einen achtel Teelöffel Hefeflocken in einem Teelöffel kochendem Wasser auflösen und das Brot damit gleichmäßig bepinseln. Im vorgeheizten Backofen bei 180 Grad (Gas Stufe 4) 15 Minuten backen. Sie können anstatt des Hefeextrakts auch etwas geriebenen Käse verwenden, wenn Ihr Baby das lieber mag. Der Zwieback lässt sich im Voraus zubereiten und kann in einem luftdichten Behälter drei bis vier Tage aufbewahrt werden.

Minisandwiches

Sandwiches in Streifen, Vier- oder Dreiecke geschnitten oder mit einer Keksform ausgestochen, sind bei kleinen Kindern sehr beliebt. Einige Anregungen für den Belag (mehr dazu auf Seite 310ff.):

Vorschläge für den Belag

Zerdrückte Banane, Avocado und Tomatenstückchen, Thunfisch mit Mais und Mayonnaise, Hüttenkäse und Ananas, Frischkäse und Erdbeermarmelade, Käse, geriebener Käse und Tomaten, zerdrückte Sardinen mit Tomatenketchup, Mayonnaise und Frühlingskresse.

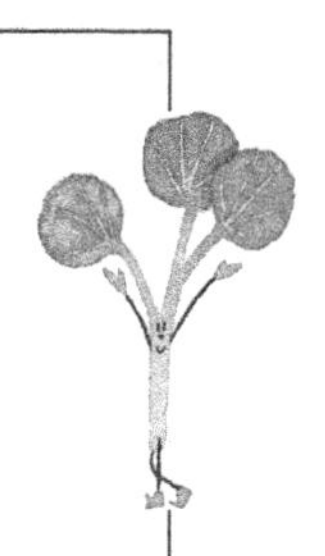

Frühstücksflocken

Babys essen Frühstücksflocken gern einzeln mit den Fingern. Wählen Sie mit Eisen und Vitaminen angereicherte Flocken ohne Zuckerzusatz.

Käse

Geben Sie Ihrem Baby anfangs geriebenen oder in hauchdünne Scheiben geschnittenen Käse. Sobald es kauen kann, können Sie ihm Stücke und Streifen geben. Ich habe festgestellt, dass folgende Sorten besonders gut ankommen: Edamer, Gouda, Emmentaler, Mozzarella, Gruyère, Cheddar sowie Frisch- und Hüttenkäse. Käsesorten mit intensivem Geschmack wie Blauschimmelkäse, Brie oder Camembert sind nichts für kleine Kinder. Achten Sie immer darauf, dass der Käse, den Sie Ihrem Baby geben, aus pasteurisierter Milch hergestellt ist.

Nudeln

Nudeln gibt es in allen Formen und Größen, sie sind leicht zu kauen, und Babys lieben sie. Ich habe in diesem Buch einige Rezepte für Nudelsaucen, doch auch die meisten Gemüsebreie schmecken zu Nudeln. Außerdem können Sie die Nudeln einfach in zerlassener Butter schwenken und etwas geriebenen Käse darüberstreuen. Das kommt in der Regel auch bei heiklen Essern gut an.

Fleisch

Scheiben oder Stücke von gekochtem Huhn (oder Pute) lassen sich sehr gut mit den Fingern essen. Geben Sie Ihrem Baby auch in Sauce gekochtes Huhn. Die Sauce macht das Huhn oft zarter, so dass das Baby es besser kauen kann.

Hühnerbällchen sind ein weiteres Lieblingsgericht (probieren Sie mein Rezept für Huhn- und Apfelbällchen aus,

Seite 176). Vielleicht mag Ihr Baby auch gern kleine Hühnerkeulen, die man prima in der Hand halten kann. Entfernen Sie die Haut und achten Sie darauf, dass das Baby keine Stücke vom Knochen isst. In jeder Hähnchenkeule befindet sich ein feiner, spitzer Knochen, der gefährlich sein kann – Vorsicht also bei Hähnchenkeulen.

Gebratene Leberstreifen lassen sich ebenfalls gut mit den Fingern essen, sie sind leicht festzuhalten und schön weich. Versuchen Sie es auch mit Fleischbällchen (Seite 260). Stücke von Steak und anderem Fleisch sind für Babys meist zu zäh.

Fisch

Weißer, magerer Fisch ist gut, weil er wenig Fett und viel Eiweiß enthält und leicht zu kauen ist. Sie können dem Baby die Stücke entweder einfach so oder mit einer Sauce geben. Achten Sie ganz besonders darauf, dass der Fisch keine Gräten mehr enthält, wenn Sie ihn servieren. Übrigens:

Fischstäbchen und Fischbällchen können Sie kinderleicht selber zubereiten (Seite 171 und 229f.).

Frühstück

Die erste Mahlzeit am Tag ist für Groß und Klein wichtig, ganz besonders aber für energiegeladene Babys und Kleinkinder! Frühstücksrezepte dürfen nun etwas abwechslungsreicher und nahrhafter sein. Weizenkeime sind besonders gut. Man kann sie über Getreideflocken oder Joghurt streuen. Getreideflocken mit Obst gemischt sorgen für einen köstlichen und nahrhaften Start in den Tag. Viele der Flocken schmecken anstatt mit Milch auch prima mit Apfelsaft.

Käse ist wichtig für starke Knochen und Zähne. Sie können Käse mit Brot anbieten oder in kleine Streifen geschnitten, die das Baby selbst halten kann. Eier sind reich an Eiweiß, Vitaminen und Eisen. Geben Sie Ihrem Baby Rührei oder Omelette und achten Sie darauf, dass Eiweiß und Eigelb ganz fest sind. Frisches Obst liefert Vitamine, Mineralstoffe und sogenannte sekundäre Pflanzenstoffe, die vorbeugend gegen Krebs wirken. Bieten Sie Obst in Stücken an, als Obstsalat oder, wie zum Beispiel Apfel oder Rhabarber, gedämpft.

Stark raffinierte, mit Zucker überzogene Getreideflocken sollten Sie meiden. Lassen Sie sich nicht von der Liste der zugesetzten Vitamine auf der Packung in die Irre führen – einfache und naturbelassene Getreideflocken sind wesentlich gesünder für Ihr Kind.

Im Kapitel Backen und Obstdesserts für Kleinkinder finden Sie ebenfalls einige Rezepte, die sich ausgezeichnet als Frühstücksmahlzeit eignen: Ananas-Rosinen-Muffins (Seite 293); Lustige Kekse (Seite 287) oder Obstsalat mit Schneehäubchen (Seite 277).

FRÜHSTÜCK

Schweizer Müsli mit Früchten

Ergibt 4 Kinderportionen oder 2 Erwachsenenportionen

Dieses herrliche Müsli lässt die ganze Familie gut in den Tag starten. Das Obst können Sie nach Belieben variieren und zum Beispiel Pfirsiche, Erdbeeren, Bananen oder Trockenaprikosen dazugeben.

65 g Haferflocken • 15 g Weizenkeime • 175 ml Apfelsaft • 1 TL Zitronensaft • 1 Apfel, geschält, ohne Kerngehäuse, geraspelt • 1 Birne, geschält, ohne Kerngehäuse, in kleine Stücke geschnitten • 1 EL Honig • 120–150 ml Naturjoghurt

Haferflocken, Weizenkeime und Apfelsaft verrühren, einige Stunden stehen lassen oder über Nacht in den Kühlschrank stellen. Am nächsten Morgen den Zitronensaft mit dem geraspelten Apfel vermischen, unter die Hafermischung rühren, die Birnenstücke, den Honig und den Joghurt dazugeben.

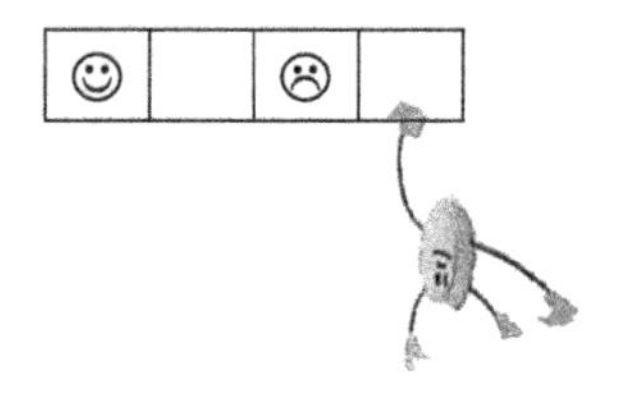

Fruchtjoghurt

Ergibt 2 Portionen

Fruchtjoghurts aus dem Supermarkt enthalten oft sehr viel Zucker. Sie können Fruchtjoghurt leicht selbst herstellen. Verwenden Sie dazu das Lieblingsobst Ihres Babys.

½ Pfirsich, ohne Stein, gehäutet und klein geschnitten •
½ Banane, geschält und klein geschnitten •
150 g Naturjoghurt (3,5 Prozent Fett) •
2 TL Honig oder Ahornsirup

Alle Zutaten vermischen und servieren. Für kleine Babys die Pfirsichstücke zerdrücken.

☺		☹	

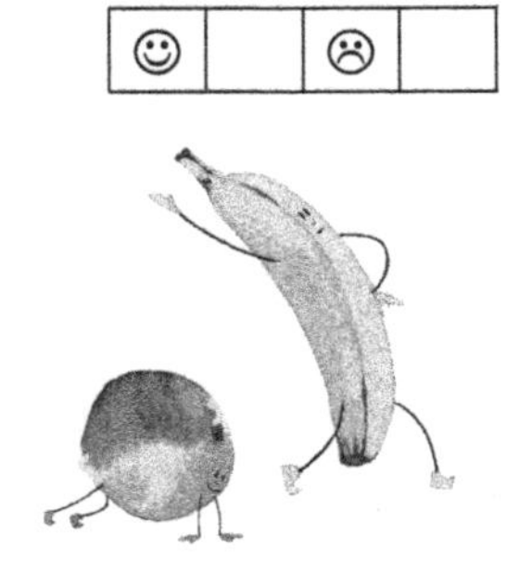

Meine Lieblingspfannkuchen

Ergibt 12 Pfannkuchen

Pfannkuchen zum Frühstück sind der Hit, und dieses Rezept gelingt immer. Man kann sie im Voraus zubereiten, im Kühlschrank aufbewahren und nach Bedarf aufwärmen. Zum Einfrieren einfach Backpapier zwischen die Pfannkuchen legen. Mit Ahornsirup und frischem Obst anrichten.

100 g Mehl • eine Prise Salz • 2 Eier •
300 ml Milch • 50 g zerlassene Butter

Mehl in eine Rührschüssel sieben, Salz dazugeben, in der Mitte eine Grube machen und die Eier hineinschlagen. Die Eier von der Mitte aus mit einem Schneebesen allmählich mit dem Mehl verrühren und nach und nach die Milch dazugeben, so dass ein glatter Teig entsteht.

Eine Pfanne mit 15–18 cm Durchmesser mit der geschmolzenen Butter bepinseln. Wenn sie heiß ist, etwa zwei Esslöffel Teig hineingeben. Die Pfanne in alle Richtungen schwenken, damit sich der Teig gleichmäßig verteilt. Den Pfannkuchen 1 Minute backen, wenden und die zweite Seite backen, bis sie goldgelb ist. Auf diese Weise verfahren, bis der ganze Teig aufgebraucht ist, nach Bedarf zwischendurch die Pfanne mit Butter bestreichen.

Vanillepudding mit Aprikosen, Apfel und Birne

Ergibt 3 Portionen

Getrocknete Aprikosen sind ein wunderbares natürliches Lebensmittel. Sie enthalten reichlich Beta-Carotin, Kalium und Eisen. Diese schmackhafte Süßspeise eignet sich zum Frühstück genauso wie als Nachtisch.

75 g essfertige Trockenaprikosen • 1 großer Apfel, geschält, ohne Kerngehäuse, klein geschnitten • 1 EL Vanillepuddingpulver • 150 ml Milch • 1 reife Birne, geschält, ohne Kerngehäuse, klein geschnitten

Die Aprikosen und den Apfel in einem kleinen Topf mit 4 EL Wasser bei schwacher Hitze 8–10 Minuten weich dünsten. Das Puddingpulver in einem Topf mit etwas Milch glatt rühren. Dann die restliche Milch unterrühren und langsam zum Kochen bringen, unter ständigem Rühren eindicken lassen. Das gekochte Obst und die Birne nach Belieben pürieren und unter den Pudding mischen.

☺		☹		❄

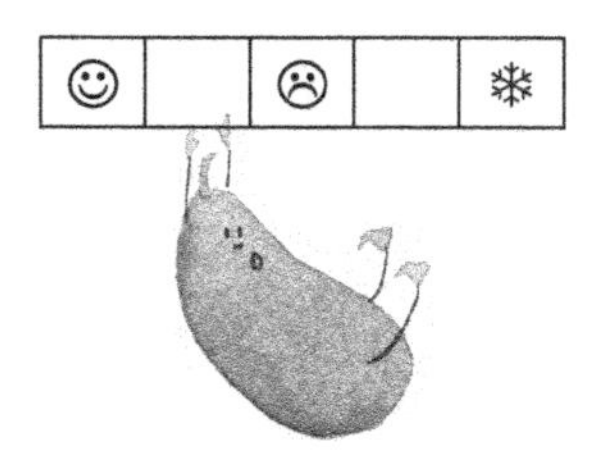

Sommerliches Obstmüsli

Ergibt 4 Erwachsenenportionen

Lassen Sie die Haferflocken über Nacht quellen und geben Sie am Morgen einfach frisches Obst wie Pfirsiche oder Erdbeeren dazu – fertig ist ein schmackhaftes und nahrhaftes Müsli. Kann Ihr Baby noch keine größeren Stücke kauen, pürieren Sie einfach alles fein.

100 g Haferflocken • 2 EL Sultaninen oder Rosinen • 300 ml Apfel-Mango-Saft • 2 Äpfel, geschält, ohne Kerngehäuse, geraspelt • 4–6 EL Milch • etwas Ahornsirup oder Honig (für Kinder ab 1 Jahr)

Haferflocken, Sultaninen und Apfel-Mango-Saft in einer Schüssel vermischen und zugedeckt über Nacht im Kühlschrank quellen lassen. Morgens die restlichen Zutaten und eventuell weiteres Obst dazugeben und nach Belieben etwas Ahornsirup oder Honig darüberträufeln.

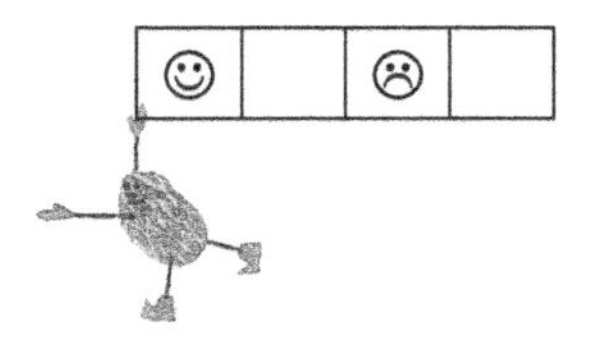

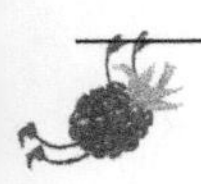

Bananen-Pflaumen-Speise

Ergibt 1 Portion

Diese Süßspeise ist in wenigen Minuten zubereitet und schmeckt wirklich gut. Sie eignet sich hervorragend, wenn Ihr Baby etwas unter Verstopfung leidet.

5 Pflaumen aus der Dose, im eigenen Saft, entsteint • 1 kleine reife Banane, geschält • 1 EL Naturjoghurt • 1 EL Frischkäse

Pflaumen, Banane, Joghurt und Frischkäse mit 1–2 EL des Saftes aus der Dose im Mixer pürieren.

☺		☹	

Bäriges Frühstück

Ergibt 2 Erwachsenenportionen

Dieses Frühstück spendet Bärenenergie für den ganzen Tag.

300 ml Milch • 40 g Haferflocken
25 g essfertige getrocknete Pfirsiche oder Aprikosen,
klein geschnitten • 1 TL klein geschnittene Rosinen

Die Milch in einem kleinen Topf zum Kochen bringen, die Haferflocken unterrühren und aufkochen lassen, dabei ständig rühren. Die klein geschnittenen Trockenfrüchte dazugeben, die Hitze reduzieren und alles zusammen etwa 4 Minuten zu einem dicken Brei einkochen.

☺		☹	

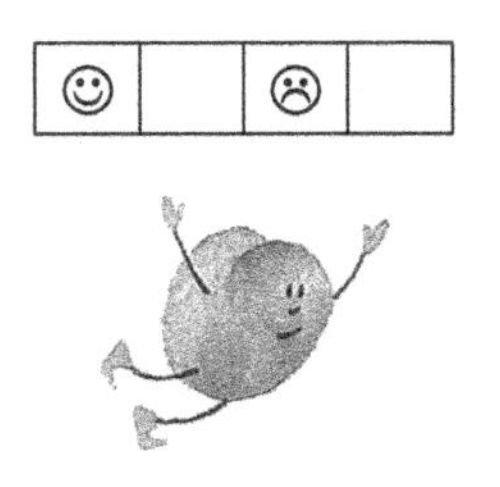

Matzenbrei

Ergibt 2 Erwachsenenportionen

Falls Sie Matzen nicht kennen – das sind ungesäuerte, viereckige Brotfladen, ähnlich wie Knäckebrot, die sehr leicht brechen. Es war eine der Lieblingsbeschäftigungen meines Sohnes Nicholas, sie zu zerkrümeln und über den ganzen Fußboden zu zerstreuen. Deswegen gab ich ihm Matzen lieber in Butter gebraten!

2 Matzen • 1 Ei, verschlagen • 25 g Butter •
1 Prise Zucker (nach Belieben)

Die Matzen in kleine Stücke brechen und ein paar Minuten in kaltem Wasser einweichen. Das überschüssige Wasser ausdrücken, die Stücke im Ei wenden. Die Butter in einer Pfanne heiß werden lassen, bis sie brutzelt, und die Matzen auf beiden Seiten braten. Nach Geschmack mit Zucker bestreuen.

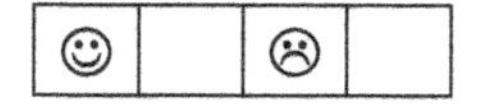

Arme Ritter einmal anders

Ergibt 2 Portionen

Zur Abwechslung kann man das Brot auch einmal mit Tierförmchen ausstechen. Reichen Sie dazu Ahornsirup oder Marmelade.

*1 Ei • 2 EL Milch • 1 Prise Zimt (nach Belieben) •
2 Scheiben Weißbrot oder Rosinenbrot • 25 g Butter*

Das Ei leicht mit der Milch und dem Zimt verschlagen und in ein flaches Gefäß gießen. Das Brot von beiden Seiten darin wenden. Die Butter schmelzen lassen und die Brotscheiben oder die ausgestochenen Tiere auf beiden Seiten goldgelb backen.

Käserührei

Ergibt 1 Portion

Für Kinder unter einem Jahr sollte Rührei gebraten werden, bis es ganz fest ist. Anstatt Käse können Sie auch Hüttenkäse verwenden.

1 Ei • 1 EL Milch • 15 g Butter • 1 EL milder Käse, fein gerieben • 1 Tomate, gehäutet und entkernt

Das Ei mit der Milch verquirlen. Die Butter bei schwacher Hitze schmelzen lassen, dann die Eimischung hinzugeben. Bei milder Hitze braten, dabei ständig rühren. Wenn die Mischung dick geworden ist, aber immer noch weich und cremig aussieht, den Käse und die klein geschnittene Tomate hinzufügen. Sofort servieren.

☺		☹	

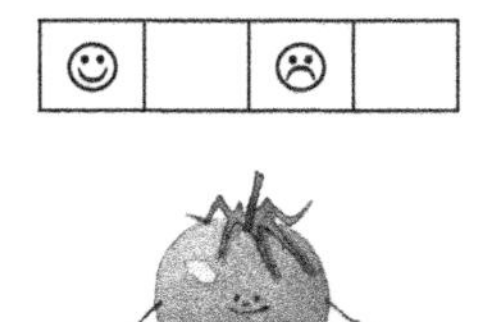

OBST

Bratäpfel mit Rosinen

Ergibt 6 Baby- oder 2 Erwachsenenportionen

Kochäpfel haben ein besseres Aroma, während Tafeläpfel süßer sind. Für dieses Rezept können Sie beide Sorten verwenden. Besonders köstlich schmecken die Äpfel mit Eiscreme oder Vanillesauce.

2 Äpfel • 120 ml Apfelsaft oder Wasser • 2 EL Rosinen • etwas gemahlener Zimt • 1 EL Honig oder Ahornsirup (wenn Sie Kochäpfel verwenden) • etwas Butter oder Margarine

Das Kerngehäuse aus den Äpfeln schneiden und die Schale mit einer Gabel einstechen, damit sie nicht platzt. Die Äpfel in eine feuerfeste Form legen und den Apfelsaft oder das Wasser auf den Boden der Form gießen. In jeden Apfel einen Esslöffel Rosinen füllen, mit Zimt bestreuen und Honig oder Ahornsirup darüberträufeln. Auf beide Äpfel ein paar Butterflöckchen setzen. Im vorgeheizten Backofen bei 180 Grad (Gas Stufe 4) etwa 45 Minuten backen.

Für kleine Babys mit einem Löffel das Fruchtfleisch aus der Schale heben und mit den Rosinen und etwas Saft aus der Form grob pürieren.

Apfel und Brombeeren

Ergibt 6 Portionen

Brombeeren und Äpfel schmecken köstlich zusammen. Die Brombeeren, die reich an Vitamin C sind, verleihen den Äpfeln eine wunderbar dunkelrote Farbe. Anstatt der Brombeeren können Sie auch anderes Beerenobst wie Erdbeeren oder Heidelbeeren verwenden oder mehrere Sorten mischen.

2 Äpfel, geschält, ohne Kerngehäuse, klein geschnitten • 100 g Brombeeren • 50 g brauner Zucker

Äpfel und Brombeeren mit dem Zucker und 2 Esslöffel Wasser in einem Topf kochen, bis die Äpfel weich sind (15–20 Minuten). Das Obst passieren und zu einem glatten Brei verrühren.

Milchreis mit Pfirsichen

Ergibt 6 Portionen

*15 g Butter • 50 g Milchreis •
je 1 EL Vanillezucker und Zucker oder 2 EL Zucker •
600 ml Milch • 1 Prise Vanillepulver •
1 gehäufter EL Rosinen • 100 ml Pfirsichsaft •
2 reife Pfirsiche, gehäutet, ohne Kerne, in Stücke geschnitten*

Eine flache ofenfeste Form mit etwas Butter bestreichen. Reis, Zucker, Milch und Vanillepulver in die Form füllen und gut durchmischen. Die restliche Butter in Flöckchen darauf setzen. Im vorgeheizten Ofen bei 150 Grad (Gas Stufe 2) etwa 2 Stunden backen, nach 30 Minuten durchmischen und nach weiteren 30 Minuten noch einmal. In der Zwischenzeit die Rosinen im Pfirsichsaft dünsten und anschließend pürieren. Wenn der Milchreis gar ist, Pfirsichsaft, Rosinen und Pfirsichpüree hineinrühren.

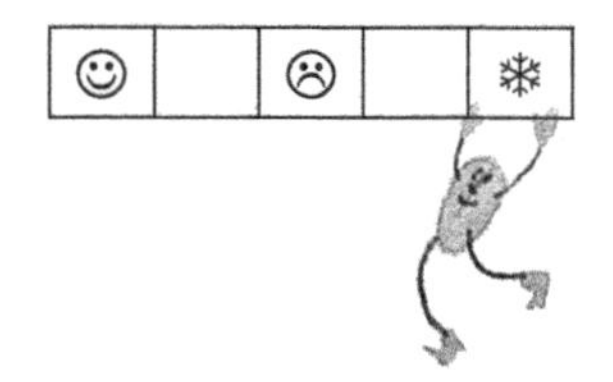

Frische Birne mit Grieß

Ergibt 2 Portionen

Dieses Gericht schmeckt auch gut mit Aprikosen oder Apfelmus mit Zimt. Statt Grieß können Sie einen fein zerbröselten Zwieback in die Milch geben (er braucht dann nicht gekocht zu werden).

1 EL Grieß • 125 ml Milch • 1 reife Birne,
geschält, ohne Kerngehäuse und in Scheiben geschnitten •
2 TL Ahornsirup • etwas gemahlener Zimt

Grieß und Milch in einem Topf zum Kochen bringen und 2 Minuten köcheln lassen. Die Birne, den Ahornsirup und den Zimt hinzufügen und alle Zutaten zu einem Brei passieren oder die Birnenscheiben ganz klein schneiden.

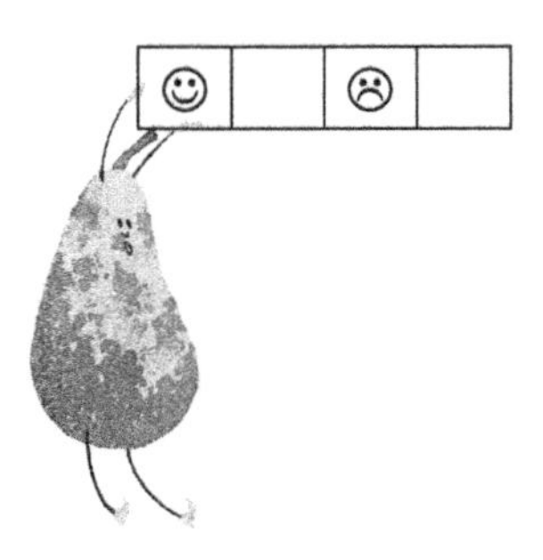

Erdbeer-Milchreis

Ergibt 6 Baby- oder 3 Erwachsenenportionen

Der Trick für einen feinen Milchreis liegt im langsamen und sanften Garen. Milchreis schmeckt prima zusammen mit Fruchtpüree aus Äpfeln und Birnen, aus Pflaumen oder Pfirsichen und Aprikosen aus der Dose.

15 g Butter • 50 g Milchreis • 1–2 EL Zucker •
600 ml Milch • 1 Prise Vanillepulver •
Erdbeermarmelade oder Ahornsirup nach Belieben

Eine flache ofenfeste Form mit etwas Butter ausstreichen. Reis und Zucker in die Form füllen, die Milch darübergießen, das Vanillepulver dazugeben und einige Butterflöckchen darauf setzen. Im vorgeheizten Ofen bei 150 Grad (Gas Stufe 2) etwa 2 Stunden backen, gelegentlich durchrühren. Heiß mit Erdbeermarmelade, Ahornsirup oder püriertem Obst servieren.

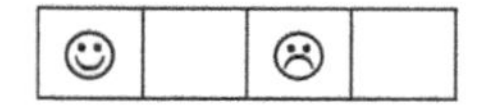

Käse- und Rosinentraum

Ergibt 1 Portion

Eine leckere, sehr nahrhafte Zusammenstellung.

25 g milder Käse • ½ kleiner Apfel, geschält, ohne Kerngehäuse • 15 g Rosinen, klein geschnitten • 1 EL milder Naturjoghurt

Den Käse und den Apfel reiben und mit den Rosinen und dem Joghurt vermengen. Für kleinere Babys, die noch nicht kauen, alle Zutaten etwa 1 Minute im Mixer pürieren.

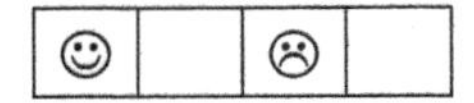

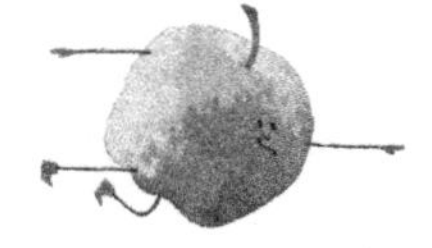

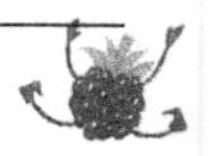

Getrocknete Aprikosen mit Papaya und Birne

Ergibt 4 Portionen

Getrocknete Aprikosen enthalten besonders viel Beta-Carotin und Eisen und passen gut zu vielen frischen Obstsorten. Joghurt ist eine ideale Ergänzung dazu. Meine Kinder kauten auch immer gerne auf getrockneten Apfelringen, die sie mit dem Loch in der Mitte einfach halten konnten.

50 g essfertige getrocknete Aprikosen • ½ reife Papaya, geschält, ohne Kerne und klein geschnitten • 1 reife, saftige Birne, geschält, ohne Kerngehäuse und klein geschnitten

Die Aprikosen in einem kleinen Topf knapp mit Wasser bedecken. Zum Kochen bringen und weich dünsten (etwa 8 Minuten). Die Aprikosen klein schneiden und mit den Papaya- und Birnenstückchen vermischen oder für kleinere Babys pürieren.

☺		☹		❄

GEMÜSE

Risotto mit Butternut-Kürbis

Ergibt 4 Portionen

Reis mit Gemüse ist bestens geeignet, Babys mit festeren Konsistenzen bekannt zu machen. Butternut-Kürbis ist reich an Vitamin A. Sie können ihn auch durch Gartenkürbis ersetzen.

50 g Zwiebel, gehackt • 25 g Butter • 100 g Basmati-Reis • 450 ml kochendes Wasser • 150 g Butternut-Kürbis, geschält und klein geschnitten • 3 reife Tomaten (etwa 225 g), gehäutet, ohne Kerne und klein geschnitten • 50 g milder Käse, gerieben

Die Zwiebel in der Hälfte der Butter weich dünsten. Den Reis einrühren, so dass sich die Butter gut mit dem Reis vermischt. Mit dem kochenden Wasser begießen und zugedeckt 8 Minuten bei starker Hitze kochen. Den Kürbis dazugeben, die Hitze reduzieren und alles zugedeckt etwa 12 Minuten weiterkochen, bis der Reis das Wasser aufgesaugt hat.

Inzwischen die restliche Butter in einem kleinen Topf zerlaufen lassen, die Tomatenstücke darin 2–3 Minuten anbraten. Den Käse einrühren und schmelzen lassen. Die Tomaten-Käse-Mischung unter den gekochten Reis mischen. Für Babys über einem Jahr nach Belieben würzen.

Linsen-Gemüsebrei

Ergibt 8 Portionen

Ein köstlicher Brei, der meiner neun Monate alten Tochter Lara immer sehr gut schmeckte. Linsen sind eine hervorragende Proteinquelle und leicht zu kochen.

25 g Butter • 100 g Lauch, gewaschen und in Ringe geschnitten • 175 g Möhren, geschält und klein geschnitten • 50 g halbierte rote Linsen • 350 ml Gemüsebrühe (Seite 64) oder Wasser • 100 g Blumenkohl, in Röschen zerteilt • ½ Apfel, geschält, ohne Kerngehäuse, klein geschnitten

Die Butter in einem Topf zerlaufen lassen und den Lauch etwa 5 Minuten darin andünsten. Die Möhren dazugeben und weitere 2–3 Minuten dünsten. Die Linsen in den Topf geben, die Gemüsebrühe darübergießen, alles zum Kochen bringen und zugedeckt etwa 10 Minuten köcheln. Blumenkohl und Apfel untermischen und nochmals etwa 15 Minuten kochen, bis die Linsen und das Gemüse weich sind. Im Mixer oder mit dem Pürierstab pürieren.

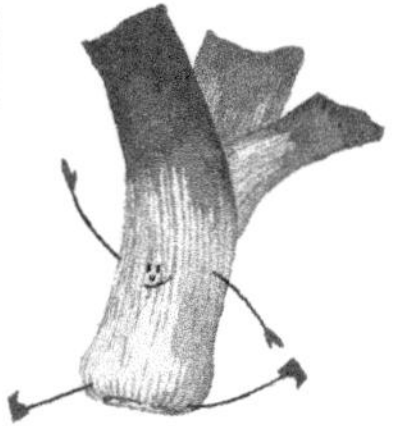

Bunter Eintopf

Ergibt 4 Portionen

Kleine Kinder lieben die bunten Farben dieser Gemüsesorten. Sie machen das Essen zum Vergnügen und außerdem zu einer guten Geschicklichkeitsübung für die Finger.

1 EL Olivenöl • 1 Schalotte, geschält und fein gehackt • 40 g rote Paprikaschote, gewürfelt • 100 g Tiefkühl-Erbsen • 275 g Tiefkühl-Mais • 120 ml Gemüsebrühe oder Wasser

Das Öl in einer Pfanne erhitzen, Schalotte und Paprika hinzufügen und 3 Minuten garen. Erbsen und Maiskörner dazugeben, die Gemüsebrühe angießen und alles zum Kochen bringen. Zugedeckt etwa 3–4 Minuten köcheln lassen.

☺		☹		❄

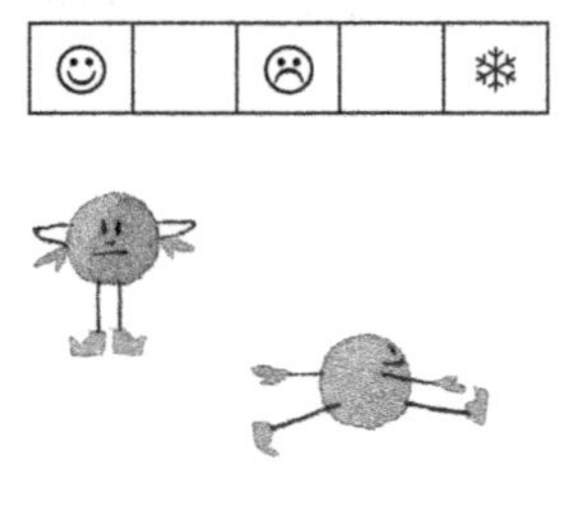

Kohl »Surprise«

Ergibt 6 Portionen

Ein köstliches Gericht, ganz leicht zuzubereiten, und ein Mittagessen für die ganze Familie: Einfach die Mengen erhöhen, reichlich geriebenen Käse über den Kohl streuen und vor dem Servieren unter dem Grill überbacken. Als Alternative kann man auch alle Zutaten vermischen und bei 180 Grad (Gas Stufe 4) 15 Minuten im Backofen backen.

25 g Naturreis • 75 g Kohl, in Streifen geschnitten •
1 Tomate, gehäutet, entkernt und klein geschnitten •
etwas Margarine oder Öl • 50 g milder Käse, gerieben

Den Reis in Wasser kochen, bis er ziemlich weich ist (etwa 25 Minuten). Die Tomate in etwas Margarine oder Öl anbraten, den gut abgetropften Kohl dazugeben und weitere 2 Minuten braten. Den geriebenen Käse hineinrühren und bei milder Hitze schmelzen lassen. Kohl, Tomate und Käse mit dem gekochten Reis vermengen und zerkleinern.

☺		☹		❄

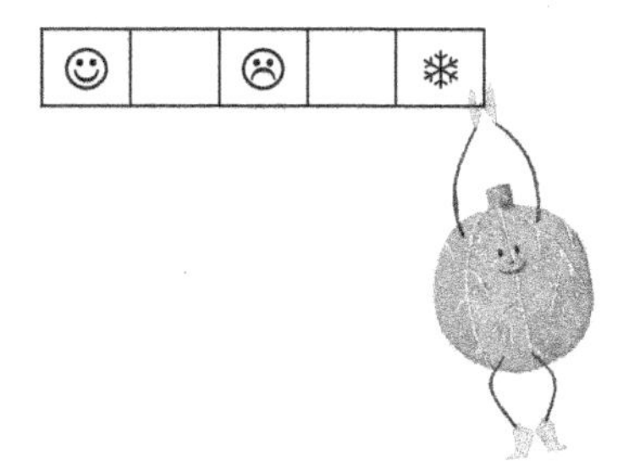

Gemüse in Käsesauce

Ergibt 6 Portionen

100 g Blumenkohlröschen • 1 Möhre, geschält und in dünne Scheiben geschnitten • 50 g Tiefkühl-Erbsen • 100 g Zucchini, gewaschen und in Scheiben geschnitten

Käsesauce:

75 g Margarine • 2 EL Mehl • 250 ml Milch • 50 g milder Käse, gerieben

Blumenkohl und Möhre 6 Minuten dämpfen, dann Erbsen und Zucchini hinzufügen und weitere 4 Minuten garen. Für ein kleines Baby das Gemüse ganz weich kochen. Inzwischen wie gewohnt die Käsesauce zubereiten (Seite 104). Das Gemüse mit der Sauce zerdrücken oder pürieren.

☺		☹		❄

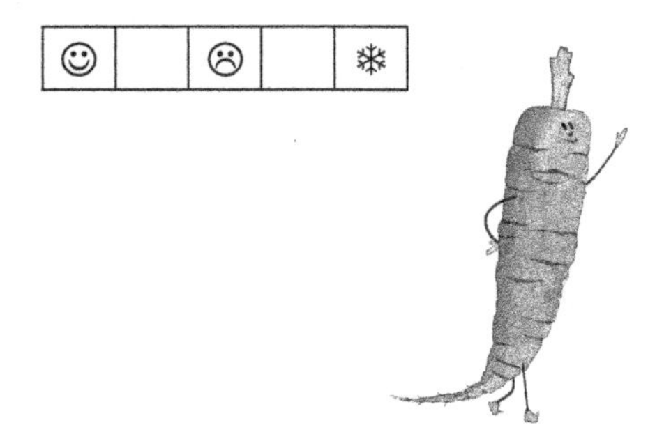

Grüne Finger

Ergibt 2 Portionen

Grüne Bohnen lassen sich sehr gut mit den Fingern essen, und besonders lecker sind sie mit dieser köstlichen Tomatensauce. Sie können die Bohnen aber auch kleiner schneiden und unter die Sauce mischen.

150 g grüne Bohnen, geputzt • 1 kleine Zwiebel, fein gehackt • 15 g Butter • 2 mittelgroße Tomaten, enthäutet, ohne Kerne, gewürfelt • ½ EL Tomatenmark • 25 g milder Käse, gerieben

Die Bohnen etwa 6–8 Minuten dämpfen, bis sie gar sind. Die Zwiebel 4 Minuten in der Butter dünsten, die Tomaten und das Tomatenmark dazugeben, 3 Minuten weiterdünsten. Die Bohnen in eine ofenfeste Form schichten, mit der Tomatensauce bedecken und mit dem Käse bestreuen. Unter dem vorgeheizten Grill überbacken, bis der Käse Blasen wirft und goldgelb gefärbt ist.

☺		☹		❄

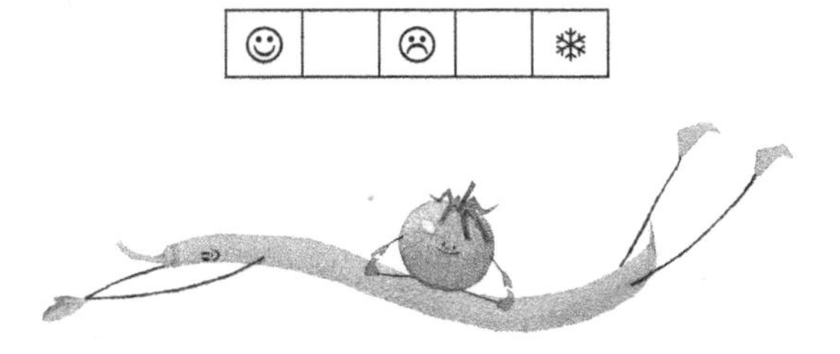

FISCH

Scholle mit Kräutern

Ergibt 3 Portionen

Leicht zuzubereiten, und das ganze Aroma ist in einem Päckchen versiegelt.

1 Schollenfilet (etwa 100 g), gehäutet • 15 g Butter, zerlassen • 1 mittelgroße Tomate, enthäutet, entkernt und klein geschnitten • 1 kleine Zucchini, gewaschen und gewürfelt • 1 TL Schnittlauchröllchen • 1 Stängel frische Petersilie • etwas Zitronensaft

Das Fischfilet auf ein Stück gefettete Alufolie legen. Alle übrigen Zutaten vermischen und auf den Fisch geben. Gut einwickeln und die Ränder des Päckchens fest verschließen. Im vorgeheizten Backofen bei 180 Grad (Gas Stufe 4) etwa 12 Minuten backen oder bis der Fisch sich mit der Gabel zerteilen lässt. Die Petersilie entfernen und alles mit der Gabel zerdrücken.

☺		☹		❄

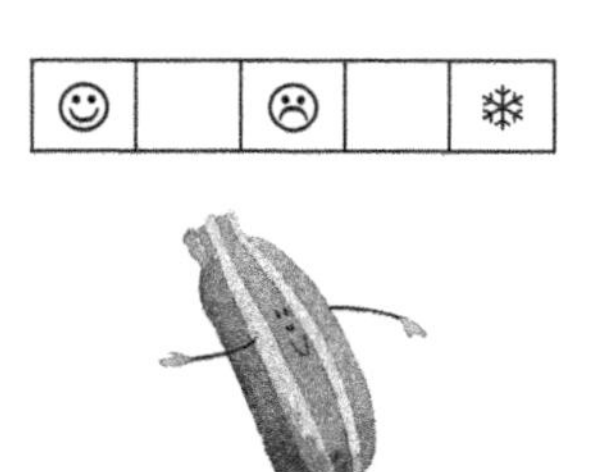

Seezungenstäbchen

Ergibt 8 Portionen

Diese Seezungenstäbchen lassen sich sehr gut mit den Fingern essen. Man kann sie pur oder mit einer selbst gemachten Tomatensauce reichen. Dafür einfach drei abgezogene und entkernte Tomaten mit einer gedünsteten Schalotte, einem Esslöffel Tomatenmark, einem Teelöffel Milch und einem Teelöffel fein gehacktem Basilikum pürieren.

Diese Fischstäbchen sind für Ihr Kind weitaus besser als die fertig angebotenen, die künstlichen Farbstoff und andere Zusätze enthalten.

1 Schalotte, geschält und fein gehackt • 1 TL Zitronensaft • 1 EL Pflanzenöl • 1 Seezunge, gehäutet und filetiert • 1 Ei • 1 TL Milch • Mehl • zerdrückte Cornflakes • etwas Butter oder Margarine zum Braten

Die gehackte Schalotte mit dem Zitronensaft und dem Öl mischen und die Fischfilets darin etwa 1 Stunde marinieren. Die Filets aus der Marinade nehmen und je nach Größe diagonal in vier oder fünf Streifen schneiden. Das Ei mit der Milch verschlagen. Die Fischstreifen erst im Mehl, dann in dem Ei mit Milch und schließlich in den zerdrückten Cornflakes wenden. Auf beiden Seiten goldbraun braten. Sie brauchen nicht länger als einige wenige Minuten.

Seezungenfilets mit Weintrauben

Ergibt 4 Erwachsenenportionen

Seezunge und Trauben sind eine köstliche Kombination. Dieses Rezept geht schnell und eignet sich für die ganze Familie.

8 einzelne Seezungenfilets • 1 EL Mehl • 20 g Butter •
75 g Champignons, in feine Scheiben geschnitten •
100 ml Fischfond • 100 ml Crème double •
1 TL Zitronensaft • 2 TL frische Petersilie, gehackt •
20 kernlose weiße Weintrauben, halbiert •
Salz und Pfeffer (ab einem Jahr)

Den Fisch in Mehl wenden, die Hälfte der Butter in einer großen Bratpfanne zerlaufen lassen und den Fisch bei mittlerer Hitze etwa 2 Minuten auf jeder Seite goldgelb braten. Auf einen Teller legen und warm stellen.

Die restliche Butter in die Pfanne geben und die Champignons darin 3 Minuten dünsten. Den Fischfond dazugeben und 2 Minuten kochen. Dann die Crème double und den Zitronensaft unterrühren und weitere 2 Minuten durchkochen. Die Petersilie und die Trauben in die Sauce geben, alles mit Salz und Pfeffer (nach Belieben) würzen und über den Fisch gießen.

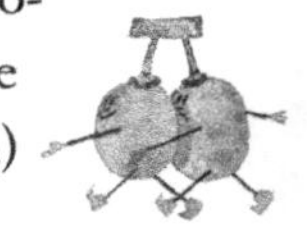

Schellfisch mit Gemüse in Käsesauce

Ergibt 6 Portionen

Babys lieben bunte Farben. Der gelbe Mais, die rote Tomate und der grüne Lauch machen dieses Gericht für Kinder spannend. Den Fisch sollten Sie nicht zu lange garen, sonst wird er trocken. Wenn er gar ist, lässt er sich leicht mit einer Gabel zerteilen, und mit der Käsesauce vermischt ist er schön weich.

175 g Schellfischfilet, gehäutet • etwas Butter •
etwas Zitronensaft • 25 g Lauchstreifen • 50 g Tiefkühl-Mais •
1 Tomate, gehäutet, entkernt und klein geschnitten
KÄSESAUCE:
15 g Butter • 1 EL Mehl • 175 ml Milch •
40 g milder Käse, gerieben

Den Fisch in eine mikrowellengeeignete Form geben, Butterflöckchen und einige Spritzer Zitronensaft darauf verteilen. Zugedeckt 4 Minuten auf hoher Stufe (600 Watt) in der Mikrowelle garen. Alternativ den Fisch im vorgeheizten Backofen bei 180 Grad (Gas Stufe 4) 8–10 Minuten garen.

Den Lauch in etwas Butter 2 Minuten lang anbraten. Den Mais dämpfen oder in kochendem Wasser weich garen (etwa 6 Minuten). Käsesauce wie auf Seite 104 beschrieben zubereiten. Den Fisch mit einer Gabel zerteilen und mit dem Gemüse und der Tomate in die Sauce rühren.

Lachs in Schnittlauch-Sahnesauce

Ergibt 5 Portionen

Lachs ist leicht zuzubereiten. Man kann ihn ganz schnell in der Mikrowelle garen. Bei diesem Rezept packe ich ihn allerdings mit Gemüse und Kräutern in Alufolie und backe ihn langsam, damit sich der Geschmack besser entfalten kann.

100 g Lachsfilet oder 1 kleines Lachskotelett • 1 TL Zitronensaft •
½ kleine Zwiebel, geschält und in Ringe geschnitten •
½ Lorbeerblatt • ½ kleine Tomate, in Stücke geschnitten •
1 Stängel frische Petersilie • etwas Butter
SCHNITTLAUCHSAUCE:
15 g Butter • 1 EL Mehl • 150 ml Milch •
Kochflüssigkeit vom Fisch • 1 TL Schnittlauchröllchen

Den Lachs mit den übrigen Zutaten in Alufolie wickeln und im vorgeheizten Backofen bei 180 Grad (Gas Stufe 4) 15 Minuten garen. Inzwischen aus Butter, Mehl und Milch wie auf Seite 104 beschrieben eine helle Sauce herstellen.

Wenn der Lachs gar ist, aus der Folie nehmen, die ausgetretene Flüssigkeit abgießen und zur Sauce geben. Den Schnittlauch in die Sauce rühren, den Lachs zerteilen und die Schnittlauchsauce darübergießen.

HÄHNCHEN

Hähnchen mit Couscous

Ergibt 4 Portionen

15 g Butter • 25 g gehackte Zwiebel •
25 g Tiefkühl-Erbsen (gekocht) •
175 ml Hühnerbrühe (Seite 114) •
65 g Instant-Couscous •
50 g gekochtes Hähnchenfleisch, in Würfel geschnitten

Die Butter in einem Topf zerlaufen lassen und die Zwiebel darin weich dünsten, aber nicht braun werden lassen. Die Erbsen dazugeben, die Brühe angießen, alles zum Kochen bringen und 3 Minuten garen. Dann den Couscous einrühren, Topf vom Herd nehmen, einen Deckel auflegen und 6 Minuten stehen lassen. Den Couscous mit einer Gabel lockern und die Hähnchenwürfel untermischen.

☺		☹		❄

Huhn- und Apfelbällchen

Ergibt 20 Bällchen

Meine Familie liebt dieses Gericht. Durch die Süße des geraspelten Apfels mögen auch kleine Kinder die Bällchen. Sie schmecken warm oder kalt und sind hervorragend mit der Hand zu essen.

1 großer Apfel (Granny Smith), geschält und geraspelt • 2 große Hähnchenbrustfilets, in Stücke geschnitten • 1 Zwiebel, fein gehackt • ½ EL frische Petersilie, gehackt • 1 EL frischer Thymian oder Salbei, gehackt oder etwas Trockenkräutermischung • 1 Würfel Hühnerbrühe (ab 1 Jahr) • 50 g frische Weißbrotbrösel • Salz und frisch gemahlener Pfeffer (ab 1 Jahr) • Mehl zum Wenden • Pflanzenöl zum Braten

Den geraspelten Apfel mit der Hand ausdrücken, um überschüssige Flüssigkeit zu entfernen. Den Apfel mit dem Hähnchenfleisch, der Zwiebel, den Kräutern, der Hühnerbrühe (ab 1 Jahr) und den Böseln vermischen und im Mixer einige Sekunden grob zerkleinern. Etwa 20 kleine Bällchen formen, diese in Mehl wenden und in wenig Öl etwa 5 Minuten braten, bis sie außen goldgelb und innen gut durch sind.

Bumm-Bumm-Hähnchen

Ergibt 8 Portionen

So getauft, weil mein Sohn mir gerne hilft, wenn ich das Huhn mit dem Fleischklopfer flach klopfe! Sie können diese Hähnchen-Stäbchen auf Vorrat zubereiten: Das Hähnchenfleisch vor dem Braten in Streifen schneiden, diese einzeln einwickeln, einfrieren und nach Bedarf auftauen und braten.

2 Hähnchenbrustfilets • 3 Scheiben Brot •
1½ EL geriebener Parmesan (nach Belieben) •
1 EL frische Petersilie, gehackt (nach Belieben) •
Mehl zum Wenden • 1 Ei, verschlagen • Pflanzenöl

Die Hähnchenbrüste mit Klarsichtfolie bedecken und mit einem Fleischklopfer oder einem Nudelholz flach klopfen. Dann jedes Brustfilet der Länge nach in jeweils vier Streifen schneiden. Das Brot in der Küchenmaschine zu Bröseln verarbeiten. Wenn Sie Parmesan und Petersilie verwenden, diese mit den Brotkrumen in einer Schüssel vermischen.

Die Hähnchenstreifen erst im Mehl, dann im Ei und schließlich in den Bröseln wälzen. In Öl auf jeder Seite 3–4 Minuten braten, bis es innen gar und außen goldbraun ist. Auf einem Küchentuch gut abtropfen lassen und servieren.

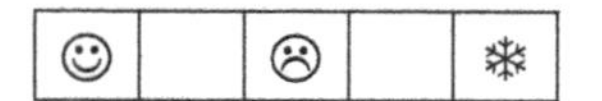

Huhn mit Kartoffeln und Steckrübe

Ergibt 5 Portionen

Essen in Stücken kann man gut einführen, indem man klein geschnittene Lebensmittel mit fein zerdrückten Kartoffeln kombiniert. Dazu eignen sich Hähnchen, anderes Fleisch oder Fisch. Die Steckrübe kann man gut durch Möhren ersetzen.

200 g Kartoffeln, geschält und klein geschnitten •
200 g Steckrübe, geschält und klein geschnitten •
75 g Hähnchenfleisch, in Stücke geschnitten •
250 ml Hühnerbrühe (Seite 114) •
20 g Butter • *3 EL Milch*

Kartoffel und Steckrübe in einem Topf mit etwas kochendem Wasser übergießen und zugedeckt bei mittlerer Hitze etwa 20 Minuten garen, bis das Gemüse weich ist. Inzwischen das Hähnchenfleisch in der Brühe etwa 6–8 Minuten dünsten, bis es weich ist. In der Brühe abkühlen lassen.

Steckrübe und Kartoffel abgießen und mit Butter und Milch zerdrücken. Das Hähnchenfleisch in kleine Stückchen schneiden und unter den Gemüsebrei mischen.

☺		☹		❄

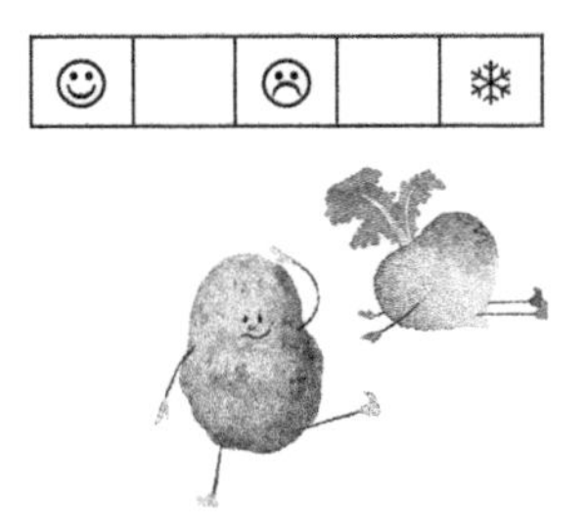

Huhn mit Cornflakes

Ergibt 3–4 Portionen

Cornflakes sind sehr vielseitig, und ich verwende sie oft anstelle von Semmelbröseln als Panade für Huhn oder Fisch. Diese Stäbchen kann man gut in der Hand halten. Vor dem Backen kann man sie einzeln in Folie wickeln und dann einfrieren.

1 Ei • 1 EL Milch • 25 g Cornflakes, zerkrümelt •
1 großes Hühnerbrustfilet, gehäutet und in etwa 8 Streifen geschnitten • 15 g Butter, zerlassen

Ei und Milch in einer flachen Schale verschlagen. In einer anderen Schale die zerdrückten Cornflakes bereitstellen. Die Fleischstreifen erst in das Ei tauchen und dann in den Cornflakes wälzen. In eine gefettete, feuerfeste Form legen und die geschmolzene Butter darübergießen. Im vorgeheizten Backofen bei 180 Grad (Gas Stufe 4) etwa 10 Minuten auf jeder Seite backen, bis sie gar sind. Alternativ können die Hähnchenstreifen auch in Pflanzenöl gebraten werden, bis sie außen goldgelb und innen gut durch sind.

Hähnchen mit Sommergemüse

Ergibt 6 Portionen

Im Sommer gibt es viele verschiedene Arten von Kürbis – runde, lange, grüne, gelbe ... Sie alle schmecken gut, aber man kann für dieses Gericht auch einfach Zucchini verwenden.

1 kleine Zwiebel, gehackt • 1 Knoblauchzehe, zerdrückt • ¼ rote Paprikaschote, entkernt und klein geschnitten • 1½ EL Olivenöl • 1 Hühnerbrust, in Stücke geschnitten • 2 EL Apfelsaft • 175 ml Hühnerbrühe (Seite 114) • 225 g Kürbis, gehackt oder 1 große bzw. 2 kleine Zucchini, fein gehackt • 200 g Süßkartoffel, geschält und gehackt • 1 EL frisches Basilikum, zerpflückt

Zwiebel, Knoblauch und Paprikaschote im Olivenöl weich dünsten. Die Hähnchenstücke dazugeben und weitere 3–4 Minuten dünsten. Den Apfelsaft und die Hühnerbrühe darübergießen und Kürbis oder Zucchini, Süßkartoffel und Basilikum in den Topf geben. Alles zum Kochen bringen, dann etwa 10 Minuten köcheln lassen. Fleisch und Gemüse klein schneiden oder zur gewünschten Konsistenz pürieren.

Hähnchen mit Wintergemüse

Ergibt 6 Portionen

Dieses Gericht lässt sich schnell und leicht zubereiten und schmeckt herzhaft nach Huhn. Dazu passt gut Kartoffelbrei.

2 Hühnerbrüste mit Knochen, ohne Haut • etwas Mehl • Pflanzenöl • 1 Stange Lauch, nur der weiße Teil, gewaschen und in Scheiben geschnitten • 1 kleine Zwiebel, geschält und fein gehackt • 1 Möhre, geschält und in Scheiben geschnitten • 1 Stange Bleichsellerie, geputzt und in Scheiben geschnitten • 300 ml Hühnerbrühe (Seite 114)

Die Hühnerbrüste halbieren, im Mehl wenden und in etwas Öl etwa 3–4 Minuten anbraten. In einer anderen Pfanne Zwiebeln und Lauch in wenig Öl 5 Minuten anbraten, bis sie weich und goldgelb sind. Das Huhn mit dem Gemüse und der Brühe in eine feuerfeste Form geben und im vorgeheizten Ofen bei 180 Grad (Gas Stufe 4) 1 Stunde garen, dabei nach 30 Minuten umrühren.

Die Knochen aus den Hühnerbrüsten lösen. Fleisch und Gemüse klein schneiden oder beides mit der Kochflüssigkeit im Mixer pürieren oder passieren.

ROTES FLEISCH

Rindfleischtopf mit Möhren

Ergibt 10 Portionen

Das Geheimnis bei der Zubereitung dieses schönen herzhaften Gerichts liegt darin, das Fleisch lange zu kochen, so dass es ganz zart wird und den Geschmack der Zwiebeln und der Möhren annimmt. Für Kleinkinder mehr Hefeflocken nehmen.

2 mittelgroße Zwiebeln, geschält und in Ringe geschnitten • Pflanzenöl • 350 g mageres Rindfleisch, in kleine Stücke geschnitten • 2 mittelgroße Möhren, geschält und in Scheiben geschnitten • 1 Würfel Rinderbrühe, zerkrümelt oder 1 TL Hefeflocken (für Babys über 1 Jahr) • 1 EL frische Petersilie, gehackt • 600 ml Wasser • 2 große Kartoffeln, in Viertel geschnitten

Die Zwiebel in etwas Öl goldgelb braten, dann die Fleischstücke hinzufügen und von allen Seiten bräunen. Fleisch und Zwiebeln in eine kleine Form geben und bis auf die Kartoffeln alle übrigen Zutaten hinzufügen. Im vorgeheizten Backofen zugedeckt bei 180 Grad (Gas Stufe 4) 30 Minuten garen, dann die Hitze verringern

und bei 160 Grad (Gas Stufe 3) weitere 3½ Stunden garen. Eine Stunde vor Ende der Garzeit die Kartoffeln hinzufügen.

Das Fleisch im Mixer so weit zerkleinern, dass Ihr Baby es gut kauen kann. Eventuell etwas Wasser dazugeben. Zur Abwechslung können Sie dieses Gericht auch mit Champignons und Tomaten zubereiten. Diese sollten eine halbe Stunde vor Ende der Garzeit hinzugegeben werden.

Lebertopf

Ergibt 4 Portionen

Leber ist für Kinder ideal: Sie ist leicht verdaulich, hat einen hohen Eisengehalt und ist einfach zuzubereiten. Ich muss gestehen, dass ich Leber nicht mag. Mein einjähriger Sohn jedoch isst sie zu meiner großen Überraschung sehr gern. Dieses Gericht schmeckt gut mit Kartoffelbrei.

100 g Kalbsleber in Scheiben, ohne Sehnen • 2 EL Pflanzenöl • 1 kleine Zwiebel, geschält und gehackt • 1 große oder 2 kleine Möhren (etwa 125 g), geschält und klein geschnitten • 200 ml Hühner- oder Gemüsebrühe • 2 mittelgroße Tomaten (etwa 200 g), gehäutet, entkernt und klein geschnitten • 1 EL gehackte Petersilie

Die Leber in 1 EL Öl anbraten, dann zur Seite stellen. Das restliche Öl in einer Pfanne erhitzen und die Zwiebel darin 2–3 Minuten dünsten. Die Möhrenstückchen hinzugeben und weitere 3 Minuten dünsten, dann die Brühe angießen, zum Kochen bringen und zugedeckt bei schwacher Hitze etwa 15 Minuten dünsten. Die Leber in kleine Stücke schneiden und mit den Tomaten und der Petersilie in die Pfanne geben, nochmals 3 Minuten weiterkochen. Das Gericht entweder mit Kartoffelpüree servieren oder im Mixer einige Sekunden zu einem groben Brei zerkleinern.

Pikanter Kalbfleischtopf

Ergibt 3 Portionen

Ein köstlicher Schmortopf aus Kalbfleisch, Gemüse und frischen Kräutern. Wenn Sie gleich von allem entsprechend mehr kochen, freut sich die ganze Familie darüber.

1 kleine Zwiebel, geschält und fein gehackt • 1 Möhre, geschabt und in Scheiben geschnitten • ½ Stange Bleichsellerie, in Scheiben geschnitten • Pflanzenöl • 100 g mageres Kalbfleisch zum Schmoren • 1 Zweig frischer Rosmarin • 1 Stängel frische Petersilie • 120 ml Wasser

Zwiebel, Möhre und Sellerie in etwas Öl 3 Minuten anbraten. Das Kalbfleisch in Stücke schneiden und mit dem Gemüse, den Kräutern und dem Wasser in einen Topf geben. Zugedeckt 1 Stunde lang köcheln (zwischendurch einmal durchrühren). Die Kräuter entfernen und Fleisch und Gemüse im Mixer grob zerkleinern.

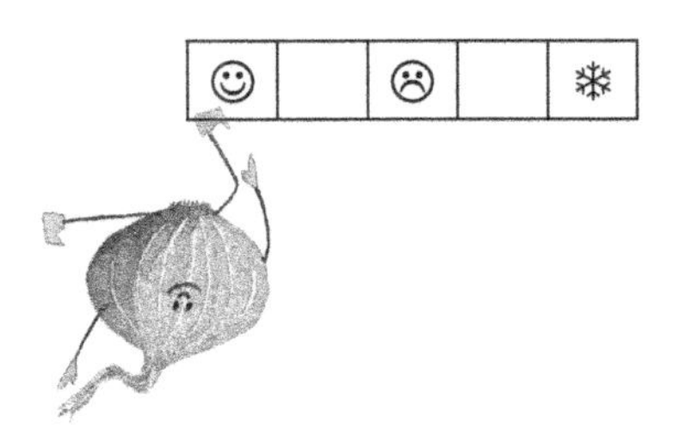

Steak »Spezial«

Ergibt 4 Portionen

Dieses Gericht eignet sich gut, um Ihr Baby mit rotem Fleisch bekannt zu machen.

1 Kartoffel (etwa 250 g), geschält und gewürfelt •
1 Schalotte oder 25 g Zwiebel, geschält und fein gehackt •
1 EL Pflanzenöl • 100 g Filetsteak •
50 g Champignons, gewaschen und gehackt • 15 g Butter •
1 Tomate, gehäutet, entkernt und klein geschnitten • 2 EL Milch

Die Kartoffel weich kochen und abgießen. Inzwischen die Schalotte im Pflanzenöl andünsten, bis sie weich ist, die Hälfte davon auf ein Stück Alufolie setzen. Das Steak in 1 cm dicke Scheiben schneiden und darauflegen, den Rest der Schalotte darüber verteilen. Jede Seite 3 Minuten unter dem Grill bräunen, so dass das Fleisch gar ist. Die Champignons in der Hälfte der Butter 1 Minute dünsten, die Tomatenstückchen dazugeben und 1 weitere Minute mitdünsten. Die Kartoffeln mit der Milch und der restlichen Butter zu einem Püree zerdrücken. Das Steak klein schneiden oder mit der Schalotte, den Pilzen und der Tomate pürieren und mit dem Kartoffelpüree vermischen.

Hirtenauflauf

Ergibt 2–4 Portionen

In meiner Kindheit war dieser Auflauf immer ein wohltuendes Essen an Winterabenden. Verwenden Sie für die Kinderportionen kleine Auflaufförmchen. Ein Rezept für eine »erwachsenere« Version finden Sie auf Seite 262.

200 g Kartoffeln, geschält und gewürfelt •
100 g Möhre, geschält und gehackt • 1 EL Olivenöl •
1 kleine Zwiebel, geschält und gehackt •
1 kleine Knoblauchzehe, geschält und gehackt •
25 g rote Paprikaschote, entkernt und gewürfelt •
150 g mageres Hackfleisch • 1 EL gehackte Petersilie •
1 TL Tomatenmark • 100 ml Gemüsebrühe (Seite 64) •
etwas Butter • 1 EL Milch

Kartoffel- und Möhrenstücke in einen Topf geben, mit kochendem Wasser übergießen und weich garen (etwa 20 Minuten).

Inzwischen das Öl in einer Pfanne erhitzen und Zwiebel, Knoblauch und rote Paprika 2–3 Minuten anbraten. Das Hackfleisch dazugeben und anbraten. Wenn man nun das Fleisch einige Sekunden im Mixer zerkleinert, wird es noch weicher. Danach das Fleisch wieder in die Pfanne geben, Petersilie, Tomatenmark und Gemüsebrühe hinzufügen, alles zum Kochen bringen und zugedeckt etwa 15 Minuten köcheln lassen.

Wenn die Kartoffel und die Möhre weich sind, das Wasser abgießen und das Gemüse mit etwas Butter und der Milch zu einem glatten Brei zerdrücken. Mit dem Fleisch vermischen und in kleine Auflaufförmchen (etwa 10 cm Durchmesser) verteilen. Im vorgeheizten Backofen bei 180 Grad (Gas Stufe 4) kurz heiß werden lassen, dann die restliche Butter in Flöckchen daraufsetzen und unter dem Grill goldbraun überbacken.

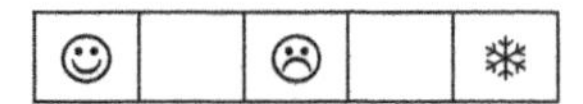

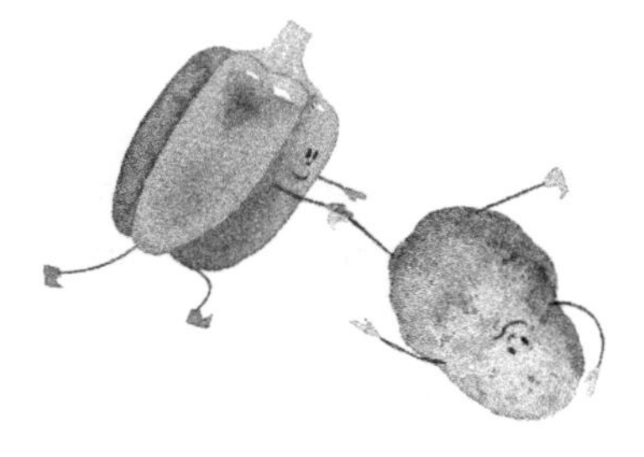

Pikanter Reis mit Fleisch und Gemüse

Ergibt 8 Portionen

½ Zwiebel, geschält und fein gehackt •
1 Möhre, geschält und klein geschnitten • 1 EL Pflanzenöl •
250 g mageres Hackfleisch • 400 g Tomatenstücke aus der Dose •
einige Tropfen Worcestersauce

Reis:

50 g Basmati-Reis • 300 ml Hühnerbrühe (Seite 114) •
½ rote Paprikaschote, entkernt und klein geschnitten •
50 g Tiefkühl-Erbsen

Den Reis in einen Topf geben, mit der Hühnerbrühe bedecken, zum Kochen bringen und 10 Minuten sieden. Paprikaschote und Erbsen hinzufügen und ohne Deckel weitere 6–7 Minuten garen, bis der Reis weich und keine Flüssigkeit mehr vorhanden ist.

In der Zwischenzeit Zwiebel und Möhre in etwas Pflanzenöl 5 Minuten anbraten. Das Hackfleisch hinzufügen und unter Rühren anbraten. Dann das Fleisch etwa 30 Sekunden in der Küchenmaschine pürieren, damit es leichter zu kauen ist. Das Fleisch wieder in die Pfanne geben, Tomaten und Worcestersauce hinzufügen und bei milder Hitze 10 Minuten garen. Den Reis untermischen und alles zusammen noch einmal 3–4 Minuten kochen.

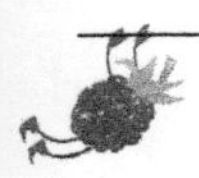

NUDELGERICHTE

Tagliatelle mit Lachs und Brokkoli

Ergibt 6 Portionen

Nudeln sind der Hit bei Babys und Kleinkindern.

175 g Tagliatelle • 75 g Brokkoli, in kleine Röschen zerteilt • 300 ml Milch • 1 Lorbeerblatt • 3 Pfefferkörner • ein Stängel frische Petersilie • 150 g Lachsfilet, gehäutet • 15 g Butter • 15 g Mehl • ½ TL Zitronensaft • 50 g milder Käse

Tagliatelle nach Packungsanweisung kochen. Brokkoli 4 Minuten dämpfen oder in Wasser gar kochen, bis er weich ist. Die Milch mit dem Lorbeerblatt, den Pfefferkörnern und der Petersilie in einem Topf zum Kochen bringen. Hitze reduzieren, den Lachs in den Topf legen und 6–8 Minuten dünsten, bis er fast durch ist. Den Lachs aus der Sauce heben und die Milch zur Seite stellen. Die Butter zerlaufen lassen, das Mehl einrühren und etwa 1 Minute heiß werden lassen. Nach und nach die Milch unterrühren. Aufkochen und 2 Minuten köcheln lassen. Dann den Zitronensaft untermischen, den Käse einrühren und schmelzen lassen. Den Fisch zerteilen und mit dem klein geschnittenen Brokkoli unter die Käsesauce ziehen. Die Tagliatelle ebenfalls klein schneiden und mit der Sauce vermischen.

Sauce Bolognese mit Aubergine

Ergibt 12 Portionen Sauce

1 Aubergine, geschält und in Scheiben geschnitten • etwas Salz • 1 mittelgroße Zwiebel, fein gehackt • ¼ Knoblauchzehe, fein gehackt • Pflanzenöl zum Braten • 450 g mageres Hackfleisch vom Rind oder Lamm • 2 EL Tomatenmark • 4 Tomaten, gehäutet, entkernt und klein geschnitten • ¼ TL gemischte getrocknete Kräuter • 2 EL Mehl • 500 ml Hühnerbrühe (Seite 114) • 100 g Champignons in Scheiben

Die Auberginenscheiben mit Salz bestreuen und 30 Minuten ziehen lassen. Dann mit Wasser abspülen und mit einem Küchentuch abtrocknen. Zwiebel und Knoblauch in etwas Öl anbraten, bis sie weich sind. Das Fleisch dazugeben und unter Rühren bräunen. In der Küchenmaschine zerkleinern, dann wieder in die Pfanne geben und Tomatenmark, Tomaten, Kräuter, Mehl und Brühe hinzugeben. Zum Kochen bringen und 45 Minuten kochen lassen. Die Auberginenscheiben in etwas Öl goldbraun braten. Mit Küchenpapier trocken tupfen und in der Küchenmaschine zerkleinern. Pilze anbraten und mit den Auberginen zur Sauce geben.

Cremige Hähnchen-Nudelsauce

Ergibt 3 Portionen Sauce

1 kleines Hähnchenbrustfilet, gehäutet und in Stücke geschnitten • etwas Öl oder Hühnerbrühe • 50 g Brokkoli, in Röschen zerteilt • 15 g Butter • 1 EL Mehl • 175 ml Milch • 25 g milder Käse, gerieben

Die Hähnchenbrust in Öl anbraten oder in der Brühe garen, bis sie durch ist. Den Brokkoli weich dämpfen. Die Butter erhitzen und das Mehl einrühren. Dann nach und nach die Milch unterrühren und bei schwacher Hitze sämig kochen. Unter ständigem Rühren 1 Minute durchkochen. Vom Herd nehmen und den Käse untermischen. Die Hähnchenstücke und den Brokkoli dazugeben, klein schneiden oder pürieren und mit gekochten Nudeln vermischen.

☺		☹		❄

Sternchennudeln mit Tomaten-Käsesauce

Ergibt 2 Portionen

Die frische Tomatensauce ist wirklich lecker und dank der Zugabe von Gemüse und Käse nahrhafter als die übliche Version.

1 mittelgroße Möhre, geschält und in Scheiben geschnitten • 100 g Blumenkohlröschen • 3 EL Sternchennudeln oder andere kleine Nudeln • 25 g Butter • 300 g reife Tomaten, gehäutet, entkernt und klein geschnitten • 50 g milder Käse, gerieben

Die Möhrenscheiben in den Boden eines Dämpfers legen. Mit kochendem Wasser begießen und bei mittlerer Hitze 10 Minuten garen. Dann die Blumenkohlröschen in den Dampfeinsatz legen, über die Karotten stellen, Deckel auflegen und 5 Minuten dämpfen, bis beide Gemüse weich sind. Die Sternchennudeln nach Packungsanweisung kochen. Währenddessen die Butter zerlaufen lassen und die Tomaten darin etwa 3 Minuten dünsten. Den Käse unterrühren, bis er geschmolzen ist. Die Möhren und den Blumenkohl mit den Tomaten und dem Käse pürieren und die Sauce mit den Nudeln vermischen.

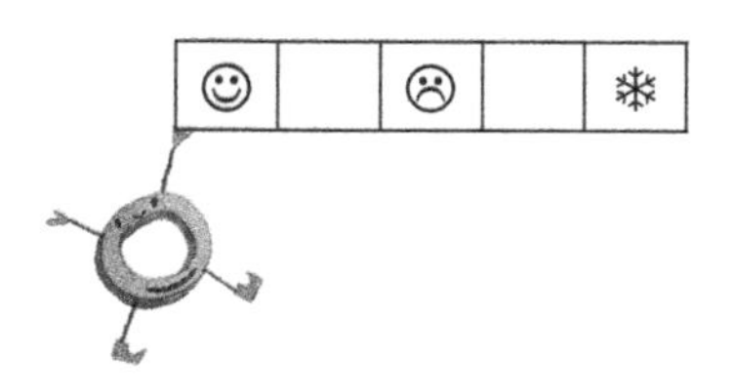

Muschelnudeln mit Thunfisch und Mais

Ergibt 3 Portionen

Thunfisch kann man gut auf Vorrat lagern. Er enthält viel Protein, Vitamin D und Vitamin B_{12}.

25 g kleine Muschelnudeln oder andere kleine Nudeln •
25 g Butter • 2 EL Mehl • 300 ml Milch •
40 g milder Käse, gerieben • 100 g Thunfisch aus der Dose, abgegossen und mit der Gabel zerteilt •
75 g Tiefkühlmais (gegart) oder Mais aus der Dose

Die Nudeln nach Packungsanweisung kochen. Die Butter in einem Topf zerlaufen lassen, das Mehl dazugeben und etwa 1 Minute unter Rühren kochen. Nach und nach die Milch angießen, dabei ständig rühren, bis eine sämige Sauce entstanden ist. Dann Käse, Thunfisch, Mais und Nudeln einrühren und gut erhitzen.

☺		☹		❄

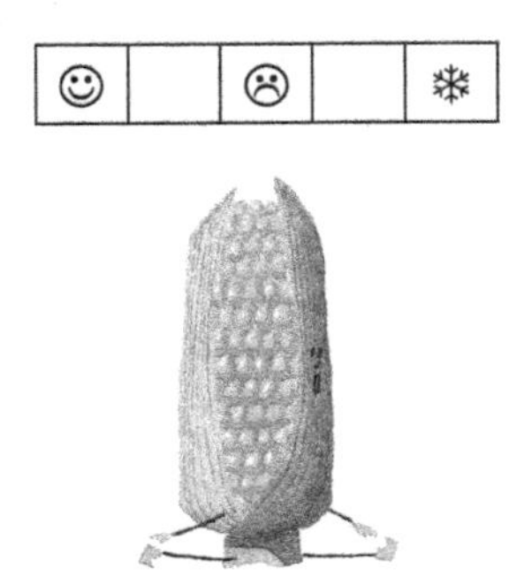

Thunfischsalat

Ergibt 4 Portionen

Fetter Fisch wie Thunfisch und Lachs enthält Omega-3-Fettsäuren, die vor Herzerkrankungen schützen und für die Entwicklung des Gehirns und des Sehvermögens wichtig sind. Leider werden beim Konservierungsprozess von Thunfisch Fettsäuren zerstört. Sie können diesen Salat auch mit frischem Thunfisch oder Lachs zubereiten.

75 g gekochte Muschelnudeln oder Farfalle •
1 Frühlingszwiebel, fein gehackt, oder 1 kleine Schalotte, geschält und gewürfelt • 100 g Thunfisch aus der Dose in Öl, abgetropft und zerteilt • 3 Kirschtomaten, geviertelt •
25 g Mais aus der Dose (oder gekochter Tiefkühlmais) •
1 kleine Avocado, geschält, entkernt und in kleine Stücke geschnitten (nach Belieben)

DRESSING:

1 EL Mayonnaise • 1 EL Olivenöl •
1 TL frisch gepresster Zitronensaft • 1 EL Sesamsamen

Alle Zutaten für das Dressing vermischen. Die gekochten Nudeln mit den Salatzutaten vermengen und das Dressing darübergeben. Nach Belieben Sesam in einer trockenen Bratpfanne golden rösten und über den Salat streuen (Seite 236).

ERNÄHRUNGSPLAN
Neun bis zwölf Monate

	FRÜHSTÜCK	ZWISCHEN-MAHLZEIT	MITTAGESSEN
1. Tag	**Schweizer Müsli mit Früchten** **Joghurt mit getrockneten Aprikosen, Papaya und Birne** Milch	Milch	**Huhn- und Apfelbällchen** Gemüsestäbchen **Erdbeer-Milchreis** Wasser
2. Tag	Getreideflocken Käse auf Toast Obst Milch	Milch	**Steak »Spezial«** **Selbstgemachte Götterspeise** Wasser
3. Tag	Rührei mit Toast Obst mit Hüttenkäse Milch	Milch	**Muschelnudeln mit Thunfisch und Mais** Wasser
4. Tag	**Meine Lieblingspfannkuchen** Obst Milch	Milch	**Lebertopf** **Bunter Eintopf** Papayabrei Wasser
5. Tag	**Arme Ritter** **Vanillepudding mit Aprikose, Apfel und Birne** Milch	Milch	**Bumm-Bumm-Hähnchen** **Kohl »Surprise«** **Selbstgemachte Götterspeise** Obst Wasser
6. Tag	**Sommerliches Obstmüsli** Joghurt mit Trockenobst Milch	Milch	**Rindfleischtopf mit Möhren** **Bananentraum** Wasser
7. Tag	**Käserührei** Fruchtjoghurt Milch	Milch	**Hähnchen mit Couscous** **Frische Birne mit Grieß** Wasser

Für **fett gedruckte** Speisen finden Sie die Rezepte in diesem Buch.

ZWISCHEN-MAHLZEIT	ABENDBROT	SCHLAFENSZEIT
Milch	Sandwiches Gemüsestäbchen Saft oder Wasser	Milch
Milch	**Sternchennudeln mit Tomaten-Käsesauce** Frischkäse/Joghurt Saft oder Wasser	Milch
Milch	**Zucchini-Erbsenbrei** Obst Saft oder Wasser	Milch
Milch	**Gemüse in Käsesauce** **Apfel und Brombeeren** Saft oder Wasser	Milch
Milch	**Sternchennudeln mit Tomate und Zucchini** Obst Saft oder Wasser	Milch
Milch	**Seezungenstäbchen** Gemüsestäbchen **Milchreis mit Pfirsich** Saft oder Wasser	Milch
Milch	**Linsen-Gemüsebrei** Käsesticks **Bratäpfel mit Rosinen** Saft oder Wasser	Milch

FÜNFTES KAPITEL

Kleinkinder

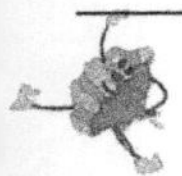

Nach meiner Erfahrung wollen Kinder, die über ein Jahr alt sind, gerne selber essen. Lassen Sie Ihr Kind mit Löffel und Gabel experimentieren, umso schneller klappt's mit dem Selberessen. Vielleicht findet der eine oder andere Happen sogar seinen Weg in den Mund! Praktisch ist ein festes Plastiklätzchen, das am Ende mit einer Auffang-Rinne ausgestattet ist, in der verkleckertes Essen aufgefangen wird. Wenn das Kind beim Gebrauch des Löffels Schwierigkeiten hat, können Sie ihm Fischstäbchen oder rohe Gemüsestücke geben, die es mit den Fingern essen kann, und einen Dip dazu. Sie müssen aber immer noch Oliven, Nüsse, frische Litschis und Ähnliches von Ihrem Kind fernhalten. Kleine Kinder stecken gerne alles in den Mund, und sie könnten sich in null Komma nichts daran verschlucken.

Gemeinsam essen macht Spaß

Kleine Kinder haben einen kleinen Bauch, in dem noch nicht so viel Platz hat. Deshalb können sie bei den regulären Mahlzeiten gar nicht so viel zu sich nehmen, dass ihr hoher Energiebedarf gedeckt ist. Man sollte ihnen zusätzlich zu den drei Hauptmahlzeiten auch noch zu geregelten Zeiten zwei Zwischenmahlzeiten anbieten. In diesem Buch beschäftigt sich ein ganzes Kapitel damit, woraus ein gesunder Imbiss bestehen kann. Machen Sie also nicht den Fehler, Ihrem Kleinkind Süßigkeiten oder industriell hergestellte Snacks zu geben, wenn ihm ein Dip und ein Schälchen rohe Gemüsestückchen viel besser schmecken und bekommen würden. Aber genauso falsch wäre es, Süßigkeiten und Kuchen völlig zu verbieten. Ihr Kind bekäme dann nur Heißhunger darauf und würde sich außer Haus damit vollstopfen.

Viele Kinder mögen viel mehr ausgefallene Sachen, als wir zunächst meinen. Lassen Sie Ihr Kind die Speisen von Ihrem Teller probieren – Sie werden überrascht sein, was ihm alles schmeckt. Natürlich ist das Essen von Mamas oder Papas Teller viel interessanter als das eigene, und manchmal können Sie ein Kleinkind zum Essen verleiten, indem Sie seine Portion auf Ihren eigenen Teller füllen. In dieser Phase kann das Kind fast alles essen, was die Erwachsenen essen. Ich bin der Auffassung, dass Kleinkinder so früh wie möglich »Erwachsenenkost« bekommen sollten, und fast alle folgenden Rezepte eignen sich auch für den Familientisch. Und noch eins: Essen Sie mit Ihrem Kind zusammen, anstatt ihm nur gegenüberzusitzen und

ihm Löffel für Löffel in den Mund zu schieben. Es wird viel lieber *mit* Ihnen essen – denn wer isst schon gern allein?

Versuchen Sie, Ihre eigenen Essgewohnheiten anzugleichen, indem Sie weniger Salz und Zucker verwenden. Dann wird Ihr Kleinkind fast alles mitessen können, was Sie kochen. Ich wünsche Ihnen allen zusammen einen guten Appetit und hoffe, dass Ihre Kinder Sie auf einige tolle neue Rezeptideen bringen!

Mein Kind will nicht essen!

Wenn das Kind ein Jahr und älter ist, verbraucht es wesentlich mehr Energie. Gleichzeitig verlieren aber fast alle Kleinkinder irgendwann das Interesse am Essen, weil sie lieber spielen oder herumtoben. Das kann eine schwierige Zeit sein, und es ist wichtig, dass Sie die Ruhe bewahren, wenn Ihr Kind nicht essen will. Wenn es Hunger hat, wird es essen, und je mehr Sie sich aufregen, desto mehr wird es die Nahrungsaufnahme verweigern. Haben Sie Geduld, jedes Kind wächst aus diesem Stadium heraus. Wenn Ihr Kind bei den Mahlzeiten gut isst, haben Sie Glück. Ich kenne jedoch viele Mütter, die ständig besorgt sind, dass ihr Kind zu wenig zu sich nimmt. Meistens sind solche Sorgen unnötig. Kleinkinder kommen mit erstaunlich wenig Nahrung aus. An manchen Tagen essen sie mit Heißhunger, an anderen praktisch gar nichts. Betrachten Sie immer die Ernährung Ihres Kindes über die ganze Woche hinweg, dann werden Sie sich nicht so viel Sorgen machen, wenn es einen Tag überhaupt nichts isst.

Viele Mütter klagen darüber, dass ihr Kind weder Fleisch noch Fisch anrührt. Es gibt aber auch andere gute Eiweißquellen wie Erdnussbutter, Eier oder Milchprodukte. Dann gibt es Mütter, die sich die Haare raufen, weil ihre Kinder nur ein einziges Nahrungsmittel essen. Auch das ist normal. Kinder lieben, anders als Erwachsene, Wiederholung in ihrer Ernährung und sind neuem Essen gegenüber oft misstrauisch.

Vermeiden Sie leere Kalorien aus Keksen, Kuchen und Süßigkeiten und bieten Sie dafür lieber gesunde Alternativen wie Obst oder rohe Gemüsesorten wie Möhre und Gurke mit einem schmackhaften Dip oder mit Käse an. Lassen Sie Ihr Kind unmittelbar vor den Mahlzeiten nicht trinken, damit es sich dadurch nicht den Appetit verdirbt.

Leider ist der Konsum von Keksen bei Kindern in den letzten 50 Jahren um das Vierfache angestiegen, von Süßwaren um das 25-Fache und von Erfrischungsgetränken um das 34-Fache. Der Verbrauch von Milch, Brot, Obst und Gemüse ist dagegen zurückgegangen. Die heute so beliebten industriell hergestellten Nahrungsmittel und Fertigmahlzeiten enthalten viel Fett, Salz und Zucker. Es ist ausgesprochen wichtig, dass Ihr Kind so viel frisches Essen zu sich nimmt wie nur irgend möglich. In Deutschland ist schon jedes fünfte Kind übergewichtig, und die Zahl der fettleibigen Kinder hat sich in den letzten 20 Jahren verdoppelt.

Ihr Kind ist nun vermutlich schon ziemlich selbstständig und möchte das auch beim Essen sein. Kleinkinder spielen nur allzu gerne mit dem Essen, und das gehört zum Lernprozess. Lassen Sie es die Spaghetti mit den Fingern essen und die

Götterspeise antippen, damit sie wackelt – wenn die Experimentierphase vorbei ist, bleibt noch genügend Zeit, um Tischmanieren zu üben. Lassen Sie das Kind bei der Zubereitung der Mahlzeiten helfen, das weckt sein Interesse am Essen ganz automatisch. Mein Sohn hilft immer sehr bereitwillig, vor allem beim Plätzchenbacken. Den Teig zu kneten, auszurollen und Formen auszustechen macht viel mehr Spaß als Rührkuchen zu backen!

Viele Probleme beim Essen lassen sich durch appetitliches Anrichten überwinden. Wählen Sie Zutaten aus, die von Natur aus intensive Farben haben. Plastikteller mit mehreren Abteilungen, in die zwei oder drei Speisen gefüllt sind, können ebenfalls zum Essen motivieren. Wir essen öfter einmal etwas Chinesisches, und wenn man dazu Stäbchen benutzt, die am oberen Ende verbunden sind, kommt selbst ein Dreijähriger damit zurecht. Probieren Sie es aus, und Sie werden sehen, mit wie viel Begeisterung Ihre Kinder das Essen auf die Stäbchen bugsieren und wie weit sie den Mund aufreißen!

Manchmal ist es hübsch, das Essen auf dem Teller in einem Muster anzuordnen. Lehrreich ist es dazu noch, wenn Sie das Essen in Form von Buchstaben oder Zahlen arrangieren oder als Gesicht anrichten. Mit kleinen Keksförmchen können Sie aus Brot, Sandwiches oder Käse Figuren ausstechen und damit das Interesse Ihres Kindes wecken. Ein weiterer Tipp ist, dem Essen lustige Namen zu geben, wie Hoppelpoppel-Möhren oder Nemo-Suppe – Sie lachen vielleicht, aber wenn Ihr Kind denkt, dass sein Lieblingstier dieses Essen zu Mittag bekommt, isst es selbst auch lieber.

Füllen Sie den Teller nie zu voll. Es ist viel besser, wenn das Kind einen Nachschlag verlangt. Kleine Kinder lieben kleine, eigene Portionen. Backen Sie zum Beispiel Mini-Hirten-Aufläufe in kleinen Förmchen (Seite 187) oder kleine Kuchen, anstatt ein Stück von einem großen Kuchen abzuschneiden.

Wenn Sie Ihrem Kleinkind eine gute Auswahl an Speisen angeboten haben und es immer noch nicht essen will, sollten Sie ihm nicht automatisch alles anbieten, was Kühlschrank und Speisekammer hergeben. Erklären Sie ihm, dass es jetzt nichts anderes gibt. Wenn das Kind sehr unruhig ist und einfach kein Interesse an der Mahlzeit hat, stellen Sie das Essen in den Kühlschrank und bringen Sie es etwas später noch einmal auf den Tisch. Sie machen es sich sonst nur selber schwer. In neun von zehn Malen hat das Kind einfach keinen Hunger – und noch nie ist ein Kind aus Trotz verhungert.

Zum Frühstück sind Haferflocken oder andere ungesüßte Flocken die bessere Wahl gegenüber gezuckerten Getreideflocken. Und bestreichen Sie Brot lieber mit Erdnussbutter anstatt mit Marmelade. Käsebrote und gut durchgebratenes Rührei ist ebenfalls ein gesunder Frühstücksvorschlag. Zum Abendessen ist gegrilltes Hähnchen eine gute Alternative zu gebackenen Hähnchen-Nuggets, Fischauflauf besser als Fischstäbchen, Nudeln mit Brokkoli oder selbst gemachter Tomatensauce besser als mit fertiger Nudelsauce, kleine Minutensteaks besser als tiefgefrorene Burger und Hirtenauflauf besser als Würstchen

und Pommes frites. Als Zwischenmahlzeit ist Popcorn besser als Chips, Trockenobst wie Aprikosen oder mit Joghurt vermischte Rosinen sind immer gesünder als Süßigkeiten. Bei Säften sollten Sie darauf achten, dass sie zu 100 Prozent aus Fruchtsaft bestehen. Viele Fruchtsaftgetränke enthalten weniger als 10 Prozent Fruchtsaft, dafür aber viel Zucker und Wasser.

Wenn Sie das Essen zu einem Ereignis machen, werden Ihre Kinder es sich mit Ihnen schmecken lassen. Ein gelegentlicher Restaurantbesuch kann für den Appetit eines Kindes Wunder wirken. Selbst ein Abendbrot bei Freunden kann manchmal helfen, vor allem wenn es dort ein Kind gibt, das ordentlich zulangt!

Auswahl der Nahrungsmittel

Kinder unter fünf Jahren brauchen in Relation zum Körpergewicht mehr Fett als Erwachsene. Sofern Ihr Kind nicht übergewichtig ist, sollten Sie ihm also keine fettarmen Nahrungsmittel geben. Fett liefert Energie und die fettlöslichen Vitamine, die ein Kind zum Wachsen braucht. Natürlich gibt es auch Ausnahmen, so sollte man bei einem übergewichtigen Kleinkind den Fettkonsum unbedingt reduzieren, indem man ihm möglichst wenig industriell verarbeitete und fettreiche Lebensmittel gibt und lieber zu Milchprodukten mit reduziertem Fettgehalt greift.

Größere Mengen zu ballaststoffreicher Kost sind nicht ratsam, da sie nur den Magen füllen, aber nicht die Menge an

Kalorien liefern, die ein schnell wachsendes Kleinkind zu sich nehmen sollte. Eine sehr ballaststoffreiche Ernährung kann außerdem die Aufnahme wichtiger Mineralstoffe wie Eisen hemmen. Ein Kind, das viel Obst und Gemüse isst, nimmt automatisch genügend Ballaststoffe zu sich.

Ihr Kind ist jetzt zwölf Monate alt, so dass Sie von Säuglingsnahrung zu Vollmilch übergehen können. Geben Sie ihm bis zum Alter von zwei Jahren keine fettreduzierte Milch, da diese zu wenig Energie für das Wachstum liefert. Kinder ab einem Jahr brauchen 400 ml Vollmilch täglich. Bei sehr heiklen Kindern ist es vielleicht angeraten, mit einer Folgemilch weiterzumachen (die mit Eisen und Vitaminen angereichert ist), bis sie zwei Jahre alt sind.

Zwar schränken immer mehr Menschen ihren Fleischkonsum zugunsten von Fisch und Geflügel ein, aber Sie sollten bedenken, dass in rotem Fleisch mehr Eisen und Zink steckt. Probieren Sie leckere Rezepte mit magerem Hackfleisch aus – gut ist es, das Fleisch erst zu kochen und dann im Mixer zu pürieren, damit es nicht klumpig ist. Sie finden auf den folgenden Seiten leckere Rezepte für Beefburger, Fleischbällchen und Hirtenauflauf (Seite 259–263), die sich hervorragend für die ganze Familie eignen. Geben Sie Ihrem Kind möglichst keine fertigen Fleisch- und Wurstwaren wie Würstchen, Salami oder Corned Beef.

Ernähren Sie Ihr Kind vegetarisch oder mag es einfach kein Fleisch, müssen Sie dafür sorgen, dass viele nährstoffreiche Le-

bensmittel wie Käse und Eier auf dem Speisezettel stehen. Solange Ihr Kleinkind abwechslungsreich isst, bekommt es auch bei vegetarischer Ernährung alle Nährstoffe, die es braucht. Wichtig ist, täglich pflanzliche Eisenlieferanten wie grüne Gemüsesorten, Hülsenfrüchte, angereicherte Frühstücksflocken und Trockenobst zu geben und darauf zu achten, dass es dazu Vitamin-C-haltige Säfte trinkt, da dies dem Körper hilft, Eisen pflanzlichen Ursprungs besser zu verarbeiten.

Nudeln sind und bleiben auch bei Kleinkindern sehr beliebt, und man kann sie hervorragend mit anderen gesunden Lebensmitteln wie Gemüse und Thunfisch kombinieren. Mit Nudelsorten wie Penne oder Fusilli kommen Kleinkinder am besten zurecht. (Mein Sohn Nicholas erfand allerdings mit zwanzig Monaten seine eigene Methode, Spaghetti zu essen – er fasste eine Nudel an beiden Enden an und saugte sie dann von der Mitte her in seinen Mund! Vielleicht nicht gerade die feine Art, sicherlich aber sehr effizient.)

Obst und Desserts

In diesem Abschnitt finden Sie viele Rezepte für kalte und warme Desserts, die Sie für die ganze Familie zubereiten können. Frisches, reifes Obst ist jedoch immer noch am leckersten und am gesündesten – sowohl für Sie als auch für Ihr Kind. Vitamine und Nährstoffe werden nicht durch Kochen zerstört, und das Kleinkind kann Früchte wunderbar aus der Hand essen.

Obst steckt voller hochwirksamer Antioxidantien und natürlicher Verbindungen, den sogenannten sekundären Pflanzenstoffen, die das Immunsystem stärken und vor Herzerkrankungen und Krebs schützen. Die Zahl der Krebserkrankungen nimmt zu. Etwa ein Drittel davon sind ernährungsbedingt, und Forscher schätzen, dass ein Speiseplan mit viel Obst und Gemüse anstelle von fetten und industriell verarbeiteten Lebensmitteln, gepaart mit Bewegung, das Krebsrisiko um mindestens 30 Prozent vermindern kann.

Früchte in einer Schale wirken auf ein hungriges Kind nicht so anziehend, wenn Sie dagegen mehrere frische Obstsorten essfertig geschnitten in einem der unteren Fächer des Kühlschranks bereitstellen, kommt Ihr Kind gar nicht auf die Idee, Kuchen oder Schokoladenkekse zu naschen.

Trockenobst, vor allem Aprikosen, sind ausgesprochen nahrhaft, da durch den Trockenvorgang die Nährstoffe konzentriert werden. Bieten Sie aber nicht zu häufig zwischen den Mahlzeiten Trockenfrüchte an, denn sie bleiben leicht an den Zähnen kleben, und auch natürlicher Fruchtzucker schadet den Zähnen.

Kiwis, Zitrusfrüchte und Beeren enthalten besonders viel Vitamin C, das die Eisenaufnahme des Körpers unterstützt, daher sollten Sie diese Sorten regelmäßig in der Ernährung Ihres Kindes einplanen. Frisches oder getrocknetes Obst ist natürlich auch prima in Verbindung mit Frühstücksflocken. Eine gute Anschaffung ist ein Entsafter, mit dem Sie im Nu selbst frische Säfte herstellen können. Reine Obstsäfte sind gut, lassen Sie aber die Finger von Fruchtsaftgetränken, die häufig nur 10 Prozent Obstsaft

enthalten. Achten Sie auf das Etikett. Säfte liefern viele Vitamine, aber Ballaststoffe nimmt Ihr Kind nur zu sich, wenn es ganze Früchte isst.

Da unterschiedliche Obstsorten auch unterschiedliche Nährstoffe enthalten, ist es ratsam, für Abwechslung zu sorgen. Nehmen Sie allmählich auch exotischere Arten in das Angebot auf. Eine einzige Kiwi enthält mehr als den täglichen Vitamin-C-Bedarf eines Erwachsenen und ist, halbiert und aus einem Eierbecher gelöffelt, ein toller Imbiss. Versuchen Sie es auch einmal mit tropischem Obstsalat aus Mango, Melonenkügelchen, Ananas und einer Sauce aus frischem Orangensaft und Passionsfrucht.

Aus püriertem frischem Obst, Joghurt, Fruchtsäften oder Saftzubereitungen können Sie wunderbar Eis am Stiel zubereiten. Entsprechende Förmchen kann man günstig in jedem Haushaltswarenladen kaufen, und da ein leckeres Eis etwas ist, dem kaum ein Kind widerstehen kann, hat man damit eine wunderbare Anregung, mehr Vitamine zu essen.

Eiscreme wird auf der ganzen Welt in den unterschiedlichsten Farben, Formen und Größen angeboten, aber was die Qualität betrifft, geht oft nichts über die selbst gemachte Variante. Kaufen Sie nur Eis, das ausschließlich aus natürlichen Zutaten hergestellt ist. Wenn Sie gern selbst Eis herstellen würden, lohnt sich die Anschaffung einer Eismaschine, die die Mischung während des Gefrierprozesses umwälzt. Sie wird Ihnen über viele Jahre gute Dienste leisten, und bei den Freunden Ihres Kindes wird sich schnell herumsprechen, was es bei Ihnen Gutes gibt.

Backen für Kleinkinder

Der erste Geburtstag ist ein großes Ereignis im Leben eines Kindes, für Eltern und Großeltern ist er vielleicht sogar noch aufregender! Es macht großen Spaß, das Essen für die Party zuzubereiten. In die Konditorei gehen und eine Geburtstagstorte bestellen kann jeder, ein selbst gebackener und verzierter Kuchen ist da schon etwas ganz anderes. Ihr Kind wird Ihnen mit Begeisterung beim Rühren und Dekorieren helfen.

Mit jedem Grundrezept für Rühr- oder Obstkuchen können Sie Kuchen in den verschiedensten Formen backen. Sie finden in diesem Abschnitt auch kleinere Kuchen, die sich gut für Kindergeburtstage eignen. Viele der Backrezepte enthalten gesunde Zutaten und verzichten so weit wie möglich auf die weniger gesunden.

Gesunde Zwischenmahlzeiten

Wenn Ihr Kleinkind mit drei Hauptmahlzeiten am Tag zufrieden ist, ist das eine wunderbare Sache und für alle Beteiligten das Einfachste, aber seien wir mal ehrlich, so gut wie alle Kleinkinder essen zwischendurch etwas. Für manche sind diese Zwischenmahlzeiten einfach Ergänzungen der Hauptmahlzeiten, für andere, vor allem ungeduldige Kinder, die am Tisch nicht richtig essen, die Hauptenergie- und Nährstoffzufuhr.

Kleinkinder haben kleine Mägen, und oft können sie zum Frühstück gar nicht so viel essen, dass es ihnen bis zum Mittagessen reicht, wenn sie den ganzen Vormittag herumjagen. Da viele kleine Mahlzeiten außerdem gesünder sind als drei

große Hauptmahlzeiten, sind Zwischenmahlzeiten für die Ernährung eines Kleinkindes sehr wichtig. Wenn Sie Ihr Kind schon sehr früh an gesunde Snacks gewöhnen, legen Sie damit den Grundstein für eine gute Ernährung im späteren Leben.

Halten Sie in Kühlschrank und Speisekammer immer gesunde Kleinigkeiten bereit (Seite 300–303) und denken Sie daran, einen kleinen Vorrat mitzunehmen, wenn Sie mit Ihrem Kind unterwegs sind. Kleine Kinder verbrauchen sehr viel Energie und sind nach einer Mahlzeit schnell wieder hungrig.

Konsistenzen und Mengen

Nun müssen Sie das Essen für Ihr Kind nicht mehr pürieren; im Gegenteil, Ihr Kind sollte sich daran gewöhnen, dass es kauen muss. Je länger Sie noch Breie füttern, weil Ihr Kind das Essen in dieser Form am liebsten mag, umso schwieriger wird es, es daran zu gewöhnen, ordentlich zu kauen und richtig zu schlucken. Herumzukauen auf etwas Hartem wie zum Beispiel einer rohen Möhre verschafft außerdem Erleichterung, wenn Kinder Probleme mit dem Zahnen haben.

Allerdings kauen viele Kleinkinder nicht gern Fleischstücke, daher muss man Fleisch unter Umständen im Mixer zerkleinern. Ich habe festgestellt, dass kleine Kinder Fleisch, Leber oder Hähnchen zerkleinert lieber mögen.

Ich habe die Mengen bei den Rezepten in Portionen für Erwachsene angegeben. Jedes Kind ist anders, und Sie müssen die jeweilige Portion dem Appetit Ihres Kindes anpassen. Vielleicht isst es ein Viertel einer Erwachsenenportion, vielleicht verschlingt es aber auch eine ganze Portion, wenn es besonders hungrig ist!

Übergewichtige Kleinkinder

In Deutschland ist jedes fünfte Kind übergewichtig. Wiegt Ihr Kind zu viel, besprechen Sie am besten mit Ihrem Kinderarzt, wie Sie die Kalorienaufnahme reduzieren können. Doch anstatt die Menge des Essens zu verringern, verändern Sie besser die Zusammenstellung der Nahrung. Ein Kind sollte nie hungrig vom Tisch gehen. Verzichten Sie auf Zucker, fette und industriell verarbeitete Lebensmittel und bieten Sie mehr frisches Obst und Gemüse an. Nehmen Sie ballaststoffreiche Getreideflocken oder Kleie, ersetzen Sie Pommes frites durch Pellkartoffeln und Hähnchen-Nuggets durch gegrilltes Hähnchen. Ab einem Alter von zwei Jahren kann man zu teilentrahmter Milch wechseln.

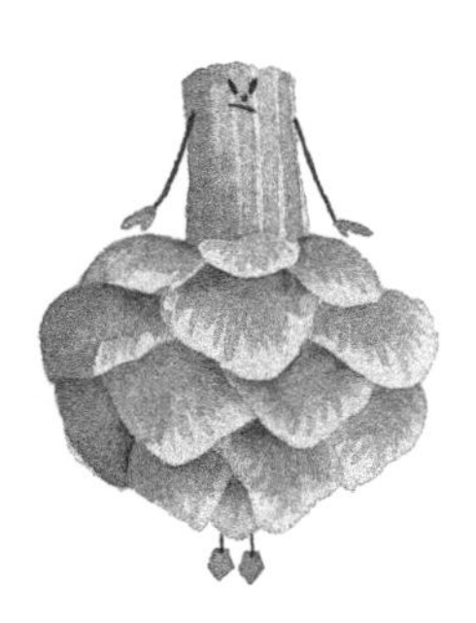

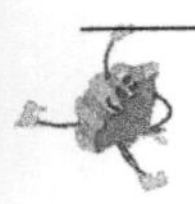

GEMÜSE

Ratatouille mit Reis oder Nudeln

Ergibt 4 Erwachsenenportionen

Das Gemüse ist im Ratatouille meist recht weich und daher leicht zu kauen. Wählen Sie feste Auberginen und Zucchini, denn wenn diese nicht frisch sind, kann das Gericht bitter schmecken. Dazu passt Reis, wie unten beschrieben, oder Nudeln. Ohne den Reis kann das Ratatouille gut eingefroren werden.

2 EL Olivenöl • 1 rote Zwiebel, geschält und gehackt •
1 Knoblauchzehe, geschält und zerdrückt •
je 1 kleine rote und grüne Paprikaschote, entkernt und gewürfelt •
1 Zucchini, geputzt und gewürfelt • 1 kleine Aubergine,
geputzt und gewürfelt • 400 g Tomatenwürfel aus der Dose •
eine Prise Zucker • 1 TL Rotweinessig • Salz und Pfeffer
REIS:
1 Würfel Gemüsebrühe • 1 Lorbeerblatt • 200 g Langkornreis

Das Öl in einem großen Topf erhitzen und die Zwiebel und den Knoblauch 1–2 Minuten darin andünsten. Paprika und Zucchini in den Topf geben und 4–5 Minuten mitdünsten. Dann die Aubergine dazugeben und weitere 5 Minuten garen. Schließlich die Tomatenwürfel, den Zucker und den Rotweinessig hinzufügen, zum Kochen bringen und nochmals 10 Minuten garen. Mit Salz und Pfeffer würzen.

Für den Reis den Brühwürfel in einem großen Topf mit Wasser zerkrümeln und das Lorbeerblatt dazugeben. Dann den Reis einrühren und nach Packungsanweisung garen.

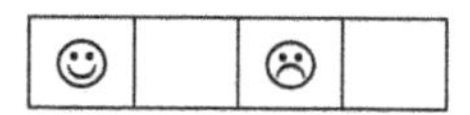

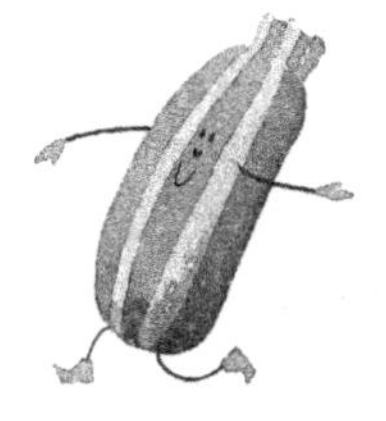

Gebratener Reis mit Gemüse

Ergibt 6 Erwachsenenportionen

Kleine Kinder lieben Reis, und dieses Reisgericht ist besonders verlockend, weil es so farbenfroh ist. Für etwas ältere Kinder können Sie Segelschiffchen zubereiten: Eine rote Paprikaschote halbieren, die Hälften mit Reis füllen und zwei Maischips oder Tacos als Segel hineinstecken.

225 g Basmati-Reis • 75 g Möhren, geschält und in Scheiben geschnitten • 75 g Tiefkühl-Erbsen • 75 g rote Paprika, gewaschen und in Würfel geschnitten • 3 EL Pflanzenöl • nach Belieben 1 TL Sesamöl • 2 leicht verschlagene Eier • 1 kleine Zwiebel, geschält und fein gehackt • 1 Frühlingszwiebel, in dünne Scheiben geschnitten • 1 EL Sojasauce

Den Reis sorgfältig waschen und nach Packungsanweisung in einem Topf mit leicht gesalzenem Wasser weich kochen. Möhren, Erbsen und Paprika in 1 EL Öl etwa 5 Minuten in einer Pfanne andünsten. Die Eier mit etwas Salz würzen und in die Pfanne geben. In der Pfanne schwenken, sodass sich die Eier gleichmäßig über den Boden verteilen. Wie ein dünnes Omelett braten. Dann aus der Pfanne heben und in dünne Streifen schneiden. Inzwischen 2 EL Öl in einem Wok oder einer

Pfanne erhitzen und die Zwiebel darin weich dünsten. Das gedämpfte Gemüse und den Reis dazugeben und unter Rühren 2–3 Minuten braten. Die Eierstreifen und die Frühlingszwiebel darüber verteilen, durchrühren und weitere 2 Minuten braten. Vor dem Servieren mit der Sojasauce beträufeln.

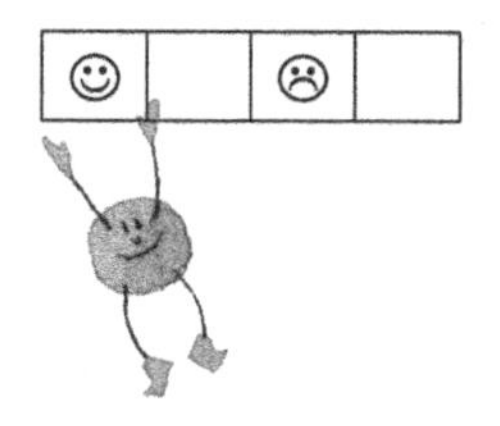

Gefüllte Kartoffeln

Gefüllte Kartoffeln sind eine hervorragende Mahlzeit für kleine Kinder. Es gibt unendlich viele Möglichkeiten für die Füllung.

Mittelgroße, mehlig kochende Kartoffeln rundherum einstechen und mit Öl einpinseln. Im vorgeheizten Backofen bei 190 Grad (Gas Stufe 5) etwa 1¼ bis 1½ Stunden backen, bis sie weich sind. Alternativ kann man die Kartoffeln einstechen, in Küchenkrepp einwickeln und 7 bis 8 Minuten in der Mikrowelle garen. Dann die Kartoffeln mit Öl einpinseln und im Ofen 45–50 Minuten backen, bis sie weich sind. Mit einem Löffel das Innere der Kartoffel vorsichtig so weit ausschaben, dass die Schale ihre Form behält. Nun können Sie mit den verschiedenen Füllungen beginnen.

Gemüse- und Käsefüllung für Kartoffeln

Ergibt 4 Erwachsenenportionen

je 25 g Brokkoli- und Blumenkohlröschen • 4 mittlere oder 2 große gebackene Kartoffeln • 15 g Butter • 120 ml Milch • 50 g geriebener Cheddarkäse • 2 mittelgroße Tomaten, gehäutet und klein geschnitten • ½ TL Salz • Cheddarkäse zum Bestreuen

Brokkoli- und Blumenkohlröschen dämpfen, bis sie weich sind (etwa 6 Minuten), dann fein hacken. Inzwischen das Innere der Kartoffel mit Butter und Milch zu einem glatten Brei verarbeiten. Käse, Tomaten, Gemüse und Salz daruntermischen und in die Kartoffelschalen füllen. Geriebenen Käse darüberstreuen und unter dem vorgeheizten Grill bräunen.

Thunfisch-Maisfüllung für Kartoffeln

Ergibt 2 Erwachsenenportionen

Wenn es schnell gehen muss, können Sie die Kartoffeln auch in der Mikrowelle backen, doch dann ist die Schale nicht so knusprig.

2 mittelgroße gebackene Kartoffeln •
200 g Thunfisch aus der Dose in Öl, abgetropft •
75 g Mais aus der Dose oder gekochter Tiefkühlmais •
2 EL Mayonnaise • 2 EL Milch •
2 Frühlingszwiebeln, in feine Scheiben geschnitten
(nach Belieben) • 75 g Cheddarkäse, gerieben •
Salz und Pfeffer • 1 TL Olivenöl

Mit einem Löffel das Innere der Kartoffel vorsichtig so weit ausschaben, dass die Schale ihre Form behält. Die Kartoffelmasse mit Thunfisch, Mais, Mayonnaise, Milch, Frühlingszwiebel und 50 g geriebenem Käse vermischen und mit wenig Salz und Pfeffer abschmecken. Die Füllung in die Kartoffeln geben, diese auf ein Backblech setzen und mit dem Olivenöl beträufeln. Im vorgeheizten Backofen bei 180 Grad (Gas Stufe 4) 10 Minuten überbacken, bis sie oben goldbraun sind.

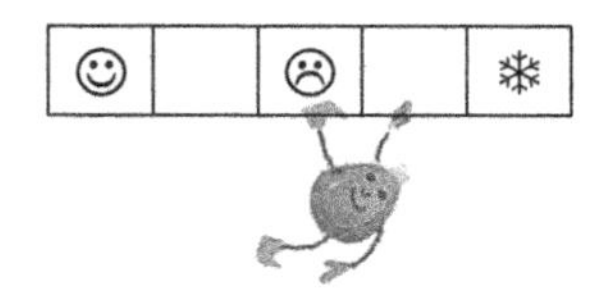

Gefüllte Tomaten

Ergibt 2 Erwachsenenportionen

Noch ein einfaches Gericht, das sich prima im Voraus zubereiten lässt und sehr hübsch aussieht.

*2 Eier • 2 mittelgroße Tomaten • 1 EL Mayonnaise •
1 EL Schnittlauchröllchen • etwas Salz und Pfeffer*

Die Eier hart kochen. In der Zwischenzeit die Tomaten abziehen, oben einen Deckel abschneiden und das Innere auslöffeln. Die Kerne entfernen, die kleinen Stückchen Fruchtfleisch mit den hart gekochten, gepellten Eiern, der Mayonnaise, dem Schnittlauch und etwas Salz und Pfeffer zerdrücken. In die Tomaten füllen und die Deckel auf die Eimischung setzen.

☺		☹	

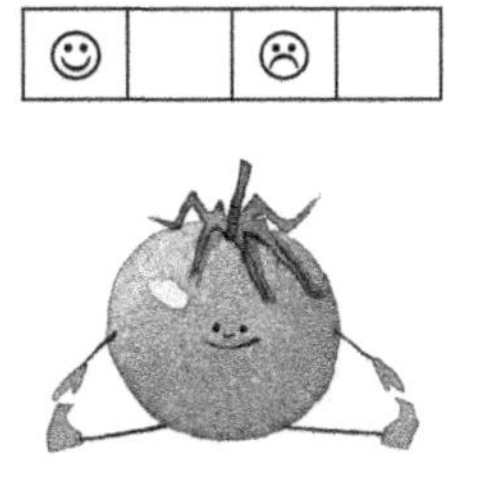

Feine Gemüsebratlinge

Ergibt 10 Bratlinge

Tofu und Cashewnüsse sind reich an Protein und Eisen und für Vegetarier ideal, weil sie viele Nährstoffe liefern, die sonst vorwiegend in tierischen Produkten enthalten sind.

150 g geraspelte Möhre • 1 mittelgroße Zucchini (etwa 125 g), geputzt und grob geraspelt • 65 g Lauch, fein gehackt • 1 Knoblauchzehe, durchgepresst • 200 g gehackte Champignons • 25 g Butter • 200 g fester Tofu, in kleine Stücke geschnitten • 100 g ungesalzene Cashewnüsse, fein gehackt • 100 g frische Weißbrotbrösel (aus einer Brotscheibe hergestellt) • 1 EL Sojasauce • 1 EL flüssiger Honig • Salz und Pfeffer • Mehl zum Wenden • Pflanzenöl zum Braten

Das Gemüse vorbereiten und Möhren und Zucchini mit den Händen ausdrücken, damit überschüssige Flüssigkeit austritt. Die Butter in einer Bratpfanne zerlaufen lassen und Lauch, Knoblauch, Möhre und Zucchini 2–3 Minuten darin anbraten. Die Champignons dazugeben und unter gelegentlichem Rühren 2–3 Minuten mitbraten. Dann Tofu, Cashewnüsse, Brotkrümel, Sojasauce, Honig und Gewürze hinzufügen, alles gut vermischen und 10 Bratlinge daraus formen. Diese in Mehl wenden und im Öl etwa 2 Minuten von beiden Seiten goldgelb braten.

Möhren-Zucchini-Kroketten

Ergibt 6 Kroketten

Die Kroketten sind schnell und einfach zubereitet und eignen sich gut, um ihrem Kind Gemüse schmackhaft zu machen. Außerdem sind sie eine herzhafte Ergänzung zum Familienessen.

75 g Möhre, geschält • 75 g Zucchini, geputzt •
75 g Kartoffel, geschält • 1 mittelgroße Zwiebel, geschält •
3 EL gemahlene Mandeln • 2 EL Mehl •
2 EL leicht verschlagenes Ei • Salz und Pfeffer •
Pflanzenöl zum Braten

Möhre, Zucchini, Kartoffel und Zwiebel raspeln, mit den Händen überschüssige Flüssigkeit ausdrücken. Das Gemüse in eine Schüssel geben, Mandeln, Mehl und Ei untermischen und nach Geschmack würzen. Mit den Händen sechs Kroketten formen und diese im Pflanzenöl von allen Seiten goldgelb braten, bis sie durch sind (etwa 6 Minuten).

☺		☹		❄

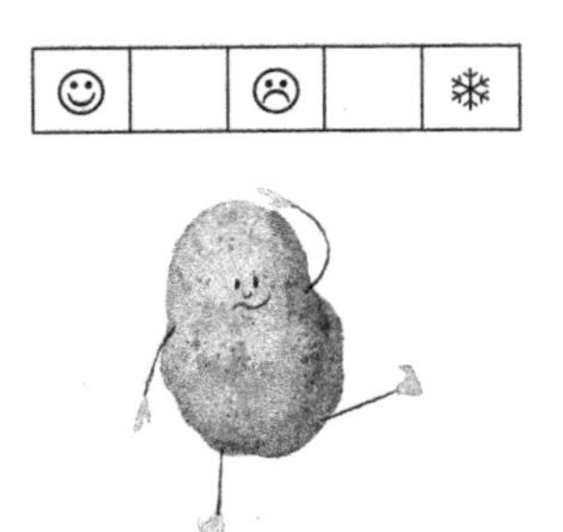

Spanisches Omelett

Ergibt 4 Erwachsenenportionen

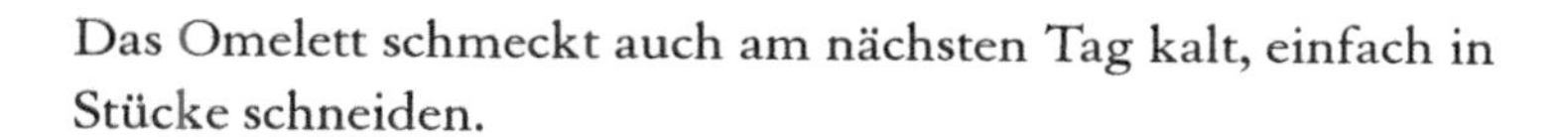

Das Omelett schmeckt auch am nächsten Tag kalt, einfach in Stücke schneiden.

3 EL Olivenöl • 175 g Kartoffeln, geschält und in 1 cm große Würfel geschnitten • 1 Zwiebel, geschält und fein gehackt • ½ rote Paprikaschote, entkernt und klein geschnitten • 50 g Tiefkühl-Erbsen • 4 Eier • 1 EL geriebener Parmesankäse • Salz und Pfeffer

VARIATIONSMÖGLICHKEITEN:

2 EL Gruyère anstatt des Parmesans • 1 große gehackte Tomate

oder

50 g Pilze, in Scheiben geschnitten • 1 EL frische Schnittlauchröllchen

oder

100 g gekochter Schinken oder Speck, gewürfelt • 50 g Mais anstatt der Erbsen

Das Öl in einer beschichteten Pfanne mit 18 cm Durchmesser erhitzen. Kartoffeln und Zwiebel darin 5 Minuten dünsten, dann die Paprika dazugeben und weitere 5 Minuten garen. Schließlich die Erbsen hinzufügen und noch einmal 5 Minuten dünsten. Die Eier mit 1 EL Wasser und dem Parmesan verschlagen, salzen und pfeffern. Diese Mischung über das Gemüse gießen und 5 Minuten stocken lassen, bis das Omelett fast durch ist. Unter dem vorgeheizten Grill 3 Minuten goldgelb backen. (Falls notwendig, den Griff der Bratpfanne mit Alufolie umwickeln, damit er nicht schmilzt.) Das Omelett in Stücke schneiden und mit Salat servieren.

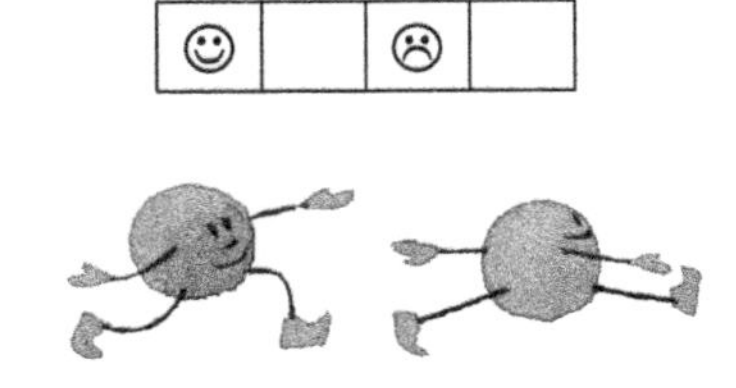

Annabels Gemüse-Tomatensauce

Ergibt 4 Erwachsenenportionen

Ein perfektes Rezept für Kinder, die kein Gemüse essen, weil hier das Gemüse in der Tomatensauce versteckt wird. Die würzige Sauce eignet sich gut für Pizza und schmeckt prima zu Hühnchen und Reis.

2 EL Olivenöl • 1 Knoblauchzehe, durchgepresst • 1 mittelgroße Zwiebel, abgezogen und fein gewürfelt • 100 g Möhren, geschält und gerieben • 50 g Zucchini, gerieben • 50 g Champignons, in Scheiben geschnitten • 1 TL Balsamico-Essig • 400 g passierte Tomaten • 1 TL brauner Zucker • 1 Gemüsebrühwürfel, aufgelöst in 400 ml kochendem Wasser • 1 Hand voll frische Basilikumblätter, zerpflückt • Salz und frisch gemahlener Pfeffer

Das Öl in einer Pfanne erhitzen, den Knoblauch hineingeben, ein paar Sekunden lang anschwitzen, dann die Zwiebel dazugeben und 2 Minuten anbraten. Möhren, Zucchini und Pilze in die Pfanne geben und unter Rühren 4 Minuten anbraten. Den Essig angießen und 1 Minute einkochen lassen. Die passierten Tomaten einrühren, den Zucker dazugeben und 8 Minuten köcheln lassen. Anschließend mit Gemüsebrühe auffüllen, 2 Minuten kochen lassen, währenddessen rühren. Zum Schluss das Basilikum hinzufügen und die Sauce im Mixer pürieren.

Gemüsesalat mit Himbeer-Walnuss-Dressing

Ergibt 4 Erwachsenenportionen

Ein erfrischender Salat für ein sommerliches Mittagessen. Das Dressing bildet eine gute Ergänzung zu dem nussigen Aroma vom Mais und gibt dem Salat ein wenig Süße.

100 g Blumenkohlröschen • 100 g grüne Bohnen, geputzt •
175 g Tiefkühl-Mais oder Dosenmais •
etwas Zucker und Salz nach Geschmack •
¼ kleiner Kopf Eissalat, in Streifen geschnitten •
8 Kirschtomaten, halbiert • 1 hart gekochtes Ei, fein gehackt

DRESSING:

1 EL Himbeeressig • 2 EL Walnuss- oder Haselnussöl •
Salz und Pfeffer zum Abschmecken

Den Blumenkohl und die Bohnen weich dünsten (etwa 10 Minuten). Den gefrorenen Mais etwa 4 Minuten mit etwas Zucker und Salz kochen. Wenn Blumenkohl, Bohnen und Mais abgekühlt sind, alle Zutaten für den Salat in eine Schüssel geben und das fein gehackte Ei darüberstreuen. Das Dressing mit einer Gabel vermischen und über den Salat gießen.

Fusilli mit Brokkoli

Ergibt 4 Kinderportionen

Ein sehr schnelles und einfaches Gericht, das meine Kinder lieben.

175 g Fusilli • 175 g Brokkoliröschen • 25 g Butter • ½ TL Sonnenblumenöl • 1 Zwiebel, geschält und fein gehackt • 1 Knoblauchzehe, geschält und durchgepresst • 1 Würfel Hühnerbrühe in 125 ml kochendem Wasser aufgelöst

Die Fusilli nach Packungsanweisung kochen. Den Brokkoli 4 Minuten dämpfen und zur Seite stellen. Die Butter und das Öl im Wok erhitzen und Zwiebel und Knoblauch darin 3 Minuten anbraten. Den gedämpften Brokkoli mit in den Wok geben und 1 Minute unter Rühren anbraten. Die Hühnerbrühe angießen, die abgetropften Nudeln dazugeben und alles gut heiß werden lassen.

☺		☹	

Mini-Pizzas mit Blätterteigböden

Ergibt 4 Pizzas

Fertiger Blätterteig aus dem Supermarkt eignet sich gut als Boden für diese kleinen, köstlichen Pizzas. Beim Belag können Sie nach Belieben variieren, zum Beispiel mit Pilzen, Schinken oder Peperoni.

1 EL Tomatenmark • 1 EL Olivenöl • etwas getrocknete Kräutermischung • Salz und Pfeffer nach Belieben • 350 g Fertig-Blätterteig • 4 Frühlingszwiebeln, geputzt und in Ringe geschnitten • 4 EL Tiefkühl-Mais • 2 Scheiben Salami, in dünne Streifen geschnitten, oder Peperoni (nach Belieben) • 100 g Mozzarella, gewürfelt

Tomatenmark, Olivenöl und getrocknete Kräuter in einen Topf geben, mit Salz und Pfeffer würzen. Erhitzen und etwa 5 Minuten einkochen lassen. Aus dem Teig vier Kreise mit je 15 cm Durchmesser ausschneiden (als Form leistet eine Untertasse gute Dienste) und auf ein geöltes Backpapier legen. Mit einem scharfen Messer rundherum den Teig etwa ½ cm vom Rand entfernt eindrücken, damit ein Rand entsteht. Die Tomatenmischung auf den Teigböden verteilen. Mit Frühlingszwiebeln, Mais und Salami belegen, obenauf die Mozzarellawürfel legen. Mit Salz und Pfeffer würzen. Im vorgeheizten Ofen bei 180 Grad (Gas Stufe 4) etwa 16–18 Minuten backen.

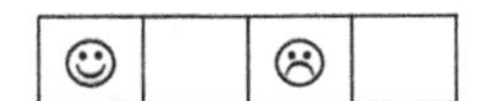

FISCH

Gefilte Fisch nach Omas Art

Ergibt ungefähr 20 Bällchen

Das ist ein Rezept meiner Mutter. Wegen der leichten Süße schmeckt es Kindern besonders gut. Mein Sohn Nicholas liebte diese Fischbällchen auch deshalb, weil er sie so leicht in die Hand nehmen und selbst essen konnte. Für Erwachsene kann man eine Meerrettichsauce dazu reichen.

1 Zwiebel, geschält und in der Küchenmaschine sehr fein gehackt • 25 g Butter • 450 g durchgedrehtes Fischfilet (eine beliebige Mischung aus Schellfisch, Brasse, Weißfisch, Kabeljau und Seehecht) • 1 Ei, verschlagen • 2 TL Zucker • Salz und Pfeffer nach Belieben • Öl zum Braten

Die Zwiebel in der Butter goldgelb dünsten. Mit den restlichen Zutaten gut vermischen. Golfballgroße Kugeln formen und diese vorsichtig von allen Seiten goldbraun braten. Auf Küchenpapier abtropfen lassen. Heiß oder kalt servieren.

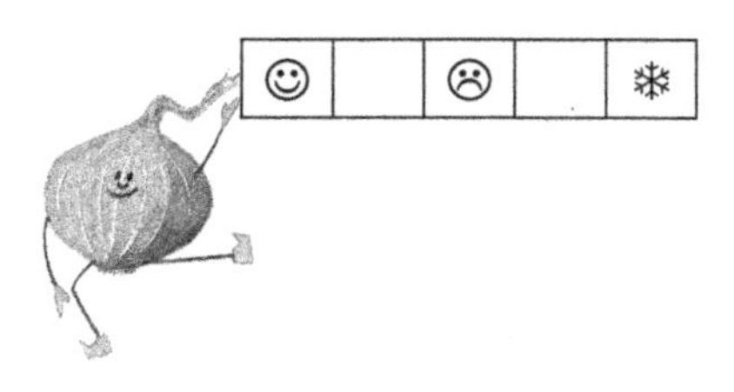

Lachsküchlein

Ergibt 8 Fischküchlein

Lachs ist reich an Omega-3-Fettsäuren, die für das Gehirn und das Sehvermögen wichtig sind. Ärzte empfehlen, mindestens zweimal pro Woche fetten Fisch zu essen, weil das dem Herz gut bekommt. Diese Fischküchlein schmecken warm oder kalt.

300 g Kartoffeln, geschält und in Stücke geschnitten • 15 g Butter • 400 g Lachs aus der Dose, abgetropft oder frischen Lachs, fein gehackt • ½ kleine Zwiebel, geschält und fein gehackt • 2 Frühlingszwiebeln, fein gehackt • 2 EL Tomatenketchup • Salz und Pfeffer • Mehl zum Wenden • 1 Ei, leicht verschlagen • 75 g Semmelbrösel • Öl zum Braten

Die Kartoffeln in leicht gesalzenem Wasser kochen. Abgießen und mit der Butter zu einem Brei zerdrücken. Den Lachs zerteilen und sorgfältig alle Gräten entfernen. Mit den zerdrückten Kartoffeln, der Zwiebel, den Frühlingszwiebeln, dem Tomatenketchup und den Gewürzen vermischen. Etwa 8 Küchlein aus der Masse formen, in Mehl wenden, in das Ei tauchen und in den Semmelbröseln wälzen. In einer großen Bratpfanne das Öl erhitzen und die Fischküchlein darin goldbraun braten.

Fisch-Pie

Ergibt 6 Erwachsenenportionen

Ein traditionelles Gericht, das immer Saison hat.

350 g Kabeljaufilet oder je 175 g Kabeljau- und Lachsfilet • 350 ml Milch • 1 Lorbeerblatt • 4 Pfefferkörner • 1 Stängel frische Petersilie • Salz und Pfeffer (nach Belieben) • 25 g Butter • 25 g Mehl • 40 g geriebener Cheddarkäse • 2 EL Schnittlauchröllchen • ½ EL gehackter Dill (nach Belieben) • 2 TL Zitronensaft • 1 hart gekochtes Ei, gehackt • 60 g Tiefkühl-Erbsen, nach Packungsanweisung gekocht

Belag:

500 g Kartoffeln, geschält und in Stücke geschnitten • 40 g Butter • 2 EL Milch

Den Fisch mit der Milch, dem Lorbeerblatt, den Pfefferkörnern und der Petersilie in einen Topf geben. Zum Kochen bringen und ohne Deckel etwa 5 Minuten leise kochen lassen, bis der Fisch durch ist. Währenddessen die Kartoffeln in Salzwasser gar kochen. Abgießen, mit 25 g der Butter und der Milch zu einem Brei verarbeiten.

Den Fisch abtropfen lassen (Kochflüssigkeit aufheben). Die Butter in einem Topf mit schwerem Boden zerlassen und das Mehl einrühren. Bei milder Hitze 1 Minute erhitzen, dann langsam die Kochflüssigkeit vom Fisch hinzugeben und unter Rühren zum Kochen bringen. Die Sauce 2–3 Minuten unter ständigem Rühren durchkochen, bis sie sämig ist. Vom Herd

nehmen, den geriebenen Käse hinzugeben und weiterrühren, bis er geschmolzen ist. Den Fisch in Stücke teilen und mit dem Schnittlauch, dem Dill (wenn Sie mögen), dem Zitronensaft, dem Ei, den Erbsen und den Gewürzen unterziehen. Mit Gewürzen und einem Spritzer Zitrone abschmecken. Den Fisch in eine gefettete hitzebeständige Form geben und den Kartoffelbrei darauf verteilen. Im vorgeheizten Backofen bei 180 Grad (Gas Stufe 4) 15–20 Minuten backen. Die restliche Butter in Flöckchen darauf verteilen und etwa 2 Minuten unter dem Grill gratinieren, bis die Oberfläche goldbraun und knusprig ist.

☺		☹		❄

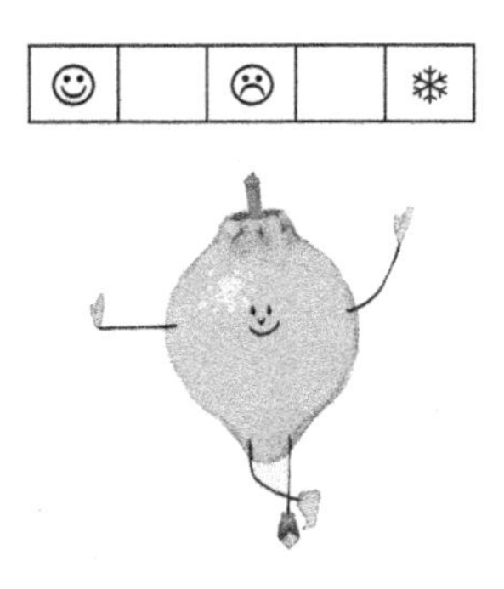

Fisch in cremiger Pilzsauce

Ergibt 4 Erwachsenenportionen

Für ältere Kinder kann man 250 g frischen Spinat kochen, jedes Fischfilet auf ein Bett aus Spinat legen und die Sauce darübergießen.

1 kleine Zwiebel, geschält und fein gehackt • 40 g Butter • 250 g Champignons, gewaschen und fein gehackt • 2 EL Zitronensaft • 2 EL gehackte Petersilie • 2 EL Mehl • 300 ml Milch • 1 Seezunge (oder Scholle), filetiert

Die Zwiebel in der Hälfte der Butter glasig braten. Pilze, Zitronensaft und Petersilie hinzufügen und 2 Minuten garen. Das Mehl hinzugeben und unter ständigem Rühren 2 Minuten anschwitzen. Langsam die Milch hinzugießen und unter ständigem Rühren kochen, bis die Sauce gebunden und glatt ist.

Die Seezungenfilets in der übrigen Butter auf jeder Seite 2–3 Minuten braten. Den Fisch in kleine Stücke zerteilen und mit der Pilzsauce vermischen. Als Alternative den rohen Fisch mit der Pilzsauce begießen und im vorgeheizten Backofen bei 180 Grad (Gas Stufe 4) etwa 15 Minuten backen, bis er sich leicht zerteilen lässt.

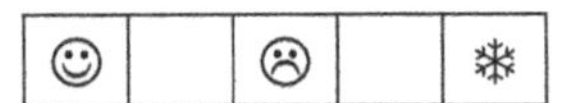

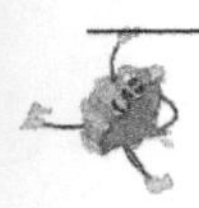

Seezungengratin

Ergibt 4 Erwachsenenportionen

Ein kinderleichtes Fischrezept, das sehr schmackhaft ist.

4 Seezungenfilets • Salz und Pfeffer • ½ kleine Zitrone •
100 g Vollkornbrösel • 50 g geriebener Cheddarkäse •
1 gehäufter EL gehackte Petersilie • 50 g Margarine, zerlassen

Die Filets in eine gefettete, feuerfeste Form legen und mit Salz, Pfeffer und Zitronensaft würzen. Brösel, Käse und Petersilie in eine Schüssel geben und die zerlassene Margarine hineinrühren, dann die Masse auf dem Fisch verteilen. Den Fisch etwa 8 Minuten unter dem vorgeheizten Grill gratinieren, bis die Brösel goldbraun geworden sind und der Fisch gar ist.

Kabeljau in Käsesauce mit Gemüsestäbchen

Ergibt 2 Erwachsenenportionen

Kabeljau schmeckt besonders gut, wenn er im Ofen gebacken wird. Bei diesem Rezept serviert man ihn mit farbenfrohen Gemüsestreifen und einer feinen Käsesauce.

½ kleine rote Paprikaschote, in dünne Streifen geschnitten • ½ kleine gelbe Paprikaschote, in dünne Streifen geschnitten • ½ Zwiebel, geschält und in feine Ringe geschnitten • 1 kleine Zucchini, in Stäbchen geschnitten • 1 EL Olivenöl • 2 Kabeljaufilets à 200 g, gehäutet • Salz und Pfeffer • 15 g Butter • 15 g Mehl • 250 ml Milch • 40 g Gruyère, gerieben • 40 g mittelalter Gouda, gerieben

Die Gemüsestreifen in eine kleine Bratform legen, mit dem Olivenöl beträufeln und im vorgeheizten Ofen bei 180 Grad (Gas Stufe 4) 10 Minuten garen, gelegentlich wenden. Den Kabeljau mit Salz und Pfeffer würzen und auf das Gemüse legen. Wieder in den Ofen stellen und weitere 10 Minuten garen.

Für die Sauce die Butter in einem Topf schmelzen und das Mehl einrühren. 1–2 Minuten kochen, dann allmählich die Milch dazugeben. 2–3 Minuten leise kochen lassen. Den geriebenen Käse unterrühren, bis er geschmolzen ist. Das Gemüse auf einem Teller anrichten, eine Portion Fisch darauflegen und etwas Käsesauce darübergießen.

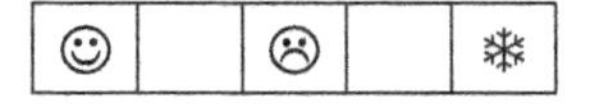

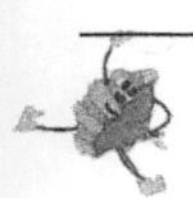

Chinesische Fischstäbchen

Ergibt 1 Erwachsenenportion

Es kommt zwar selten vor, doch manche Kinder sind allergisch gegen Sesamsamen. Seien Sie deshalb etwas vorsichtig damit, insbesondere wenn Ihr Kind andere Nahrungsmittelallergien hat oder unter Neurodermitis oder Asthma leidet.

2 Schollen- oder Seezungenfilets (etwa 150 g), gehäutet • Mehl • 25 g Butter • 1 TL Sesamsamen • 1 EL fein gehackte Frühlingszwiebel • 1 EL helle Sojasauce • 2 EL Orangensaft

Den Fisch in Mehl wenden und in der Butter zusammen mit den Sesamsamen 2 Minuten braten. Die restlichen Zutaten beimengen und bei schwacher Hitze 2–3 Minuten garen.

Lachs-Kartoffelbrei

Ergibt 2 Erwachsenenportionen

Lachs enthält reichlich essentielle Fettsäuren, die für die Entwicklung des Gehirns und Sehvermögens wichtig sind.

300 g Kartoffeln, geschält und klein geschnitten • 150 g Lachsfilet, gehäutet • 40 g Butter • 2 mittelgroße reife Tomaten, gehäutet, entkernt und klein geschnitten • 2 EL Milch

Kartoffeln im Untersatz eines Dämpfers in Wasser zugedeckt etwa 6 Minuten garen. Dann den Lachs in den Einsatz darüber legen und zugedeckt weitere 6 Minuten garen. Währenddessen die Hälfte der Butter in einem Topf zerlaufen lassen und die Tomaten darin 2–3 Minuten andünsten. Die Kartoffelstücke abgießen und mit der restlichen Butter und der Milch zu einem Brei zerdrücken. Den Lachs zerteilen, mit den Tomaten vermischen und mit Salz und Pfeffer würzen. Mit dem Kartoffelbrei als Beilage servieren.

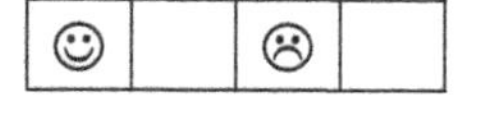

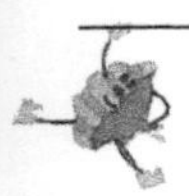

Großmutters feiner Fischauflauf

Ergibt 6 Erwachsenenportionen

Dies ist ein Rezept von meiner Mutter. Der Auflauf schmeckt der ganzen Familie so gut, dass nie etwas übrig bleibt.

500 g Kabeljau- oder Schellfischfilet • Mehl •
1 Ei, verschlagen • 100 g feine Semmelbrösel • Pflanzenöl •
1 Zwiebel, geschält und fein gehackt • 1½ EL Olivenöl •
75 g grüne Paprikaschote, entkernt und klein geschnitten •
150 g rote Paprikaschote, entkernt und klein geschnitten •
400 g Dosentomaten • 2 EL Tomatenmark •
½ TL brauner Zucker • Salz und Pfeffer

KÄSESAUCE:

25 g Butter • 1 EL Mehl • 250 ml Milch •
75 g Cheddarkäse, gerieben • 40 g Parmesan, gerieben

Den Backofen auf 180 Grad (Gas Stufe 4) vorheizen. Die Fischfilets in etwa 12 Stücke teilen, der Reihe nach im Mehl, im leicht verschlagenen Ei und schließlich in den Semmelbröseln wälzen. Die Filets im heißen Öl auf beiden Seiten goldbraun braten. Auf Küchenkrepp abtropfen lassen.

Die Zwiebel im Olivenöl 3–4 Minuten anbraten, die Paprikastückchen hinzufügen und 5 Minuten mitbraten. Von den Dosentomaten die Hälfte des Safts abgießen, den Doseninhalt samt Tomatenmark und dem Zucker dazugeben. Nach Geschmack würzen und weitere 5 Minuten einkochen lassen.

Den garen Fisch zusammen mit der Tomatensauce in eine feuerfeste Form geben.

Für die Käsesauce Butter, Mehl und Milch bei schwacher Hitze verrühren, bis die Sauce sämig ist (Seite 104). Den Topf vom Herd nehmen und zwei Drittel des geriebenen Käses hineinrühren.

Die Käsesauce auf dem Fisch und den Tomaten verteilen, den übrigen geriebenen Käse darüberstreuen. Im vorgeheizten Backofen etwa 20 Minuten überbacken. Unter dem heißen Grill bräunen.

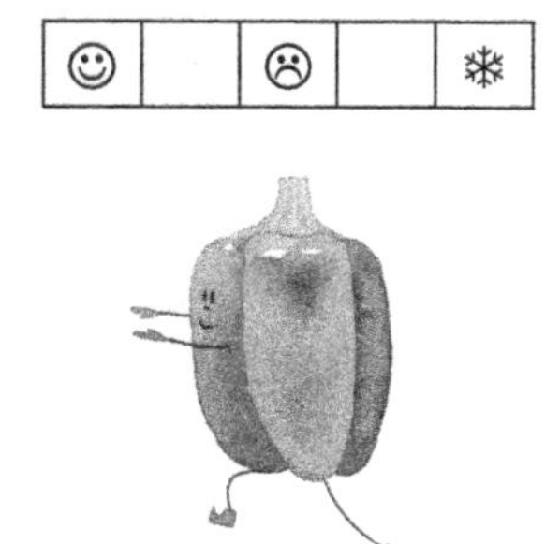

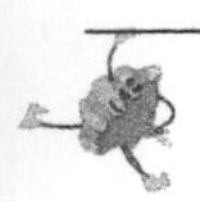

Kinder-Kedgeree

Ergibt 6 Erwachsenenportionen

Kedgeree ist ein traditionelles englisches Gericht, das man genauso gut zum Frühstück wie zum Abendessen servieren kann. Wenn Ihnen die Menge zu groß ist, halbieren Sie einfach die Zutaten. Ich bin immer wieder überrascht, wie viele Kleinkinder den Geschmack von geräuchertem Fisch mögen.

350 g geräucherter Schellfisch • 100 g Crème double •
25 g Butter • 1 Zwiebel, geschält und fein gehackt •
1 TL milde Currypaste • 200 g Basmati-Reis, gekocht •
1 TL Zitronensaft • 2 EL gehackte Petersilie •
2 hart gekochte Eier, gehackt • Salz und Pfeffer

Den Fisch in ein mikrowellengeeignetes Gefäß legen und die Crème double darauf verteilen. Mit Frischhaltefolie bedecken, mehrmals mit der Spitze eines scharfen Messers einstechen und 5–6 Minuten auf hoher Stufe in die Mikrowelle stellen.

Inzwischen die Butter in einer Bratpfanne zerlassen und die gehackte Zwiebel darin 8 Minuten dünsten, bis sie weich ist. Die Currypaste und den Reis dazugeben und unter ständigem Rühren 1 Minute weiterdünsten. Den Schellfisch zerteilen und zusammen mit der Kochflüssigkeit, dem Zitronensaft, der Petersilie und den gehackten Eiern in die Pfanne geben. Wenn nötig, mit Salz und Pfeffer abschmecken.

Gebackene Thunfisch-Brötchen

Ergibt 1–2 Portionen

Eine Dose Thunfisch sollte man immer auf Vorrat zu Hause haben. Er ist reich an Proteinen, Vitamin D und Vitamin B_{12}. Diese gefüllten Brötchen gehen schnell und einfach und sind eine köstliche und gesunde Mahlzeit.

1 Dose Thunfisch in Öl, abgetropft • 1 EL Mayonnaise • 1 EL Tomatenketchup • 1 Frühlingszwiebel, fein gehackt • 2 EL Dosenmais • 1 Brötchen • 25 g geriebener Cheddarkäse

Den Thunfisch in einer Schüssel mit der Gabel zerpflücken, mit Mayonnaise, Tomatenketchup, Frühlingszwiebeln und Mais vermischen. Den Grill vorheizen, das Brötchen in der Mitte durchschneiden und toasten. Die beiden Hälften mit der Thunfischmischung bestreichen, mit dem geriebenen Käse bestreuen und etwa 2 Minuten unter den Grill stellen, bis der Käse goldbraun gefärbt ist und Blasen wirft.

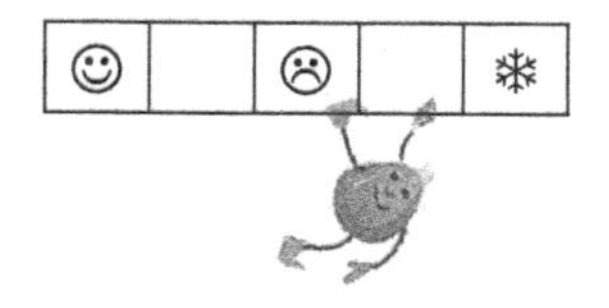

Thunfisch-Pita-Taschen

Ergibt 2 Pita-Taschen

100 g Dosenthunfisch in Öl, abgetropft • 50 g Mais • 1 hart gekochtes Ei, klein gehackt • 1 EL Mayonnaise • ½ TL Weißweinessig • 2 Frühlingszwiebeln, gehackt • 1 Tomate, gehäutet, entkernt und klein geschnitten • Salz und frisch gemahlener schwarzer Pfeffer • 1 Pitabrot

Den Thunfisch mit einer Gabel zerkleinern und mit Mais, Ei, Mayonnaise, Weißweinessig, Frühlingszwiebeln, Tomate und Gewürzen vermischen. Das Pitabrot toasten, halbieren, jeweils eine Tasche einschneiden, mit der Thunfischmasse füllen.

☺		☹	

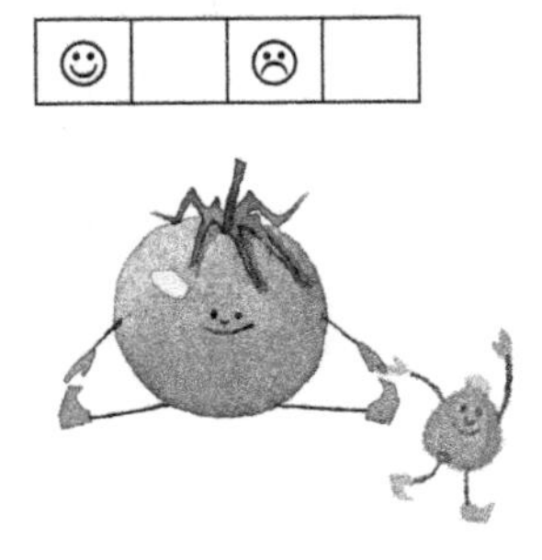

Thunfisch-Tagliatelle

Ergibt 6 Erwachsenenportionen

Das ist mein Thunfisch-Lieblingsrezept.

½ Zwiebel, geschält und fein gehackt • 25 g Butter •
1 EL Stärkemehl • 120 ml Wasser •
400 g Tomatencremesuppe aus der Dose •
1 Prise Kräuter der Provence •
1 EL gehackte frische Petersilie •
200 g Thunfisch aus der Dose, abgetropft und zerteilt •
schwarzer Pfeffer • 175 g grüne Tagliatelle •
1 EL geriebener Parmesan

Champignon-Käse-Sauce:

½ Zwiebel, geschält und fein gehackt • 40 g Butter •
100 g Champignons, gewaschen und in Scheiben geschnitten •
2 EL Mehl • 300 ml Milch • 100 g Cheddarkäse, gerieben

Für die Champignon-Käse-Sauce die Zwiebel in der Butter glasig dünsten, die Pilze hinzufügen und etwa 3 Minuten anbraten. Das Mehl hinzugeben, dabei ständig rühren. Wenn die Masse gut vermischt ist, langsam die Milch eingießen und unter Rühren weiterkochen, bis die Sauce glatt ist. Vom Herd nehmen und den geriebenen Käse hineinrühren.

Die Zwiebel in der Butter weich dünsten. Das Stärkemehl mit dem Wasser anrühren und mit der Tomatensuppe vermischen. Die Kräuter dazugeben und alles unter Rühren 5 Minuten bei schwacher Hitze kochen. Den Thunfisch unterzie-

hen und gut heiß werden lassen. Mit etwas schwarzem Pfeffer würzen.

Die Tagliatelle al dente kochen und abgießen. Thunfisch und Tomatensauce mit den Nudeln vermischen und in eine feuerfeste, gefettete Form geben, die Champignon-Käse-Sauce darübergießen und mit dem Parmesan bestreuen. Im vorgeheizten Backofen bei 180 Grad (Gas Stufe 4) 20 Minuten backen. Vor dem Servieren unter dem Grill gratinieren.

Thunfisch mit Nudeln und Tomaten

Ergibt 6 Erwachsenenportionen

Fast alle Kinder mögen Penne mit Tomatensauce. Wenn man das Ganze mit Thunfisch anreichert, wird es noch nahrhafter. Halbgetrocknete Tomaten machen das Gericht noch feiner.

200 g Penne • 2 EL Olivenöl • 1 mittelgroße rote Zwiebel, geschält und gehackt • 1 Knoblauchzehe, durchgepresst • ½ mittelgroße rote Paprikaschote, entkernt und klein geschnitten • 100 g Champignons • 800 g Tomatenstücke aus der Dose • 100 g halbgetrocknete Tomaten, klein geschnitten • 400 g Dosenthunfisch in Öl, abgetropft • 2 TL Balsamico-Essig • ½ TL Kräuter der Provence • einige Basilikumblätter, zerpflückt • 150 g Cheddarkäse, gerieben

Die Penne nach Packungsanweisung kochen. In einer großen Pfanne das Öl erhitzen und Zwiebel, Knoblauch und rote Paprika darin 5 Minuten dünsten, gelegentlich umrühren. Pilze dazugeben und weitere 3 Minuten dünsten. Dann Dosentomaten, halbgetrocknete Tomaten, zerteilten Thunfisch, Balsamico-Essig und Kräuter der Provence in die Pfanne geben und ohne Deckel 10 Minuten kochen. Die abgetropften Nudeln und das Basilikum untermischen. In eine flache ofenfeste Schale füllen und mit dem Käse bestreuen. Im Grill etwa 3 Minuten überbacken, bis der Käse goldbraun ist und Blasen wirft.

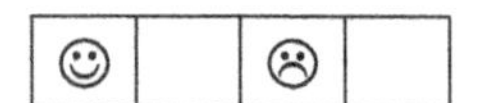

HÄHNCHEN

Thai-Hähnchen mit Nudeln

Ergibt 4 Portionen

Schrecken Sie nicht davor zurück, Ihrem Kind neue Geschmacksvarianten anzubieten – dieses Rezept mit milder Currypaste und Kokosmilch ist allseits beliebt. Oft überraschen uns Kinder, indem sie ziemlich ausgefallene Gerichte mögen, und in der Regel gewöhnt man sie leichter an neue Speisen, wenn sie noch kleiner sind. Dieses Gericht eignet sich für die ganze Familie.

MARINADE:
1 EL Sojasauce • 1 EL Reiswein •
½ TL Zucker • 1 TL Stärkemehl

1½ Hühnerbrustfilets, in Streifen geschnitten •
125 g chinesische Nudeln • 1 EL Pflanzenöl •
3 Frühlingszwiebeln • 1 Knoblauchzehe, durchgepresst •
½ TL rote Chilischote, entkernt und fein gehackt •
1½–2 TL Korma-Currypaste •
150 ml Hühnerbrühe (Seite 114) • 150 ml Kokosmilch •
75 g Babymaiskolben, geviertelt • 100 g Sojabohnensprossen •
75 g Tiefkühl-Erbsen

Die Zutaten für die Marinade miteinander verrühren und das Hähnchenfleisch darin mindestens 30 Minuten marinieren. Die Nudeln nach Packungsanweisung kochen, abgießen und unter kaltem Wasser abschrecken. Das Pflanzenöl im Wok oder einer Bratpfanne erhitzen und die Frühlingszwiebeln, den Knoblauch und die Chilischote etwa 2 Minuten darin unter Rühren anbraten. Das Fleisch leicht trocken tupfen, in den Wok geben und weitere 2 Minuten unter Rühren anbraten. Currypaste, Hühnerbrühe und Kokosmilch dazugeben und 5 Minuten bei schwacher Hitze kochen. Maiskölbchen und Sojabohnensprossen hinzufügen und 3–4 Minuten weiter kochen. Zum Schluss die Erbsen unterrühren und in weiteren 2 Minuten fertig garen. Dann mit den Nudeln mischen und servieren.

☺		☹		❄

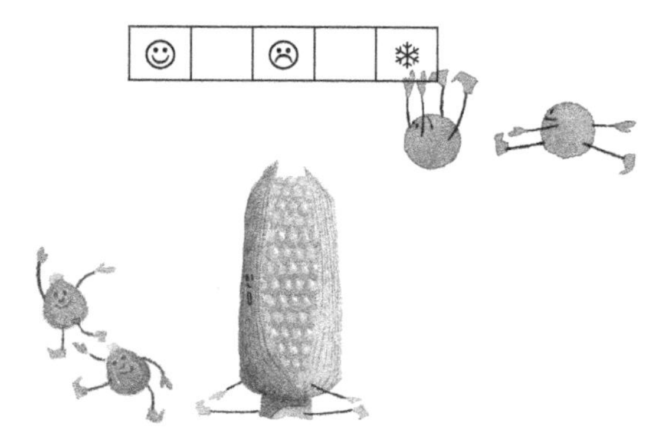

Gegrilltes Hähnchen

Ergibt 4–5 Erwachsenenportionen

Eine gute Marinade macht das Fleisch weicher und verleiht ihm Würze. Die Marinaden reichen für knapp 1 kg Hähnchenfleisch, ohne Haut und Knochen.

Hoisin-Marinade:
2 EL Sojasauce • 2 EL Hoisin-Sauce • 2 EL Reisweinessig • 1 EL Honig • 1 El Pflanzenöl • ½ TL Knoblauch, durchgepresst (nach Belieben)

Teriyaki-Marinade:
3 EL Reisweinessig oder Weißweinessig • 2 EL Sojasauce • 1 EL Honig • ½ EL Sesamöl • 1 TL fein gehackte Ingwerwurzel (nach Belieben) • 1 EL Frühlingszwiebel, in Ringe geschnitten

Alle Zutaten für die Marinade vermischen. Das Fleisch mindestens 2 Stunden marinieren, dann auf den Grill legen, immer wieder mit der Marinade bestreichen und gelegentlich wenden. Insgesamt etwa 15–25 Minuten grillen. Hähnchenfleisch sollte gut durch sein, aber nicht länger als nötig auf dem Grill liegen, weil es sonst trocken wird. Wenn Sie sicher gehen möchten, dass das Fleisch innen gut durch ist, garen Sie es im vorgeheizten Backofen bei 200 Grad (Gas Stufe 6) 25–30 Minuten und legen es dann nur einige Minuten auf den Grill, um den typischen Geschmack zu erhalten.

Satay-Huhn

Ergibt 2 Erwachsenenportionen

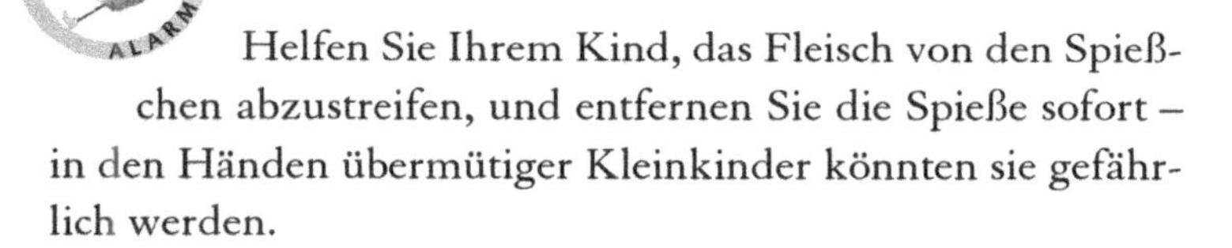

Helfen Sie Ihrem Kind, das Fleisch von den Spießchen abzustreifen, und entfernen Sie die Spieße sofort – in den Händen übermütiger Kleinkinder könnten sie gefährlich werden.

2 Hühnerbrüste, ohne Knochen und Haut •
1 kleine Zwiebel, geschält • 1 rote Paprikaschote, entkernt

MARINADE:
2 EL Erdnussbutter • 1 EL Hühnerbrühe (Seite 114) •
1 EL Reisweinessig • 1 EL Honig • 1 EL Sojasauce •
1 TL Knoblauch, durchgepresst (nach Belieben) •
1 TL Sesamsamen, geröstet (nach Belieben, Seite 236)

Die Zutaten für die Marinade in einer Schüssel vermischen. Huhn, Zwiebel und Paprika in Stücke schneiden. Das Hühnerfleisch mindestens 2 Stunden in der Marinade ziehen lassen. Huhn, Zwiebeln und Paprika auf Spießchen stecken (oder nur Huhn) und etwa 5 Minuten von jeder Seite unter dem vorgeheizten Grill garen, zwischendurch mit der Marinade bestreichen. Alternativ können Sie die Spieße auch auf dem Holzkohlegrill garen.

ACHTUNG: Erdnüsse und auch Sesamsamen können allergische Reaktionen hervorrufen.

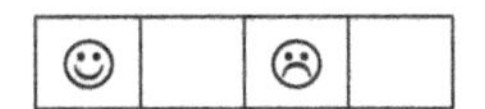

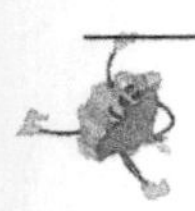

Hühnersuppe mit Nudeln und Gemüse

Ergibt 6 Portionen

Meine drei Kinder sind von dieser einfachen, schnellen Hühnersuppe immer wieder begeistert. Vermicelli sind feine Nudeln, die zu Nestern geformt sind.

1 l Hühnerbrühe • 1 EL Pflanzenöl • 1 Zwiebel, geschält und in dünne Ringe geschnitten • 1 Knoblauchzehe, durchgepresst • 125 g Hähnchenbrustfilet, in mundgerechte Stücke geschnitten • ¼ TL Hähnchengewürz • 50 g grüne Bohnen, geputzt und in kurze Stücke geschnitten • 50 g Vermicelli oder kleine Sternchennudeln • 1 Tomate, gehäutet, entkernt und klein geschnitten

Die Hühnerbrühe zubereiten. Dazu entweder 2 Brühwürfel in kochendem Wasser auflösen oder die Brühe nach dem Rezept auf Seite 114 zubereiten. Inzwischen das Pflanzenöl in einem anderen Topf erhitzen und Zwiebeln und Knoblauch 2 Minuten darin andünsten. Das Hähnchenfleisch dazugeben, das Gewürz darüberstreuen und 1 Minute braten, dabei gelegentlich umrühren, dann die grünen Bohnen zum Fleisch geben und weitere 3 Minuten braten. Hähnchenfleisch, Zwiebeln, Bohnen und Vermicelli in die Hühnerbrühe geben, zum Kochen bringen, die Hitze reduzieren und 3–4 Minuten sieden, bis die Nudeln weich und die Bohnen bissfest gegart sind. Die Tomatenstückchen untermischen und noch 1 Minute kochen.

Hühnerfilets mit Mango-Chutney und Aprikose

Ergibt 2 Erwachsenenportionen

Dieses Gericht ist ganz leicht zuzubereiten und schmeckt einfach köstlich. Wegen seines süß-sauren Geschmacks ist es bei Kindern sehr beliebt.

2 Hühnerbrustfilets ohne Knochen, gehäutet

SAUCE:
1 EL Aprikosenmarmelade • 1 EL Mango-Chutney •
3 EL Mayonnaise • 1 TL Worcestersauce • 1 EL Zitronensaft

Die Zutaten für die Sauce vermischen. Das Huhn in eine kleine feuerfeste Form legen, die Sauce darübergießen und die Form mit Alufolie bedecken. Im vorgeheizten Backofen bei 180 Grad (Gas Stufe 4) 30 Minuten backen.

☺		☹	

Pfannengerührtes Hähnchen mit Gemüse und Nudeln

Ergibt 4 Erwachsenenportionen

Pfannengerührte Gerichte sind nicht nur bei den Kleinen beliebt, sondern schmecken der ganzen Familie. Um Zeit zu sparen, können Sie auch eine Packung tief gefrorenes Asia-Gemüse aus dem Supermarkt verwenden und nach Belieben mit weiteren Sorten ergänzen, die Ihre Familie gern mag.

MARINADE:

1½ EL Sojasauce • 1 EL Reiswein •
1 TL Sesamöl • 1 EL Weißweinessig •
1 TL brauner Zucker • 1 TL Stärkemehl

2 Hühnerbrustfilets, enthäutet und in Streifen geschnitten •
100 g dünne chinesische Nudeln • 3 EL Pflanzenöl •
1 Zwiebel, geschält und in feine Ringe geschnitten •
1 Knoblauchzehe, geschält und durchgepresst •
75 g Möhre, in Stifte geschnitten •
75 g Babymaiskolben, geviertelt •
75 g Brokkoli, in Röschen zerteilt •
100 g Zucchini, in Stifte geschnitten •
100 g Sojabohnensprossen •
1 Würfel Hühnerbrühe aufgelöst in 175 ml kochendem Wasser •
Salz und frisch gemahlener schwarzer Pfeffer

Die Zutaten für die Marinade verrühren und das Hähnchenfleisch mindestens 30 Minuten darin marinieren. Die Nudeln nach Packungsanweisung kochen, abgießen und etwas Öl untermischen, damit sie nicht verkleben. Das Fleisch aus der Marinade nehmen, diese zur Seite stellen. 1 EL Öl in einem Wok erhitzen und das Hähnchen 4–6 Minuten unter ständigem Rühren darin braten, bis es durch ist, herausnehmen und zur Seite stellen. Das restliche Öl im Wok erhitzen, Zwiebel und Knoblauch darin 3 Minuten braten. Möhre, Mais und Brokkoli dazugeben und weitere 3 Minuten unter Rühren braten. Zucchini und Sojasprossen in den Wok geben und 2 Minuten weiter rühren. Die Hühnerbrühe in einen kleinen Topf gießen und die übrige Marinade dazugeben. Zum Kochen bringen und unter Rühren eindicken lassen. Mit etwas Salz und Pfeffer würzen. Das Fleisch und die Nudeln zum Gemüse geben, die Sauce darübergießen und alles noch einmal gut heiß werden lassen.

☺		☹	

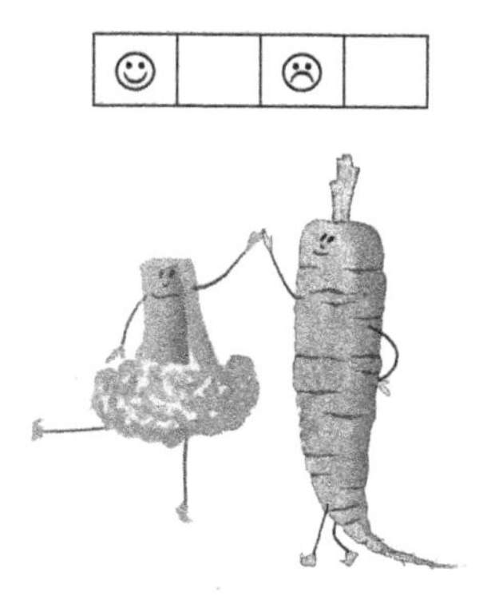

Mulligatawny-Hähnchen

Ergibt 8 Erwachsenenportionen

Dieses Gericht hat eine Grundlage aus Tomaten und einen milden Currygeschmack, den Kinder lieben. Meine Mutter hat es erfunden, und in unserer Familie ist es seit meiner Kindheit eines der beliebtesten Essen. Am besten schmeckt es mit Reis.

1 Huhn, in etwa 10 Stücke geschnitten, ohne Haut •
Mehl • Pflanzenöl •
2 mittelgroße Zwiebeln, geschält und gehackt •
6 EL Tomatenmark • 2 EL mildes Currypulver •
900 ml Hühnerbrühe (Seite 114) • 1 großer oder 2 kleine Äpfel, ohne Kerngehäuse und in feine Scheiben geschnitten •
1 kleine Möhre, geschält und in dünne Scheiben geschnitten •
2 Scheiben Zitrone • 75 g Sultaninen • 1 Lorbeerblatt •
1 TL Zucker • Salz und Pfeffer

Die Hühnerstücke im Mehl wälzen und im Öl goldbraun braten. Auf Küchenkrepp abtropfen lassen und in eine feuerfeste Form geben.

Die Zwiebel in einem Topf in etwas Öl goldgelb braten, dann das Tomatenmark darunterrühren. Currypulver hinzufügen und die Mischung bei schwacher Hitze unter Rühren einige Minuten anbraten. Zwei Esslöffel Mehl hineinrühren, dann 300 ml Hühnerbrühe dazugießen und gut vermischen.

Apfel, Möhre, Zitronenscheiben, Sultaninen, Lorbeerblatt und die restliche Brühe hinzugeben. Mit Zucker, Salz und Pfeffer abschmecken. Die Sauce über das Huhn in der Form geben, zudecken und im vorgeheizten Backofen bei 180 Grad (Gas Stufe 4) 1 Stunde backen. Die Zitronenscheiben und das Lorbeerblatt entfernen, die Knochen vom Huhn auslösen und das Fleisch in Stücke schneiden.

☺		☹		❄

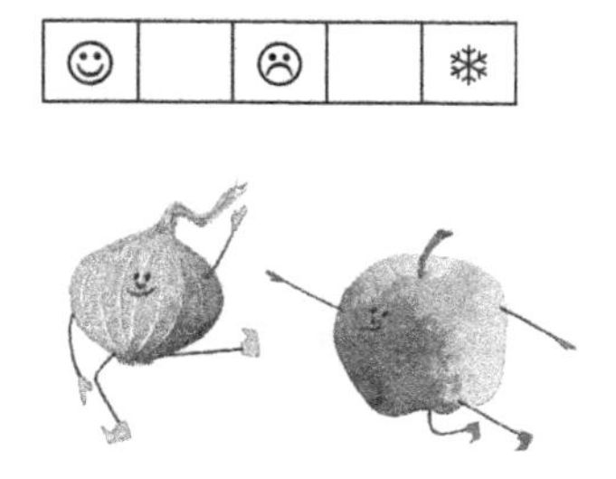

Sesam-Nuggets mit China-Sauce

Ergibt 12 Nuggets

Die krossen, mit Sesam überzogenen Nuggets in würziger Sauce kommen immer gut an. Dazu passt gebratener Reis mit Gemüse (Seite 216). Kinder haben Spaß daran, sie mit Stäbchen zu essen. Sie können Stäbchen kaufen, die oben zusammengebunden sind und die Kinder viel leichter benutzen können als normale. Da Sesamsamen in seltenen Fällen bei kleinen Kindern allergische Reaktionen auslösen können, sollten Sie etwas Vorsicht walten lassen, insbesondere wenn Ihr Kind gegen andere Nahrungsmittel allergisch ist oder Probleme mit Neurodermitis oder Asthma hat.

2 Hühnerbrustfilets • 1 Ei • 1 EL Milch • Mehl •
100 g Sesamsamen • 2 EL Pflanzenöl

China-Sauce:
250 ml ungesalzene Hühnerbrühe (Seite 114) •
2 EL Sojasauce • 1 TL Sesamöl • 1 EL Zucker
1 TL Apfelessig • 1 EL Stärkemehl
1 Frühlingszwiebel, in feine Ringe geschnitten

Jedes Hühnerbrustfilet in sechs Stücke schneiden. Das Ei mit der Milch verschlagen und die Hähnchennuggets im Mehl, dann in der Eimischung und schließlich in Sesamsamen wälzen. In heißem Öl goldbraun braten, dabei häufig wenden (etwa 5 Minuten).

Die Zutaten für die Sauce außer der Frühlingszwiebel in einem kleinen Topf vermischen. Zum Kochen bringen und 2–3 Minuten sieden, bis sie eingedickt ist. Die Frühlingszwiebel einstreuen, die Sauce über das Huhn gießen und gut heiß werden lassen.

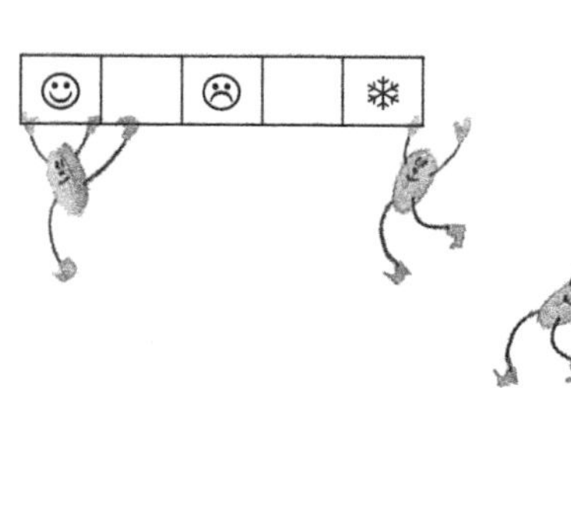

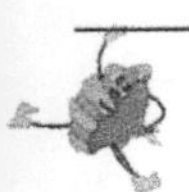

Mariniertes Hähnchen vom Blech

Ergibt 2 Erwachsenenportionen

Ich bereite Hähnchen, Fleisch oder Fisch sehr gerne auf dem Blech zu. Das ist eine gesunde Garmethode, weil man dabei nur wenig Fett braucht. Meine drei Kinder lieben dieses Rezept, weil das Fleisch durch die Marinade einen herrlichen Geschmack bekommt und sehr weich wird. Das Blech sollte sehr heiß sein, wenn Sie das Fleisch darauflegen.

2 Hähnchenbrüste • 1 EL Olivenöl

Marinade:
Saft einer ½ Zitrone • 1 EL Sojasauce • 1 EL Honig •
1 kleine Knoblauchzehe, geschält und in Scheiben geschnitten •
2 frische Rosmarinzweige (nach Belieben)

Die Hähnchenbrüste mit einem scharfen Messer 2- bis 3-mal einstechen. Die Zutaten für die Marinade verrühren und das Hähnchen mindestens 2 Stunden darin ziehen lassen. Das Blech aufheizen, mit Öl bepinseln, das Fleisch aus der Marinade nehmen und auf jeder Seite 4–5 Minuten garen, bis es gut durch ist. In Streifen schneiden und mit Gemüse und Bratkartoffeln oder Kartoffelbrei anrichten. Besonders schön sieht es aus, wenn Sie farbenfrohes Gemüse wie Möhren, Brokkoli oder Erbsen verwenden.

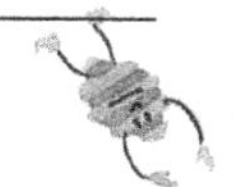

ROTES FLEISCH

Saftige Beefburger

Ergibt 8 Burger

Der geriebene Apfel macht diese Beefburger herrlich saftig. Servieren Sie sie mit Salat und Ketchup in Hamburgerbrötchen, dazu gibt es Pommes frites aus dem Backofen. Die Burger eignen sich aber auch gut zum Grillen im Sommer.

½ rote Paprika, entkernt und klein geschnitten • 1 Zwiebel, geschält und fein gehackt • 1 EL Pflanzenöl • 500 g mageres Hackfleisch vom Rind oder Lamm • 1 EL gehackte Petersilie • 1 Würfel Hühnerbrühe, fein zerkrümelt • 1 Apfel, geschält und geraspelt • 1 Ei, leicht verschlagen • 25 g frische Weißbrotbrösel • 1 TL Worcestersauce • Salz und frisch gemahlener schwarzer Pfeffer • etwas Mehl • Pflanzenöl zum Braten

Die Paprika und die Hälfte der Zwiebel im Öl etwa 5 Minuten anbraten, bis sie weich sind. In einer Schüssel die angebratene Zwiebel und Paprika und die restliche rohe Zwiebel mit allen Zutaten außer Mehl und Öl vermischen. Mit bemehlten Händen 8 Burger formen. Eine Pfanne mit etwas Öl bepinseln und, wenn diese heiß ist, die Burger darin von jeder Seite etwa 5 Minuten braten, bis sie außen gebräunt und innen durch sind.

Cocktail-Fleischbällchen mit Tomatensauce

Ergibt 6 Portionen

Ohne die Sauce serviert, lassen sich diese Bällchen gut aus der Hand essen. Sie schmecken aber auch mit Spaghetti oder Reis.

TOMATENSAUCE:

1½ EL Olivenöl •
1 mittelgroße Zwiebel, geschält und gehackt •
1 Knoblauchzehe, durchgepresst •
250 g reife Tomaten, gehäutet, entkernt und klein geschnitten •
400 g Dosentomaten, klein geschnitten •
1 TL Balsamico-Essig • 1 TL Zucker •
Salz und frisch gemahlener schwarzer Pfeffer •
1 EL frisches Basilikum, zerpflückt

FLEISCHBÄLLCHEN:

500 g mageres Rinderhack •
1 mittelgroße Zwiebel, geschält und fein gehackt •
1 Granny-Smith-Apfel, geschält und geraspelt •
50 g frische Weißbrotbrösel •
1 EL frische Petersilie, gehackt •
1 Würfel Hühnerbrühe, fein zerkrümelt
und in 2 EL kochendem Wasser aufgelöst •
Salz und frisch gemahlener schwarzer Pfeffer •
Mehl zum Formen der Bällchen •
Pflanzenöl zum Braten

Für die Tomatensauce die Zwiebel und den Knoblauch im Öl vorsichtig dünsten. Dann die frischen Tomaten hinzufügen und 1 Minute mitdünsten. Dosentomaten, Essig, Zucker und Gewürze zugeben und 20 Minuten bei schwacher Hitze kochen. Die Basilikumblättchen untermischen und zu einer glatten Sauce pürieren.

Inzwischen die Zutaten für die Fleischbällchen vermischen. Mit bemehlten Händen 25 Bällchen formen. Das Öl in einer Bratpfanne erhitzen und die Bällchen bei guter Hitze braten, gelegentlich wenden. Wenn sie außen schön gebräunt sind, die Hitze reduzieren und weitere 5 Minuten braten. Die Tomatensauce darübergießen und alles zugedeckt noch 10–15 Minuten kochen.

Hackfleisch-Kartoffelbrei-Auflauf

Ergibt 4 Erwachsenenportionen

Wenn Sie kleine Auflaufförmchen haben, freut Ihr Kind sich, wenn Sie ihm seinen eigenen kleinen Auflauf backen. Zeigen Sie dem Kind den fertigen Auflauf erst, und füllen Sie ihn dann aus der heißen Form auf den Teller.

1 Zwiebel, geschält und fein gehackt •
1 rote Paprikaschote, geschält und fein gehackt •
1 EL fein gehackte Petersilie • 2 EL Pflanzenöl •
500 g mageres Rinderhack •
250 ml Hühnerbrühe (Seite 114) •
1 TL Hefeflocken • Salz und Pfeffer •
100 g kleine Champignons, gewaschen und in Scheiben geschnitten • 15 g Butter oder Margarine

Kartoffelbrei:
500 g mehlig kochende Kartoffeln,
geschält und klein geschnitten • 25 g Butter •
50 ml Milch • Salz und Pfeffer

Die gehackte Zwiebel, Paprika und Petersilie in Öl glasig braten. In einer anderen Pfanne das Hackfleisch anbraten. Dann das Fleisch 30 Sekunden in der Küchenmaschine zerkleinern, damit es leichter zu kauen ist. Dann zur Zwiebelmischung geben und Hühnerbrühe, Hefeflocken und Gewürze hineinrühren. Bei schwacher Hitze 20 Minuten kochen lassen. Inzwischen die Pilze in Butter oder Margarine anbraten und zum Fleisch geben, wenn es gar ist.

Für den Kartoffelbrei die Kartoffeln etwa 15 Minuten in Salzwasser kochen. Wenn sie weich sind, mit der Hälfte der Butter, der Milch und etwas Salz und Pfeffer zu einem Brei verarbeiten. Das Fleisch entweder in eine große Form oder in kleine Auflaufförmchen geben und den Kartoffelbrei darauf verteilen. Mit Butterflöckchen belegen und im vorgeheizten Backofen bei 180 Grad (Gas Stufe 4) etwa 10 Minuten backen, bis die Oberfläche gebräunt ist. Die restliche Butter in Flöckchen darauf verteilen und unter dem heißen Grill etwa 3 Minuten goldbraun überbacken.

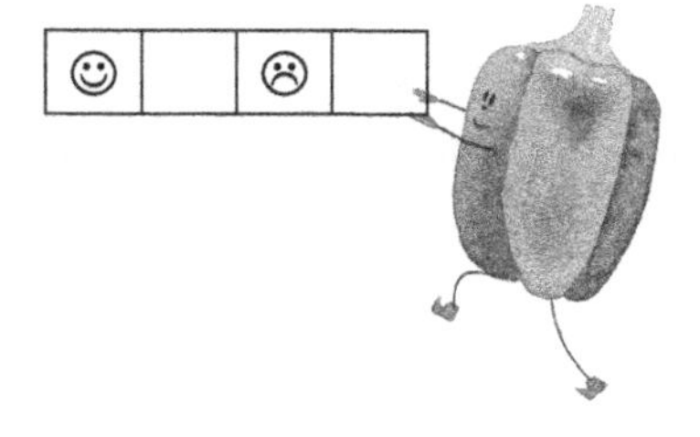

Mini-Minutensteaks

Ergibt 2 Erwachsenenportionen oder 4 Kinderportionen

Einfach himmlisch mit Bratensauce und Bratkartoffeln.

2 EL Pflanzenöl • 1 Zwiebel, geschält und in dünne Ringe geschnitten • 1 TL Zucker • 1 EL Wasser • 200 ml Rinderbrühe • 1 TL Stärkemehl, angerührt mit 1 EL Wasser • einige Tropfen Worcestersauce • 1 TL Tomatenmark • Salz und Pfeffer • 350 g geschälte Kartoffeln • 25 g Butter • 4 Minutensteaks à 60 g (Filet oder Rumpsteak), etwa 5 mm dick

Für die Sauce 1 EL Pflanzenöl in einer Bratpfanne erhitzen. Die Zwiebel darin 7–8 Minuten goldbraun braten. Zucker und Wasser dazugeben, die Temperatur erhöhen und etwa 1 Minute durchkochen, bis das Wasser verkocht ist. Dann die Rinderbrühe angießen, das angerührte Stärkemehl, die Worcestersauce und das Tomatenmark einrühren. Unter Rühren 2–3 Minuten kochen, bis die Sauce eingedickt ist. Die Kartoffeln in große Stücke schneiden, in leicht gesalzenem Wasser etwa 8 Minuten kochen, bis sie eben weich sind. Abgießen und in Scheiben schneiden. Butter in einer Bratpfanne erhitzen und die Kartoffelscheiben unter gelegentlichem Wenden darin 5–6 Minuten goldbraun braten. Das restliche Öl in einer anderen Pfanne erhitzen, die Steaks würzen und darin von jeder Seite 1–2 Minuten braten. Mit der Sauce und den Bratkartoffeln servieren.

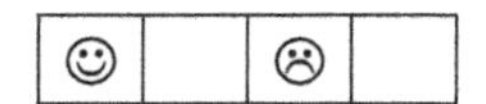

Kalbfleisch Stroganoff

Ergibt 2 Erwachsenenportionen

Kalbfleisch kann ein kleines Kind besser kauen als Rindfleisch. Dieses leckere Gericht lässt sich leicht und schnell zubereiten. Mit Nudeln eignet es sich sehr gut als Familienmahlzeit. Für den echten Stroganoff-Geschmack kann man einen Schlag Sauerrahm dazugeben.

Pflanzenöl • 1 Zwiebel, geschält und sehr fein gehackt • je ½ rote und gelbe Paprikaschote, entkernt und in Streifen geschnitten • 250 g dünn geschnittene Kalbsschnitzel, in Streifen geschnitten • Mehl • 300 ml Hühnerbrühe (Seite 114) • 200 g Champignons, gewaschen und in Scheiben geschnitten • Salz und Pfeffer

Etwas Öl in einer Pfanne erhitzen und die Zwiebel 3–4 Minuten darin anbraten. Die Paprikastreifen hinzufügen und 1 weitere Minute dünsten. Die Kalbfleischstreifen im Mehl wälzen und etwa 3 Minuten mitbraten, bis sie braun sind. Wenn das Fleisch in der Pfanne anhaftet, noch etwas Öl hinzufügen.

Die Hühnerbrühe über das Fleisch gießen und die Pilze und etwas Salz und Pfeffer dazugeben. Zugedeckt etwa 8 Minuten dünsten.

Marinierte Lammkoteletts

Ergibt 2 Erwachsenenportionen

MARINADE:
2 EL Tomatenketchup • 1 EL Sojasauce •
1 EL flüssiger Honig • 1 TL Zitronensaft •
einige Tropfen Worcestersauce •
etwas frisch gemahlener schwarzer Pfeffer

4 Lammkoteletts

Sämtliche Zutaten für die Marinade miteinander verrühren und das Lammfleisch 1–2 Stunden bei Zimmertemperatur oder über Nacht im Kühlschrank einlegen. Bei mittlerer Hitze 4–5 Minuten unter den Grill legen, zwischendurch mit der restlichen Marinade bestreichen.

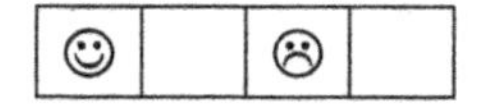

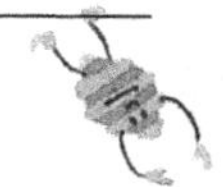

Kalbsleber mit Zwiebeln

Ergibt 1–2 Erwachsenenportionen

Wenn Ihr Kind Leber mag, können Sie davon ausgehen, dass Sie in der Küche unschlagbar sind.

½ Zwiebel, geschält und gehackt •
1 EL ganz klein geschnittene Paprikaschote •
Pflanzenöl • 2 EL gehackte Champignons •
1 mittelgroße Tomate, gehäutet, entkernt und klein geschnitten •
100 g Kalbsleber

Zwiebel und Paprikastückchen in etwas Öl anbraten, bis die Zwiebeln knusprig braun sind. Champignons und Tomate hinzugeben und weitere 2 Minuten braten. Die Leber in einer anderen Pfanne auf jeder Seite 1½ Minuten braten. Wenn sie gar ist, in kleine Stücke schneiden und das Gemüse darübergeben.

☺		☹	

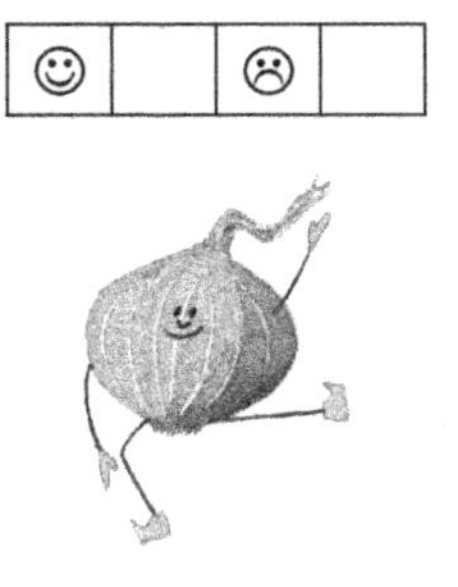

NUDELGERICHTE

Spaghetti mit Zwei-Tomaten-Sauce

Ergibt 4 Kinderportionen

Eine wirklich gute selbst gemachte Tomatensauce kommt immer an und kann mit jeder Nudelsorte kombiniert werden. Dazu passt frisch geriebener Parmesan.

3 EL Olivenöl • 1 Zwiebel, geschält und gehackt •
1 Knoblauchzehe, geschält und durchgepresst •
4 reife Tomaten, gehäutet, entkernt und gehackt •
400 g Dosentomaten, gewürfelt • eine Prise Zucker •
1 Lorbeerblatt • 2 EL frisches Basilikum, gehackt •
Salz und Pfeffer • 250 g Spaghetti

Das Öl in einem Topf erhitzen und Zwiebel und Knoblauch 5–6 Minuten darin weich dünsten. Frische Tomaten und Dosentomaten, Zucker, Lorbeerblatt und gehacktes Basilikum dazugeben, zum Kochen bringen und 20 Minuten kochen lassen. Inzwischen die Spaghetti nach Packungsanweisung zubereiten. Die Nudeln abgießen und mit der Sauce vermischen.

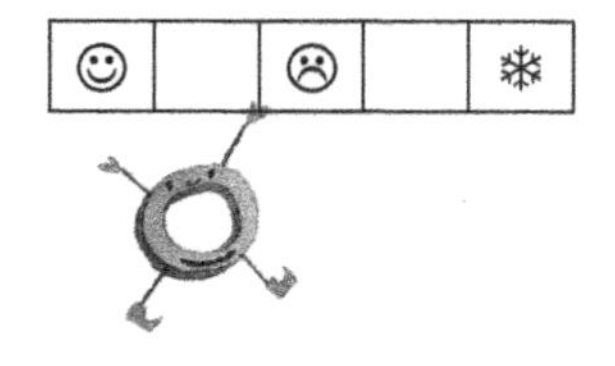

Farfalle mit Gruyère und Kirschtomaten

Ergibt 4 Kinderportionen

Meine Kinder lieben dieses Gericht und essen es genauso gerne warm wie kalt.

175 g Farfalle • 1 EL Weißweinessig • 3 EL Olivenöl •
½ TL Dijonsenf (nach Belieben) • eine Prise Zucker •
etwas Salz und frisch gemahlener schwarzer Pfeffer •
1 EL Schnittlauchröllchen •
100 g Kirschtomaten, halbiert oder geviertelt •
50 g Gruyère, gerieben

Die Nudeln in leicht gesalzenem Wasser garen, dabei die Kochzeit auf der Packung beachten. Aus Essig, Öl, Senf (falls verwendet), Zucker und Gewürzen eine Vinaigrette herstellen, die Schnittlauchröllchen dazugeben. Die Nudeln abgießen, in eine Schüssel füllen, die Kirschtomaten und den geriebenen Gruyère unterheben. Die Vinaigrette gut durchschütteln, über die Nudeln gießen und gut durchmischen.

☺		☹	

Käsemakkaroni

Ergibt 4 Portionen

Dieser leckere Makkaroni-Auflauf überzeugt durch eine herrlich knusprige Kruste.

175 g Makkaroni • 25 g Butter • 25 g Mehl •
275 ml Milch • Muskatnuss, gerieben • 50 g Cheddarkäse •
25 g Gruyère, gerieben • 60 g Mascarpone • 2 Eier, getrennt •
Salz und frisch gemahlener Pfeffer •
4 EL Parmesankäse, gerieben

Die Makkaroni in sprudelndem Salzwasser nach Packungsanweisung kochen. Aus Butter, Mehl und Milch eine helle Sauce zubereiten (Seite 110). Vom Herd nehmen und Cheddar und Gruyère hineinrühren, dann Mascarpone und die Eigelbe dazugeben. Mit Salz und Pfeffer abschmecken.

Die Eiweiße zu halbfestem Schnee schlagen und unter die Sauce ziehen. Die Nudeln abgießen, mit der Sauce mischen und in eine feuerfeste Form füllen. Den Parmesan darüberstreuen und im vorgeheizten Backofen bei 180 Grad (Gas Stufe 4) 12–15 Minuten gratinieren, bis der Auflauf goldgelb ist.

Spaghetti Primavera

Ergibt 4 Portionen

Ein einfaches Rezept für Spaghetti mit Frühlingsgemüse in einer leckeren Käsesauce. Auch andere Nudelsorten eignen sich dafür gut.

150 g Spaghetti • 1 EL Olivenöl • 1 Zwiebel, gehackt • 1 Knoblauchzehe, durchgepresst • 1 mittelgroße Möhre, gestiftelt • 1 mittelgroße Zucchini, gestiftelt • 125 g Blumenkohl, in kleine Röschen zerteilt • 150 ml Crème fraîche light • 150 ml Gemüsebrühe (Seite 64) • 50 g Tiefkühl-Erbsen • 50 g frisch geriebener Parmesan

Die Spaghetti in einem großen Topf mit leicht gesalzenem Wasser nach Packungsanweisung kochen. Das Öl in einer Pfanne erhitzen und Zwiebeln und Knoblauch 1 Minute darin anbraten. Möhren- und Zucchinistifte dazugeben, unter gelegentlichem Rühren 2–3 Minuten mitbraten. Inzwischen den Blumenkohl in leicht gesalzenem Wasser 5 Minuten blanchieren oder dämpfen, bis er weich ist. Crème fraîche, Gemüsebrühe und Erbsen zu den Möhren und Zucchini geben und untermischen. 2–3 Minuten mitgaren, dann den Parmesan unterrühren. Die Spaghetti abgießen und die Sauce unterziehen.

Farfalle mit Tomaten-Mozzarella-Sauce

Ergibt 4 Kinderportionen

Das Raffinierte an dieser einfachen Tomatensauce sind die zwei verschiedenen Käsesorten.

150 g Farfalle • 2 EL Olivenöl • 1 Zwiebel, geschält und gehackt • 1 Knoblauchzehe, geschält und durchgepresst • 400 g Tomatenwürfel aus der Dose • 1 TL Balsamico-Essig • eine Prise Zucker • 1 EL frisches Basilikum, zerpflückt • 100 ml Gemüsebrühe (Seite 64) • 100 g Mozzarella, gewürfelt • 3 EL Parmesan, gerieben • Salz und Pfeffer

Die Nudeln nach Packungsanweisung kochen. Für die Sauce das Olivenöl in einem Topf erhitzen, Zwiebel und Knoblauch darin 5–6 Minuten dünsten, bis sie weich sind. Dann Tomatenwürfel, Balsamico, Zucker, Basilikum und Brühe dazugeben und 10 Minuten kochen. Mozzarella und Parmesan einrühren. Abschmecken und mit den Farfalle vermengen.

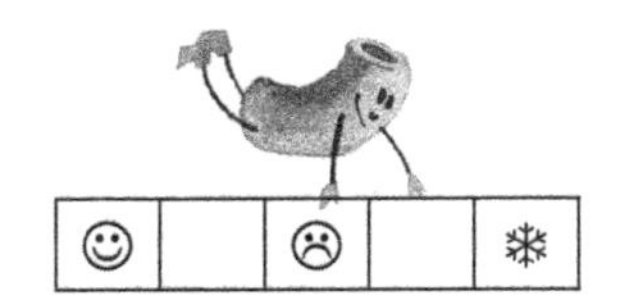

Nudelsalat mit buntem Gemüse

Ergibt 4 Kinderportionen

Für dieses Rezept verwende ich am liebsten mehrfarbige Nudeln in der Form von Tieren. Kleine Kinder lieben es, die verschiedenen Zutaten mit den Fingern herauszupicken. Man kann den Salat warm oder kalt servieren, und wenn man das Hühnerfleisch weglässt, erhält man ein gutes vegetarisches Gericht.

100 g mehrfarbige Nudeln in Tierform •
1 Hühnerbrustfilet, in mundgerechte Stücke geschnitten •
Pflanzenöl • 3 kleine oder 1 mittelgroße Möhre, in feine Streifen geschnitten • je 50 g kleine Blumenkohl- und Brokkoliröschen •
3 Zucchini, geputzt und in Scheiben geschnitten •
50 g grüne Bohnen, klein geschnitten • 100 g Tiefkühl-Mais •
½ rote Paprika, klein geschnitten • Salz, Zucker

DRESSING:

2 EL Apfelessig oder Rotweinessig •
Salz und schwarzer Pfeffer • 50 ml Olivenöl •
2 Frühlingszwiebeln, in dünne Ringe geschnitten,
oder 2 EL Schnittlauchröllchen

Die Nudeln nach Packungsanweisung kochen und abgießen.

Die Fleischstückchen in etwas Öl 2 Minuten braten, dann die Möhren hinzufügen und weitere 5 Minuten garen. Inzwischen Blumenkohl, Brokkoli, Zucchini und Bohnen dämpfen,

bis sie gar, aber noch knackig sind. Blumenkohl und Brokkoli werden etwas länger brauchen als Zucchini und Bohnen. Mais und Paprika 5 Minuten in Wasser mit etwas Salz und Zucker kochen.

Für das Dressing Salz und Pfeffer mit dem Essig mischen, dann nach und nach das Olivenöl unterschlagen. Die Frühlingszwiebeln dazugeben. Alle Zutaten mit dem Dressing vermischen.

☺		☹	

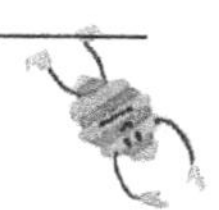

OBST UND DESSERTS

Pochierte Früchte

Ergibt 4 Erwachsenenportionen

2 große oder 3 kleine Birnen, geschält, geviertelt und ohne Kerngehäuse • 150 g Pflaumen, halbiert und ohne Stein • 150 g Brombeeren • 75 ml Apfelsaft • 60 g Zucker • 1 kleine Zimtstange • 100 g Himbeeren

Die Birnenviertel noch einmal halbieren und in einen großen Topf legen. Pflaumen, Brombeeren, Apfelsaft, Zucker und Zimtstange dazugeben. Alles zum Kochen bringen und zugedeckt 10 Minuten vorsichtig weich dünsten. Danach die Himbeeren unterziehen. Gekühlt servieren, und vorher die Zimtstange entfernen.

☺		☹	

Pfirsich Melba

Ergibt 1 Erwachsenenportion

Eine gesunde Variation des beliebten Eisbechers.

100 g Himbeeren, frisch oder tief gefroren • 2 TL Zucker • 1 kleiner Becher milder Naturjoghurt • 1 reifer Pfirsich, gehäutet, entkernt und in kleine Stücke geschnitten

Die Himbeeren mit dem Zucker in einem kleinen Topf 2–3 Minuten vorsichtig weich dünsten, durch ein Sieb streichen und mit dem Joghurt und den Pfirsichstücken vermischen.

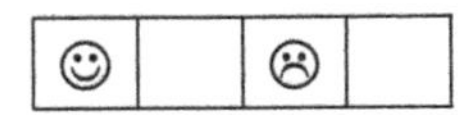

Obstsalat mit Schneehäubchen

Ergibt 5 Erwachsenenportionen

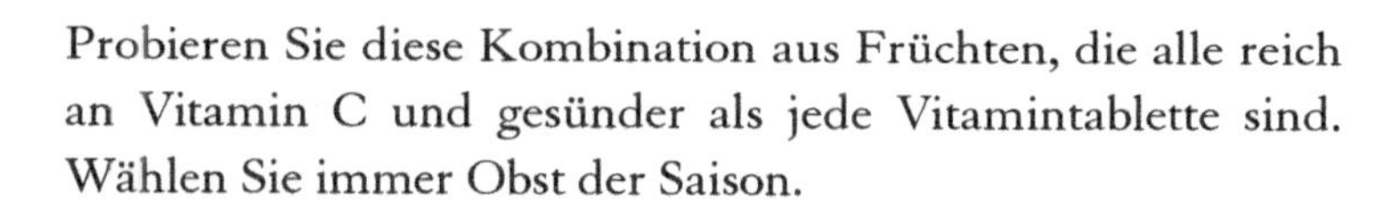

Probieren Sie diese Kombination aus Früchten, die alle reich an Vitamin C und gesünder als jede Vitamintablette sind. Wählen Sie immer Obst der Saison.

1 Pfirsich, gehäutet und in kleine Stücke geschnitten •
1 Papaya, geschält, entkernt und klein geschnitten •
8 Erdbeeren, gewaschen, geputzt und geviertelt •
2 Orangen, filetiert und in Stücke geschnitten •
1 EL Himbeeren oder Brombeeren •
½ kleine Netzmelone, in Stücke geschnitten •
100 g Kirschen, entsteint und halbiert oder 100 g Heidelbeeren •
1 kleine Scheibe Wassermelone, in Stücke geschnitten •
2 Kiwis, geschält und in Scheiben geschnitten •
Saft von 1 Orange

Ausserdem:
500 g Naturjoghurt • 2 EL Honig •
2 EL Weizenkeime oder Müsli (nach Belieben)

Das Obst in eine große Schüssel geben, mit Orangensaft begießen und gut vermischen. Den Joghurt mit dem Honig und dem Müsli oder den Weizenkeimen mischen und kurz vor dem Servieren über das Obst verteilen.

Pfirsiche mit Amarettini

Ergibt 2 Erwachsenenportionen

Amarettini sind kleine Mandelplätzchen aus Italien, die es inzwischen in fast jedem Supermarkt gibt. Für diesen Nachtisch eignen sich viele Obstsorten. Versuchen Sie auch eine Kombination aus weißen Pfirsichen und Himbeeren oder in Scheiben geschnittenen Pflaumen.

2 reife Pfirsiche, entkernt und in dünne Spalten geschnitten • 25 g zerkrümelte Amarettini • 125 ml Crème fraîche • 1 gehäufter EL brauner Zucker

Die Pfirsichscheiben in eine flache feuerfeste Form schichten und mit den Amarettinikrümeln bestreuen. Crème fraîche und braunen Zucker darauf verteilen. Unter dem vorgeheizten Grill etwa 6 Minuten goldgelb überbacken.

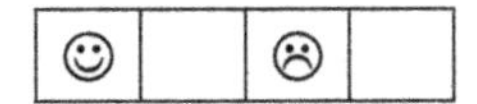

Birnen-Apfel-Himbeer-Crumble

Ergibt 6 Erwachsenenportionen

Ein richtig guter Crumble, der vor Früchten nur so strotzt. Dazu ist er noch einfach zuzubereiten. Ich nehme am liebsten leicht säuerliches Obst. Eine gute Abwandlung ist Rhabarber mit 50 g braunem Zucker und ein paar Esslöffeln Orangensaft, ebenso wie die Apfel-Brombeermischung von Seite 158 mit zusätzlich 100 g braunem Rohrzucker. Crumbles serviert man am besten heiß mit Vanillesauce oder Vanilleeis.

2 Äpfel und 2 reife Birnen, geschält und klein geschnitten • 250 g Himbeeren, frisch oder tiefgefroren • 1 EL Zucker

Streusel:

150 g Mehl • eine Prise Salz • 100 g kalte Butter, in kleine Stücke geschnitten • 75 g brauner Zucker • 50 g Haferflocken

Für die Streusel Mehl mit Salz vermischen und die Butterstückchen mit den Fingern hineinkneten. Zucker und Haferflocken hinzufügen. Mit den Händen zu Streuseln zerbröseln.

Apfel- und Birnenstücke und Himbeeren vermischen, in eine feuerfeste Form in passender Größe (ein ovales Gefäß mit etwa 25 x 20 cm eignet sich gut) geben, mit dem Zucker bestreuen und die Streusel darauf verteilen. Im vorgeheizten Backofen bei 200 Grad (Gas Stufe 6) etwa 30 Minuten backen. Die Streusel sollten oben goldbraun sein.

Amerikanischer Käsekuchen

Ergibt 10 Erwachsenenportionen

Das ist einer der besten Käsekuchen, die ich kenne. Servieren Sie ihn zur Abwechslung auch einmal mit Kirschhaube.

BODEN:

250 g Vollkornkekse • 125 g Butter

BELAG:

225 g Zucker • 3 EL Stärkemehl •
675 g Doppelrahm-Frischkäse • 2 Eier •
1 TL Vanillezucker oder abgeriebene Schale ½ Zitrone •
300 ml Schlagsahne • 75 g Sultaninen (nach Belieben)

HAUBE:

450 g Kirschen aus dem Glas • ½ EL Stärkemehl

Für den Boden die Kekse in Stücke brechen, in eine Plastiktüte füllen und mit einem Nudelholz zerkrümeln. Die Butter schmelzen und mit den Krümeln vermischen. Den Boden einer Springform (23 cm Durchmesser) mit Backpapier auslegen, den Rand einfetten. Die Masse auf dem Boden andrücken.

Für den Belag Zucker und Stärkemehl vermischen. Mit dem Doppelrahm-Frischkäse verrühren. Eier und Vanillezucker (oder Zitronenschale) untermischen. Glatt rühren. Nach und nach die Sahne unterschlagen, bis die Masse dick ist. Die

Sultaninen unterheben und die Frischkäsemasse in die Form füllen und im vorgeheizten Backofen bei 180 Grad (Gas Stufe 4) 1 Stunde backen.

Für die Haube die Kirschen abgießen, dabei 120 ml des Saftes auffangen. Das Stärkemehl mit 1 EL Saft anrühren. Den restlichen Saft in einen Topf gießen, das Stärkemehl einrühren und zum Kochen bringen. So lange rühren, bis der Guss eingedickt ist. Abkühlen lassen. Den Käsekuchen mit den Kirschen belegen und den Guss darauf verteilen.

☺		☹	

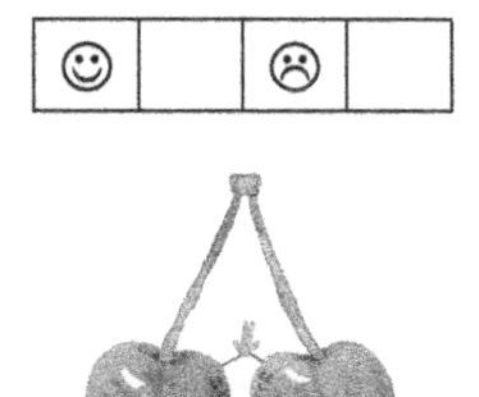

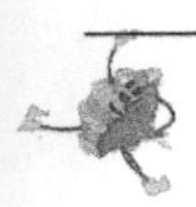

Eislollys

Eis am Stiel ist bei Kindern immer sehr beliebt. Förmchen und wieder verwendbare Plastikstiele dafür gibt es zu kaufen. Es geht kinderleicht: Einfach die Förmchen mit Obstpüree oder Obstsaft füllen, den Deckel mit den Plastikstielen darauflegen und einfrieren. Tauchen Sie die Form in warmes Wasser, um den gefrorenen Lolly aus der Form zu bekommen.

Sie können aus Obst der Saison Obstpürees herstellen oder 100-prozentige Obstsäfte verwenden. Probieren Sie verschiedenste Kombinationen aus, wie zum Beispiel pürierte Beeren, die Sie durchseihen, mit etwas Puderzucker süßen und mit schwarzem Johannisbeersaft verrühren. Wenn Sie dann noch Naturjoghurt oder Fruchtjoghurt beimischen, bekommen Sie einen Joghurt-Eislolly. Diese Zutaten sind für Ihr Kind viel gesünder als gekauftes Speiseeis, das oft künstliche Zusätze, Farbstoffe und Zucker enthält.

Mein Sohn Nicholas hatte mit zwei Jahren einen recht ausgeprägten Geschmack und entwickelte eine Vorliebe für Passionsfruchteis (ganz wie sein Vater, der nach dem Abendbrot schnurstracks zum Gefrierschrank geht!). Versuchen Sie es auch mit Johannisbeer- und Himbeersaft oder mit pürierten Lychees aus der Dose. Oder mit zweifarbigem Eis: Die Förmchen zur Hälfte mit Püree in einer Farbe füllen, gefrieren lassen und ein andersfarbiges Püree darübergießen.

Pfirsich-Passionsfrucht-Lollys

Ergibt 6 Eislollys

Saft von 2 großen Orangen • abgeseihter Saft von 3 Passionsfrüchten • 2 saftige reife Pfirsiche, gehäutet, entkernt und klein geschnitten

Alle Zutaten glatt pürieren, in Eislolly-Förmchen füllen und tiefkühlen.

☺		☹	

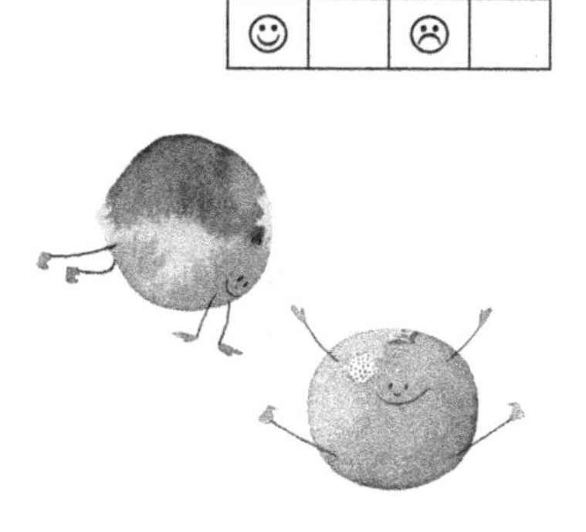

Brot-Butter-Pudding »Annabel«

Ergibt 5 Erwachsenenportionen

Diesen Pudding bringt man noch zustande, wenn der Vorratsschrank praktisch leer ist. Sehr gut schmeckt er auch mit Rosinenbrötchen oder mit aufgeschnittenem Panettone.

250 ml Milch • 250 ml Schlagsahne •
1 aufgeschlitzte Vanilleschote •
4 dünne Scheiben Weißbrot ohne Rinde •
Butter zum Bestreichen • 50 g Sultaninen • 25 g Korinthen •
3 Eier • 50 g Zucker • 2 EL Aprikosenmarmelade

Milch und Sahne langsam mit der Vanilleschote zum Kochen bringen, dann vom Herd nehmen. 10 Minuten stehen lassen, dann die Vanilleschote herausnehmen. Das Brot mit der Butter bestreichen und jede Scheibe diagonal durchschneiden, so dass vier Dreiecke entstehen. In eine gefettete feuerfeste Form legen und die Sultaninen und Korinthen zwischen den Brotscheiben verteilen. Die Eier mit dem Zucker verschlagen, dann langsam die Milch-Sahne-Mischung unterrühren. Über das Brot gießen und im vorgeheizten Ofen bei 160 Grad (Gas Stufe 3) 45–50 Minuten backen. Aus dem Ofen nehmen und etwas abkühlen lassen. Die Marmelade vorsichtig erwärmen, etwas Wasser zugeben, durch ein Sieb streichen und den Pudding damit bepinseln.

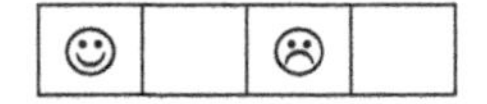

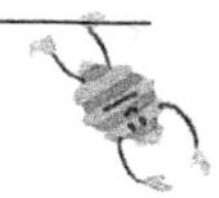

Großmutters Lokshen-Dessert

Ergibt 4 Erwachsenenportionen

Lokshen sind Vermicelli, also ganz feine Eiernudeln.

250 g Vermicelli • 1 großes Ei, verschlagen •
25 g Butter, geschmolzen • 1 EL Vanillezucker oder Zucker •
½ TL Gewürzmischung • je 75 g Sultaninen und Korinthen •
einige Mandelblättchen (nach Belieben)

Die Nudeln etwa 5 Minuten kochen. Abgießen und mit den übrigen Zutaten vermischen. In eine gefettete flache Backform geben und bei 180 Grad (Gas Stufe 4) etwa 30 Minuten backen.

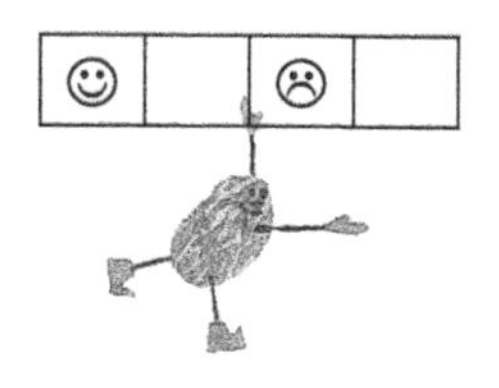

Erdbeer-Joghurt-Eiscreme

Ergibt 6 Erwachsenenportionen

Eine köstliche Eiscreme, die nur natürliche Zutaten enthält. Sie können auch eine Pfirsich-Melba-Joghurt-Eiscreme mit frischen Himbeeren und Pfirsich-Joghurt zubereiten.

100 g Zucker • 300 ml Wasser •
350 g frische Erdbeeren • 300 ml Erdbeerjoghurt •
150 ml Crème double • 1 Eiweiß, steif geschlagen

Den Zucker mit dem Wasser in einen Topf geben, zum Kochen bringen und 5 Minuten lang zu einem Sirup einkochen. Vom Herd nehmen und einige Minuten abkühlen lassen. Die Erdbeeren pürieren und durch ein Sieb streichen, dann mit dem Sirup vermischen und den Joghurt und die Crème double unterrühren. 10 Minuten in einen Eisbereiter geben, dann das steif geschlagene Eiweiß unterheben und noch einmal 10 Minuten in die Eismaschine geben, bis die Masse fest ist.

Zubereitung ohne Eismaschine: Füllen Sie die Mischung in ein geeignetes Kunststoffgefäß und stellen Sie es in den Gefrierschrank. Wenn der Inhalt halb gefroren ist, rühren Sie ihn durch, dann weiter frieren lassen. Nach einer Stunde rühren Sie ihn wieder durch, heben das steif geschlagene Eiweiß unter und stellen das Gefäß in den Gefrierschrank zurück. Noch zwei weitere Male durchrühren, während das Eis fest wird.

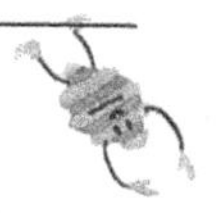

BACKEN FÜR KLEINKINDER

Lustige Kekse

Ergibt 15–20 Kekse, je nach Größe der Förmchen

Diese Kekse enthalten keinen Zucker und sind ideal für Kinder, die gerade zahnen. Förmchen zum Ausstechen gibt es für die unterschiedlichsten Figuren. Mein Sohn kann es nie erwarten, die Kekse in die Hand zu bekommen. Er hält mich ständig auf dem Laufenden darüber, welchen Teil der Figur er gerade verspeist hat!

50 g Vollkornmehl • 100 g weißes Mehl •
75 g Grieß • je ¼ TL gemahlener Ingwer, Zimt und Salz •
75 g Margarine oder Butter • 1 reife Banane •
2 EL Ahornsirup • 1 Ei, leicht verschlagen •
Frischkäse zum Bestreichen (nach Belieben) •
einige Rosinen (nach Belieben)

Mehl, Grieß, Ingwer, Zimt und Salz in eine Rührschüssel geben und mit der Margarine oder Butter verkneten. Die Banane gut mit dem Ahornsirup mithilfe einer Gabel verkneten und in die Masse rühren, so dass ein glatter, geschmeidiger Teig entsteht.

Den Teig auf einer leicht bemehlten Fläche ausrollen und mit den Förmchen Kekse ausstechen. Mit dem verschlagenen Ei bepinseln und auf einem leicht gefetteten Backblech im vorgeheizten Backofen bei 200 Grad (Gas Stufe 6) etwa 20 Minuten backen, bis die Kekse goldbraun und fest sind. Auf einem Kuchengitter abkühlen lassen.

Die abgekühlten Kekse können Sie mit Frischkäse bestreichen und mit einer Gabel das Fell der verschiedenen Tiere nachzeichnen. Für Augen und Nasen nimmt man Rosinen.

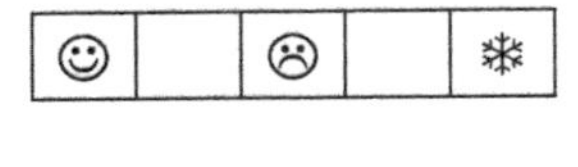

☺		☹		❄

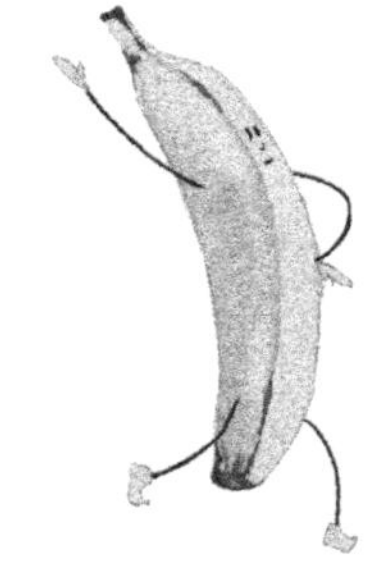

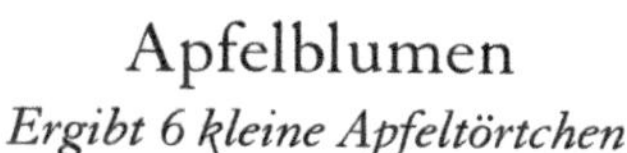

Apfelblumen

Ergibt 6 kleine Apfeltörtchen

Sie können für dieses leckere Gebäck fertigen Blätterteig verwenden, den Sie nur noch backen müssen – einfacher geht es wirklich nicht.

*300 g Blätterteig • 40 g Butter • 40 g Zucker • 1 Ei •
einige Tropfen Bittermandel-Aroma • 50 g gemahlene Mandeln •
25 g zerlassene Butter • 3 kleine Äpfel • Zucker zum Bestreuen •
2 EL Aprikosenmarmelade, durch ein Sieb gestrichen •
1 EL Zitronensaft • 6 kandierte Kirschen*

Den Backofen auf 200 Grad (Gas Stufe 6) vorheizen. Mit einer runden Ausstechform (etwa 10 cm Durchmesser) sechs Kreise aus dem Blätterteig ausstechen oder einen Teller auf den Teig legen und die Kreise mit einem scharfen Messer ausschneiden. Für die Mandelfüllung Butter und Zucker cremig rühren, dann das Ei, Bittermandel-Aroma und gemahlene Mandeln untermischen und zu einer glatten Masse rühren. Den Blätterteig mehrmals mit einer Gabel einstechen und mit etwas zerlassener Butter bestreichen. Die Mandelcreme auf den Kreisen verteilen.

Die Äpfel schälen und das Kerngehäuse herausschneiden, dann halbieren und in dünne Spalten schneiden. Diese auf den Rand der Teigkreise legen. Mit etwas zerlassener Butter bestreichen, mit Zucker

bestreuen und im vorgeheizten Backofen etwa 20 Minuten backen, bis das Gebäck kross und der Apfel weich ist. Die Törtchen auf einem Kuchengitter abkühlen lassen.

Marmelade und Zitronensaft in einem kleinen Topf erwärmen und die Apfelstücke damit glasieren. In die Mitte jedes Törtchens eine kandierte Kirsche setzen.

☺		☹	

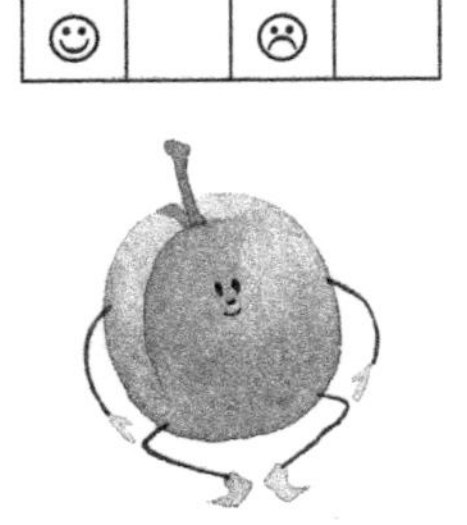

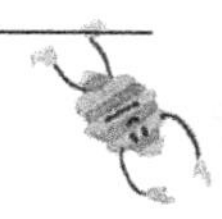

Bunte Küchlein

Ergibt 12 kleine Kuchen

Diese kleinen Kuchen eignen sich auch zum Einfrieren, am besten ohne die Glasur. Sie sind ideal für die Geburtstagsparty, und es macht Spaß, sie mit lustigen Gesichtern zu dekorieren. Dazu nimmt man Süßigkeiten und bunten Zuckerguss aus Tuben.

100 g weiche Margarine • 100 g Zucker • 2 Eier •
100 g Mehl • 1 Msp. Backpulver • 1 Prise Vanillepulver

Puderzuckerglasur:

225 Puderzucker, gesiebt • etwa 2 EL Wasser •
einige Tropfen Lebensmittelfarbe

Schokoladenglasur:

50 g weiche Butter • 75 g Puderzucker, gesiebt •
1 EL Kakaopulver

Frischkäseglasur:

50 g Butter • 225 g Puderzucker, gesiebt •
1 Prise Vanillepulver • 100 g Doppelrahmfrischkäse

Dekoration:

1 Packung Schokoladendragees • 1 Packung Süßigkeiten-Mischung • verschiedene Farben Zuckerglasur in Tuben

Margarine und Zucker schaumig rühren, dann alle Eier auf einmal und 1 EL Mehl untermischen. Das Vanille-Aroma und das ganze Mehl samt Backpulver unterheben. Ein Muffinblech mit Papierförmchen auslegen und jede Vertiefung zur Hälfte mit dem Teig füllen. Im vorgeheizten Ofen bei 180 Grad (Gas Stufe 4) 20 Minuten backen. Herausnehmen und auf einem Kuchengitter abkühlen lassen.

Ich nehme gerne zwei verschiedenfarbige Glasuren, Schokolade und eine helle Doppelrahmfrischkäse-Glasur. Sie können aber auch eine einfache Puderzuckerglasur verwenden. Dazu verrühren Sie den Puderzucker mit so viel Wasser, dass eine dickflüssige Masse entsteht. Füllen Sie die Hälfte davon in ein anderes Gefäß und rühren Sie verschiedene Lebensmittelfarben unter.

Für die Schokoladenglasur schneiden Sie die Butter in kleine Stücke und rühren diese in einer Schüssel mit einem Holzlöffel cremig. Dann schlagen Sie nach und nach den Zucker unter und schließlich das Kakaopulver.

Für die Doppelrahmfrischkäse-Glasur schlagen Sie die Butter mit dem Zucker und dem Vanillepulver schaumig. Dann rühren Sie den Frischkäse unter. Nicht zu lange schlagen, sonst gerinnt die Masse. Auf den Törtchen verteilen.

Die Törtchen nach Auftragen der Glasur mit lustigen Gesichtern verzieren.

Ananas-Rosinen-Muffins

Ergibt etwa 13 Muffins

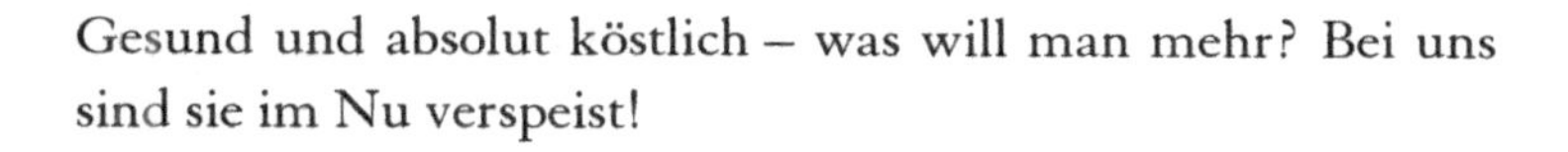

Gesund und absolut köstlich – was will man mehr? Bei uns sind sie im Nu verspeist!

100 g Mehl • 100 g Vollkornmehl • 1 TL Backpulver • ¾ TL Natron • 1 TL gemahlener Zimt • 1 TL gemahlener Ingwer • ½ TL Salz • 175 ml Pflanzenöl • 75 g Zucker • 2 Eier • 125 g geraspelte Möhren • 225 g Ananasstücke aus der Dose • 100 g Rosinen

Den Backofen auf 180 Grad (Gas Stufe 4) vorheizen. Die beiden Mehlsorten, Backpulver, Natron, Zimt, Ingwer und Salz gut vermischen. Öl, Zucker und Eier unterrühren, bis eine einheitliche Masse entstanden ist. Dann geraspelte Möhren, Ananasstücke und Rosinen dazugeben. Nach und nach die Mehlmischung unterheben, dabei nur so viel rühren, dass alle Zutaten gut vermischt sind.

Den Teig in ein Muffinblech (mit Papierförmchen ausgelegt) füllen und etwa 25 Minuten goldbraun backen. Auf einem Kuchengitter abkühlen lassen.

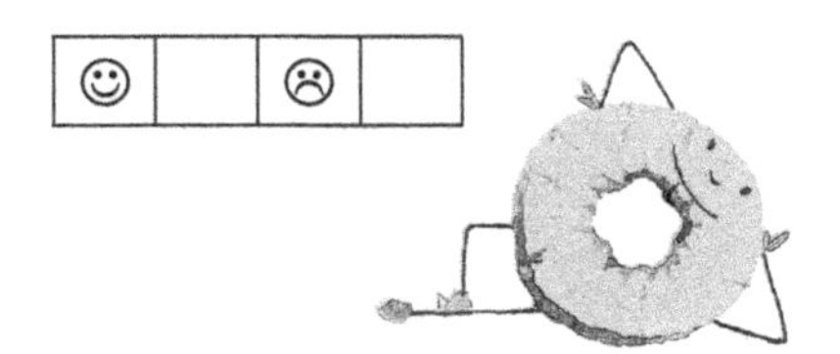

Joghurtkuchen

Ergibt 8 Erwachsenenportionen

Dieser Kuchen schmeckt köstlich und ist schön saftig. Man braucht keine fünf Minuten für die Zubereitung. Sie können den Teig auch in einer Springform backen und dann einmal horizontal durchschneiden. Schlagen Sie 250 g Sahne mit 25 g Zucker steif, ziehen Sie 100 g Himbeeren unter und streichen Sie die Masse zwischen die beiden Tortenböden.

160 g Zucker • 250 ml Pflanzenöl • 225 g Naturjoghurt • 2 Eier • 225 g Mehl • 3 TL Backpulver • ½ TL Vanillepulver • Puderzucker

Eine Kuchenform (Durchmesser 25 cm) einfetten. Im Mixer oder in der Küchenmaschine den Zucker mit dem Öl mischen, dann den Joghurt darunterrühren und Eier, Mehl, Backpulver und Vanille in die Masse hinzufügen. Den Teig in die Form gießen und im vorgeheizten Ofen bei 160 Grad (Gas Stufe 3) etwa 50 Minuten backen. Abkühlen lassen und mit Puderzucker bestreuen.

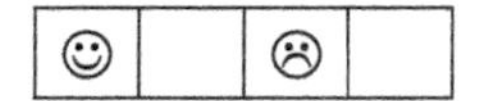

Kekse mit weißen Schokoladenplättchen

Ergibt 20 Kekse

Sie sind ganz leicht zu backen und wirklich lecker. Die Backzeit beträgt nur 12 Minuten, und sie sollten noch weich sein, wenn sie aus dem Ofen kommen. Abgekühlt sind sie dann schön saftig.

100 g weiche Butter oder Margarine • 100 g Zucker •
1 Ei • 1 Msp. Vanillepulver • 175 g Mehl • ½ TL Backpulver •
1 Msp. Salz • 175 g weiße Schokoladenplättchen •
75 g Pekannüsse oder Walnüsse, gehackt (nach Belieben)

Die Butter mit dem Zucker schaumig rühren. Mit einer Gabel Ei und Vanille verschlagen und in die Buttermischung rühren. Mehl, Backpulver und Salz in einer Schüssel mischen und zur Eiercreme geben. Gut verrühren.

Die weißen Schokoladenplättchen mit einem Nudelholz oder in der Küchenmaschine zerkleinern und mit den Nüssen in die Mischung rühren.

Zwei Backbleche mit Backpapier auslegen. Walnussgroße Bällchen aus dem Teig formen und diese mit reichlich Zwischenraum auf die Bleche verteilen. Im vorgeheizten Backofen nacheinander bei 190 Grad (Gas Stufe 5) etwa 12 Minuten backen. Vorsichtig vom Backpapier lösen und auskühlen lassen.

Schoko-Flecken

Ergibt 16 Schokokekse

Diese Kekse sind praktisch für Kindergeburtstage oder als Zwischenmahlzeit.

*100 g Vollkornkekse • 100 g Ingwerkekse •
150 g Vollmilchschokolade • 100 g Halbbitterschokolade •
85 g Zuckerrübensirup • 85 g Butter •
100 g getrocknete Aprikosen, gehackt • 50 g Rosinen •
40 g Puffreis-Frühstückscerealien*

Eine flache, quadratische Form (20 cm Seitenlänge) leicht einfetten und mit Backpapier auslegen. Die Kekse in eine Plastiktüte füllen und mit dem Nudelholz zu Krümeln zerkleinern.

Schokolade zusammen mit dem Sirup und der Butter in einem hitzebeständigen Gefäß im Wasserbad schmelzen, die zerkleinerten Kekse untermischen, dann die gehackten Aprikosen, Rosinen und den Puffreis dazugeben.

Die Mischung in die vorbereitete Form füllen. Die Oberfläche glatt streichen und im Kühlschrank fest werden lassen. Vor dem Servieren in Quadrate schneiden.

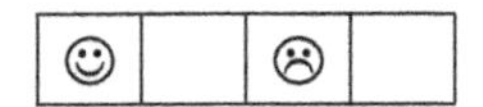

Traditioneller englischer Früchtekuchen

Ergibt 16 Erwachsenenportionen

Ein dunkler, gehaltvoller Früchtekuchen, den man sehr gut als besondere Leckerei für die Zwischenmahlzeit am Nachmittag reichen kann. Er hält sich ohne weiteres einen Monat (wenn Mama und Papa ihn nicht vorher verputzen).

Für Erwachsene bekommt dieser Kuchen eine besondere Note, wenn man die Früchte in Cognac statt in Orangensaft einweicht.

275 g Sultaninen • 275 g Rosinen • 350 g Korinthen • 150 ml Orangensaft oder je 4 EL Cognac und Portwein • 225 g Mehl • 1 TL Backpulver • ½ TL Salz • 2 TL gemahlener Zimt • 1 TL gemahlener Ingwer • 2 TL Lebkuchengewürz • 225 g Butter • 150 g brauner Zucker • 4 Eier • 100 g gehackte Walnüsse • 150 g gemischte kandierte Früchte • 100 g kandierte Kirschen, gehackt • 100 g Pekannüsse oder Walnüsse, gehackt • 100 g Aprikosenmarmelade • 3 EL Wasser • Pekannüsse, Walnüsse und kandierte Früchte zum Garnieren

Die Trockenfrüchte mit dem Orangensaft begießen und über Nacht einweichen. Mehl, Backpulver, Salz und Gewürze vermischen. Die Butter mit dem Zucker schaumig rühren, nacheinander die Eier hineinschlagen. Die Mehlmischung und die Früchte mitsamt Flüssigkeit, Nüssen, kandierten Früchten und Kirschen hinzugeben.

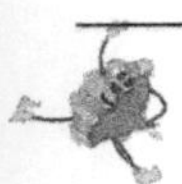

Eine Springform mit Backpapier auslegen und den Teig hineinfüllen. Bei niedriger Hitze (150–160 Grad, Gas Stufe 2) 2 bis 2½ Stunden backen. Wird die Oberseite zu dunkel, mit Backpapier abdecken. Der Kuchen ist durchgebacken, wenn an einem Zahnstocher, den man kurz hineinsteckt, kein Teig mehr haften bleibt. In der Form 30 Minuten abkühlen lassen, dann auf ein Kuchengitter stürzen und dort vollständig kalt werden lassen. In Folie wickeln und an einem kühlen, trockenen Ort aufbewahren. Die Marmelade erwärmen und durch ein Sieb streichen. Die Oberseite des Kuchens damit glasieren, mit Trockenobst und Nüssen garnieren und anschließend auch diese mit der Marmelade bestreichen.

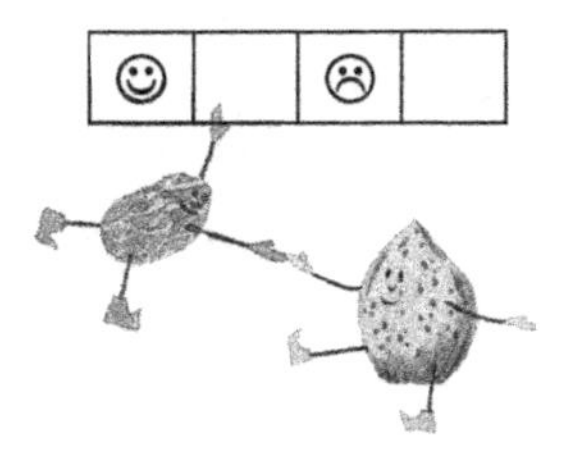

Käsebrezeln

Ergibt 20 Brezeln

Ihre Kinder werden Ihnen mit Vergnügen helfen, die Brezeln zu formen. Sie können auch Buchstaben aus dem Teig herstellen und damit die Namen der Kinder schreiben!

1 Päckchen Trockenhefe • 225 ml warmes Wasser • 350 g Mehl • 150 g Gruyère oder Cheddarkäse, gerieben • 2 EL Pflanzenöl • 1 EL Meersalz • 1 EL Sesamsamen

Trockenhefe und das warme Wasser miteinander verrühren. Mehl in eine große Schüssel geben und Käse, Öl und die aufgelöste Hefe hinzufügen. Zu einem Teig verarbeiten – auf einer bemehlten Fläche etwa 10 Minuten mit den Händen oder in einer Rührschüssel 5 Minuten mit den Knethaken des Handrührgeräts kneten. In eine geölte Schüssel legen, mit Frischhaltefolie abdecken und an einem warmen Ort etwa 1 Stunde gehen lassen. Kleine Teigstücke abteilen, daraus etwa 25 cm lange Rollen drehen und diese zu Brezeln oder Buchstaben formen. Auf ein mit Backpapier ausgelegtes Backblech legen, mit dem Öl bestreichen und einen Teil mit Meersalz, den anderen Teil mit Sesamsamen bestreuen. Im vorgeheizten Backofen bei 200 Grad (Gas Stufe 6) etwa 15 Minuten goldgelb backen.

GESUNDE ZWISCHENMAHLZEITEN

Obstsnacks

Das Obst gut waschen und je nach Sorte schälen, vom Kerngehäuse befreien, entsteinen und putzen.

- Bananen, ganz oder in Stücke geschnitten
- Ananas, geschält und in Stücke geschnitten
- Apfelspalten
- Orangen-, Mandarinen- oder Clementinenspalten, alle Kerne und möglichst die weißen Häutchen entfernt
- Birnenschnitze
- Erdbeeren, geputzt und halbiert
- Himbeeren, gut gewaschen
- Kiwis, geschält und in Scheiben
- Litschis, geschält und entsteint (kleine Kinder können sich an den Steinen leicht verschlucken)
- Mango, geschält und in Scheiben geschnitten
- Melone, geschält und in mundgerechte Stücke geschnitten

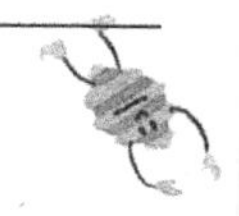

- Papaya, geschält, von den Kernen befreit und in dicke Scheiben geschnitten
- Pfirsich, geschält und in Scheiben geschnitten
- Trockenobst (Aprikose, Backpflaumen, Rosinen usw.); wenn es zu zäh ist, in heißem Wasser einweichen
- Weintrauben, kernlos, für Kinder unter einem Jahr gehäutet

Obst im Schokoladenmantel

Eine sehr wirksame Methode, Kindern Obst schmackhaft zu machen, ist folgende: Etwas dunkle Schokolade im Wasserbad (oder in der Mikrowelle) schmelzen, die Spitze des Obststücks hineintunken und das Stück auf ein Cocktailstäbchen spießen. Die Stäbchen mit dem Obst in eine Orange stecken und diese in den Kühlschrank stellen, bis die Schokolade fest ist. Erdbeeren, Ananasstücke und Apfelsinen- oder Mandarinenspalten eignen sich besonders gut. Denken Sie daran, das Cocktailstäbchen zu entfernen, bevor Sie Ihrem Kind das Obst geben.

Ganze Schokoladenbananen legt man nach dem Überziehen auf ein Stück Alufolie und lässt die Schokolade im Kühlschrank oder im Gefrierschrank fest werden.

Wenn Sie Ihrem Kind nicht so viel Schokolade geben möchten, verwenden Sie stattdessen Karob (aus dem Reformhaus).

SNACKS, DIE DEN ZÄHNEN IHRES KINDES NICHT SCHADEN

Gemüsesnacks

Das Gemüse nach Bedarf waschen, putzen, schälen und entkernen.

Kleine Kinder dippen rohes Gemüse gern in eine Sauce. Eine hübsch arrangierte Auswahl an Rohkost ist für ein zahnendes Kleinkind gesund. Zum Beispiel geschälte kleine Möhren, die für Kinder ideal sind, ebenso wie in Streifen geschnittene rote Paprika, Zuckererbsen, Gurkenstreifen und Kirschtomaten. Bieten Sie dazu einfache, aber sehr schmackhafte Dips an wie die Grüne Göttin (Seite 304) oder verrühren Sie Sauerrahm oder Doppelrahmfrischkäse mit etwas Ketchup, Schnittlauchröllchen und Gewürzen. Es gibt auch einige gute und gesunde fertige Dips zu kaufen.

Möhren und Kohl, gerieben oder klein geschnitten und mit etwas Mayonnaise und Rosinen gemischt, ergeben, auf Salatblätter dekoriert, eine einfache und nahrhafte Zwischenmahlzeit.

Käsesnacks

Käse ist als Zwischenmahlzeit für ein Kleinkind ideal. Mit einem Keksförmchen kann man Tiere aus Käsescheiben ausstechen. Edamer, Gruyère und Emmentaler schmecken den meisten Kindern besonders gut. Auch der kleine runde Babybel kommt bei Kindern gut an.

Hüttenkäse ist ebenfalls beliebt, egal ob pur oder zum Beispiel vermischt mit kleinen Ananasstücken. Oder Sie formen ihn mit einem/r Schöpfer/Schöpfkelle zu einer Kugel, legen eine Kugel aus geriebenem Apfel mit Rosinen daneben und dekorieren alles mit gemischtem, sehr klein geschnittenem Obst. So hat man schnell eine nahrhafte, köstliche Zwischenmahlzeit.

Dip Grüne Göttin

Ergibt 2 Erwachsenenportionen

Arrangieren Sie um diesen Dip eine Auswahl an rohem Gemüse wie Möhren, Gurke, rote Paprikaschote und Bleichsellerie. Dazu noch einige Kirschtomaten, Maischips und Brotstreifen, und fertig ist ein beliebter und nahrhafter Snack.

1 große, reife Avocado • ½ EL frisch gepresster Zitronensaft • 2 EL Doppelrahmfrischkäse • 1 EL Frühlingszwiebel, in dünne Scheiben geschnitten • 2 Tomaten, gehäutet, entkernt und fein gehackt • 1 EL rote Paprika, gewürfelt • Salz und Pfeffer nach Geschmack

Die Avocado halbieren, den Kern entfernen, das Fruchtfleisch aus der Schale löffeln, mit einer Gabel zerdrücken und mit den übrigen Zutaten vermischen. Nicht zu lange stehen lassen, sonst färbt sich der Dip braun.

☺		☹	

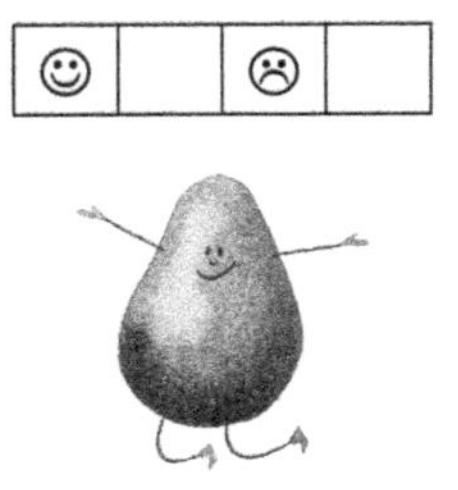

Chefsalat mit Putenfleisch und Käse

Ergibt 3 Kinderportionen

DRESSING:
3 EL Olivenöl • 1 EL flüssiger Honig • 1 EL Sojasauce •
1½ EL frisch ausgepresster Zitronensaft

1 kleiner Kopf Eissalat, klein geschnitten •
2 mittelgroße Tomaten (250 g),
gehäutet, entkernt und klein geschnitten •
125 g gekochtes Puten- oder Hähnchenbrustfilet, gewürfelt •
60 g Edamer, gewürfelt, oder gekochte Nudeln •
100 g Mais aus der Dose

Alle Zutaten für das Dressing vermischen. Die weiteren Zutaten in eine Schüssel geben, das Dressing darüber verteilen.

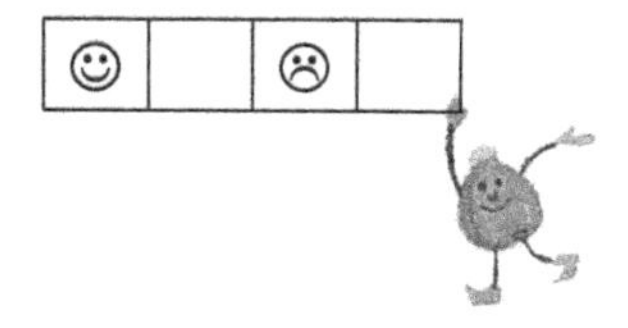

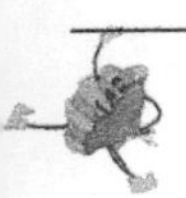

Mini-Pizzas selbst gemacht

Ergibt 4 Mini-Pizzas

Diese Pizzas sind einfach zuzubereiten und immer ein Genuss. Als Alternative zu den Toasties können Sie auch Ciabattabrötchen zum Aufbacken verwenden.

1 Frühlingszwiebel, in dünne Scheiben geschnitten • 4 Champignons, gewaschen und in Scheiben geschnitten • 15 g Butter • 2 Tomaten, gehäutet, entkernt und klein geschnitten • 1 TL Tomatenmark • 1 TL frisches Basilikum, gehackt • 50 g Tiefkühl-Mais • etwas frisch gemahlener schwarzer Pfeffer • 2 Toastbrötchen • 40 g Emmentaler, gerieben

Frühlingszwiebel und Champignons in der Butter 2 Minuten andünsten. Tomaten, Tomatenmark und Basilikum dazugeben und weitere 2 Minuten dünsten. Den Mais nach Packungsanweisung kochen, zur Tomatenmischung geben und mit etwas Pfeffer würzen. Den Grill aufheizen und die aufgeschnittenen Toastbrötchen darunter einige Minuten toasten. Mit der Tomaten-Mais-Mischung bedecken, den geriebenen Käse darüberstreuen und wieder unter den Grill stellen, bis der Käse goldbraun ist und Blasen wirft.

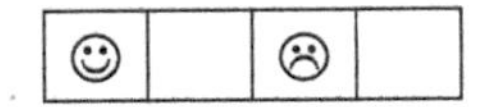

Gefüllte Eier

Hartgekochte Eier der Länge nach halbieren und an der Unterseite jeweils eine dünne Scheibe abschneiden, so dass sie stehen, ohne umzukippen. Mit einer Mischung aus zerdrücktem Eigelb und einer der folgenden Zutaten füllen. Man braucht nur wenig Füllung dazu.

klein geschnittene Gurke, Eissalat,
Tomaten und Mayonnaise

oder

Hüttenkäse und Schnittlauch

oder

pochierter Lachs und Mayonnaise

oder

sehr klein geschnittenes Hähnchenfleisch
und Tomatenketchup

oder

Thunfisch aus der Dose, Mayonnaise und
gehackte Frühlingszwiebeln

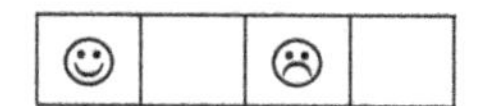

Zylinderhut-Ei

Ergibt 1 Erwachsenenportion

Ein gutes Frühstück oder für zwischendurch. Die Kinder freuen sich, wenn sie dabei helfen dürfen. Sie können aus dem Brot mit einem Keksförmchen auch ein Herz oder Tiere ausstechen.

1 dicke Scheibe Brot • 15 g Butter •
1 Eigelb • Salz und Pfeffer

Mit einem Glas oder einem Keksförmchen (etwa 7 cm Durchmesser) aus der Mitte des Brotes einen Kreis ausstechen. Die Brotscheibe auf beiden Seiten mit Butter bestreichen und auf einer Seite in einer Pfanne etwa 1 Minute rösten. Die Brotscheibe wenden, ein Stück Butter in das Loch setzen und heiß werden lassen. Das Ei in das Loch schlagen, leicht würzen und zugedeckt etwa 4 Minuten braten, bis es ganz durch ist. Den ausgestochenen Kreis vor dem Servieren auf das Ei legen.

☺		☹	

SNACKS FÜR UNTERWEGS

Wenn Sie mit Ihrem Kleinkind unterwegs sind oder auf Reisen gehen, sind Sie gut gerüstet, wenn Sie in einem Kunststoffbehälter eine Auswahl an gesunden Snacks mitnehmen, dann haben Sie immer etwas parat, wenn Ihr Kind hungrig wird.

Frisches Obst wie Weintrauben, Mandarinen, Heidelbeeren, Bananen, Pflaumen oder Kirschen sind ein idealer Imbiss für kleine Kinder. Essfertiges Trockenobst wie Sultaninen, Aprikosen, Apfelringe, Mango, Datteln, Feigen, Pflaumen oder Bananenchips sind ausgesprochen nahrhaft.

Wenn es pikant sein soll, eignen sich Käsestücke, Kirschtomaten, Gurkenscheiben oder Möhrenstifte.

Gesunde Frühstücksflocken, die Ihr Kind gerne mag, Popcorn, kleine Reiskekse oder Sandwiches sind eine gute Wahl.

Sandwiches

Sandwiches kann man in allen Größen und Formen zubereiten. Versuchen Sie, mit einem Keksförmchen Tiere auszustechen. Auch Feuerrad-Sandwiches sind sehr verlockend (Seite 310f.). Überbackene oder getoastete Sandwiches ergeben eine vollständige Mahlzeit, und es lohnt sich, ein Sandwich-Eisen (gibt es in Haushaltsfachgeschäften) anzuschaffen, welches das Brot versiegelt. Verwenden Sie verschiedene Brotsorten: kleine runde Fladenbrote, aufgeschnitten und gefüllt;

Rosinenbrot; Brötchen oder Stangenweißbrot; Pumpernickel; Tortillafladen. Sie können auch ein Sandwich aus einer Scheibe weißem und einer Scheibe Vollkornbrot machen.

Das Anrichten ist sehr wichtig. Ein Kind isst eher, wenn das Gericht interessant aussieht. Man kann die Brote mit Kresse bestreuen oder mit ganz dünn geschnittenem Gemüse dekorieren. Sie können auch kleine Züge oder Schiffe daraus basteln – das dauert nicht lange und macht Spaß. Vermutlich werden Sie schnell feststellen, dass viele Kinder bei Ihren Sandwiches kräftig zulangen.

Auf den folgenden Seiten finden Sie ein paar Vorschläge für unkomplizierte Brotaufstriche. Ihr Kind wird Ihnen schnell zu verstehen geben, was ihm am besten schmeckt!

Feuerrad-Sandwiches

Von zwei Brotscheiben die Rinden abschneiden. Auf ein Brett legen, so dass sie leicht überlappen, mit einem Nudelholz darüberrollen, damit sich die Scheiben verbinden und das Brot flachgedrückt und geschmeidiger wird. Das Brot gleichmäßig

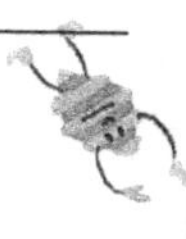

mit weicher Butter oder Margarine und dem jeweiligen Belag bestreichen. Die Scheiben mit dem Aufstrich nach innen aufrollen und die Rollen in Scheiben schneiden, so dass kleine Feuerräder entstehen. Praktisch ist es, wenn man diese im Voraus zubereitet, in Frischhaltefolie wickelt und eine Weile in den Kühlschrank stellt, dann lassen sie sich besser schneiden.

Ein bunteres Feuerrad bekommen Sie, wenn Sie eine Scheibe braunes mit einer Scheibe weißem Brot aufrollen (mit verschiedenen, zueinanderpassenden Füllungen bestreichen).

- Schokoladenaufstrich und Banane
- Erdnussbutter und Himbeermarmelade
- Erdnussbutter und zerdrückte Banane
- Frischkäse und Schinken
- Räucherlachs
- Frischkäse und zerdrückte Ananas (oder Obstpüree)
- Frischkäse oder Quark, geröstete Sesamsamen und Senf oder Kresse

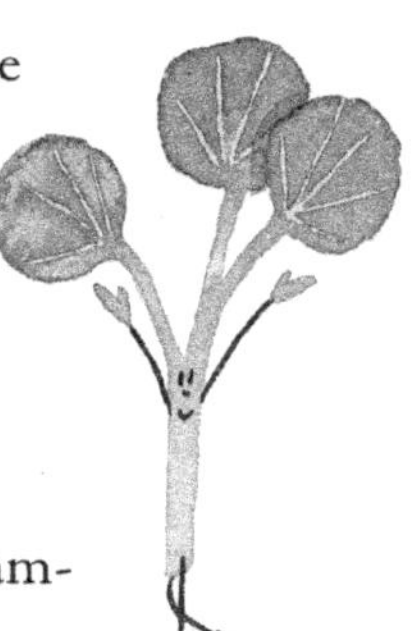

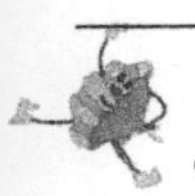

- Frischkäse und Gurke
- Frischkäse und zerdrückte Cornflakes
- Frischkäse in Rosinenbrot mit Erdbeermarmelade
- Frischkäse mit geräuchertem Lachs
- Frischkäse mit getrockneten, gehackten Aprikosen
- Frischkäse und Johannisbeergelee
- Hüttenkäse mit Avocado und Zitronensaft

- Käse und Chutney
- Geriebener Käse und Möhre mit Mayonnaise
- Quark und Rosinen
- Taramasalat
- In Scheiben geschnittene Falafel mit geriebenen Möhren und Rosinen
- Hartgekochtes, gehacktes Ei, Wasserkresse und Mayonnaise
- Eiersalat mit etwas Currypulver
- Hartgekochte, gehackte Eier mit zerdrückten Sardinen
- Thunfischmayonnaise und Kresse
- Thunfisch oder Lachs mit Mais, Frühlingszwiebel und Mayonnaise

- Lachs, hartgekochtes, gehacktes Ei und Mayonnaise
- Klein geschnittenes Hühnerfleisch, Mayonnaise und Joghurt mit etwas Curry und Rosinen
- Huhn oder Pute mit Chutney
- Schinken, Eissalat, Tomate und etwas Mayonnaise

Überbackene Sandwiches

Das Brot erst toasten, dann belegen und unter dem heißen Grill überbacken.

- Käse und Tomate
- Schinkenwürfel und Ananas mit geriebenem Käse
- Sardinen aus der Dose in Tomatensauce

Die folgenden Ernährungspläne zeigen, wie Sie im Voraus planen und gleich für die ganze Familie kochen können.

ERNÄHRUNGSPLAN
für das Kleinkind

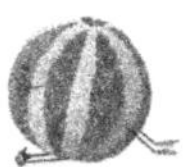

	FRÜHSTÜCK	MITTAGESSEN	ABENDESSEN
1. Tag	**Schweizer Müsli mit Früchten** Joghurt Obst	**Saftige Beefburger** mit Gemüse **Birnen-Apfel-Himbeer-Crumble** mit Vanillesauce	**Pasta mit Zwei-Tomaten-Sauce** **Erdbeer-Joghurt-Eiscreme**
2. Tag	Käsetoast **Vanillepudding mit Aprikose, Apfel und Birne**	**Großmutters feiner Fischauflauf** Obst	**Hühnerfilets mit Mango-Chutney und Aprikose** Gemüse **Pochierte Früchte**
3. Tag	Porridge mit Honig oder Marmelade Apfelmus Frischkäse	**Mariniertes Hähnchen vom Blech** mit Gemüse und Pommes frites **Brot-Butter-Pudding »Annabel«**	**Farfalle mit Gruyère und Kirschtomaten** Obst und Eiscreme
4. Tag	Rührei Frühstücksflocken Obst	**Huhn- und Apfelbällchen** **Obstsalat mit Schneehaube**	**Fisch-Pie** **Selbstgemachte Götterspeise**
5. Tag	**Ananas-Rosinen-Muffins** Joghurt Obst	**Hirtenauflauf mit Gemüse** **Erdbeer-Milchreis**	**Spaghetti Primavera** Obst
6. Tag	Hart gekochte Eier mit Brotstreifen Pflaumen Joghurt	**Gebackenes Thunfisch-Brötchen** **Selbstgemachte Götterspeise**	**Farfalle mit Tomaten-Mozzarella-Sauce** Obst und Eiscreme
7. Tag	Frühstücksflocken Käse Obst	**Chefsalat mit Putenfleisch und Käse** **Birnen-Apfel-Himbeer-Crumble**	**Thunfisch-Tagliatelle** **Pfirsiche mit Amarettini**

Für **fett gedruckte** Speisen finden Sie die Rezepte in diesem Buch

ERNÄHRUNGSPLAN
für die ganze Familie

	FRÜHSTÜCK	MITTAGESSEN	ABENDESSEN
1. Tag	**Schweizer Müsli mit Früchten** Joghurt	**Kroketten mit Brokkoli, Kartoffeln und Käse**	**Saftige Beefburger** mit Gemüse und Kartoffel **Birnen-Apfel-Himbeer-Crumble** mit Vanillesauce
2. Tag	**Meine Lieblingspfannkuchen** **Vanillepudding mit Aprikose, Apfel und Birne**	**Huhn- und Apfelbällchen** mit Gemüse	**Großmutters feiner Fischauflauf** mit Gemüse **Obstsalat mit Schneehaube**
3. Tag	**Arme Ritter** Baked Beans	**Kartoffel mit Thunfisch-Mais-Füllung** Obst	**Mariniertes Hähnchen vom Blech** und **Gebratener Reis** **Erdbeer-Joghurt-Eiscreme** oder Joghurt und Obst
4. Tag	Rührei Frühstücksflocken	**Thai-Hähnchen mit Nudeln** Obstsalat	**Fusilli mit Broccoli** **Selbstgemachte Götterspeise**
5. Tag	**Ananas-Rosinen-Muffins** Joghurt und Honig	**Kabeljau in Käsesauce mit Gemüsestäbchen**	**Hirtenauflauf mit Gemüse** oder Salat **Pochierte Früchte**
6. Tag	**Bäriges Frühstück** Pflaumen	**Gebackenes Thunfisch-Brötchen** Obst	**Mini-Minutensteaks** mit Kartoffeln **Selbstgemachte Götterspeise** und Eiscreme
7. Tag	**Käserührei** und Toast Obst	**Pfannengerührtes Hähnchen mit Gemüse und Nudeln** oder **Gegrilltes Hähnchen** mit Gemüse **Brot-Butter-Pudding »Annabel«**	**Seezungengratin** **Ratatouille**

Für **fett gedruckte** Speisen finden Sie die Rezepte in diesem Buch

SACHREGISTER

REZEPTREGISTER